巴菲特传

股神巴菲特的八十年人生历程与财富传奇

WARREN BUFFETT

李永宁◎编著

中国友谊出版公司

图书在版编目（CIP）数据

巴菲特传 / 李永宁编著. — 北京 : 中国友谊出版公司，2017.7（2021.2 重印）

ISBN 978-7-5057-4092-1

Ⅰ. ①巴… Ⅱ. ①李… Ⅲ. ①巴菲特（Buffett, Warren 1930- ）—传记 Ⅳ. ① K837.125.34

中国版本图书馆 CIP 数据核字（2017）第 153098 号

书名 **巴菲特传**
作者 李永宁　编著
出版 中国友谊出版公司
发行 中国友谊出版公司
经销 新华书店
印刷 三河市冀华印务有限公司
规格 787×1092 毫米　16 开
19.5 印张　250 千字
版次 2017 年 9 月第 1 版
印次 2021 年 2 月第 10 次印刷
书号 ISBN 978-7-5057-4092-1
定价 39.80 元
地址 北京市朝阳区西坝河南里 17 号楼
邮编 100028
电话 （010）64678009

序

这个世界上从来不缺少优秀的企业家，也从来不缺少成功的投资家，然而既是优秀的企业家又是成功的投资家的天才却屈指可数，沃伦·巴菲特就是一个。

他是到目前为止唯一一个凭借投资成为世界首富的金融界奇才。

他是一个在79岁高龄荣登“福布斯全美400富豪”的长者。

他是被美国人交口称赞的“100年来最伟大的投资者”的股神。

巴菲特的成功，让无数人成为他的忠实拥趸，这个来自美利坚小城奥马哈的投资大师，不仅仅是一位世界级的超级富豪，更是一位精明睿智的股市预言家。每年，巴菲特的伯克希尔·哈撒韦公司召开年会时，全世界的粉丝和信徒都会前来一睹他的风采，参与他亲手缔造的投资帝国的狂欢。人们竭尽全力想要探知巴菲特的投资经验，即便是世界上最成功的企业家和投资家也禁不住发问：为何自己的管理和投资水平不输巴菲特，财富总量却远不如他？巴菲特到底隐藏着何种创富的力量？

巴菲特是一个谜，一个谜面清晰可见、谜底深不可测的谜题。然而他又是一个普通人，一个喜欢喝可口可乐、吃麦当劳的慈祥老人。巴菲特和大多数人一样，经历了从懵懂无知到大彻大悟的成长历程：童年在家门口摆摊卖口香糖，让他触摸到商业交易的快乐，激发了他创造人生财富的斗志；少年时代的弹子球公司和报童生涯，让他锻炼了生意头脑，磨炼出勤恳苦干的坚强意志；青年时代的股票经纪人履历，让他见识了华尔街的风云变幻和证券公司的兴衰更替；中年时代的合伙人公司，让他实践了防御型投资理论的精妙和实用，也为他的投资帝国积累了第一桶金；老年时代的投资家和企业家的双重定位，让他成为教父式的信仰符号，被全世界的投资人顶礼膜拜……巴菲特只是一个有天赋的平常人，他在循序渐进的成长中最终登临峰顶。

人们习惯将巴菲特称为股神，其实他也是一位企业并购大师，他拥有过人的投资智慧、高远的战略视角、冷静的商业头脑；他也具备了超强的情商，能在别人恐惧时贪婪，能在别人贪婪时恐惧；他更有着多数人缺乏的公益之心和慷慨胸怀，在2006年他将名下85%的财富捐赠给慈善事业，在他身上闪耀的不仅是智慧的亮点，更有人性的光辉。

虽然身为亿万富翁，但是巴菲特终其一生追求的并不是金钱而是赚钱的快乐，或许这才是他最值得人们学习和汲取的闪耀之处。阅读这本传记，你可以透过点滴可见的细节，窥见巴菲特修炼一生的商业智慧和人生境界。

目　录

第一章　艰辛的童年岁月

第二章　淘到第一桶金

第三章　候补的股票经纪人

第四章　初出茅庐的证券奇才

第五章　奥马哈的投资大师

第六章　创造巴菲特式的防御型投资

第七章　成为股市变化的风向标

第八章　收购“绩优股”企业

第九章　投资帝国的继续扩张

第十章　书写全球股神的奇迹

第十一章　晚年的人生智慧

第一章 艰辛的童年岁月

1. 巴菲特家族的奋斗史

17世纪，欧洲大洋对岸的一块神秘大陆，源源不断地吸引着喜爱冒险的人们前去探索，它代表着自由和梦想。有人为了躲避宗教迫害，有人为了实现财富人生，有人为了揭开新的命运序幕……这块大陆就是哥伦布发现的美洲。

在这些迁徙的人群中，有一个姓巴菲特的家族，据说是法国胡格诺教徒的后代。巴菲特家族最早的族人名叫约翰·巴菲特，他住在法国格修地区，是一名纺织工人，整天和粗毛哔叽打交道，拿着低微的薪水。1696年，为了躲避宗教迫害，约翰带着家人来到美洲大陆的亨廷顿，在长岛以种植为生。虽然这是一块陌生的土地，但是巴菲特一家像很多移民者一样，充满着冒险精神和自信心，他们相信美洲大陆会给予他们自由和财富。

约翰的妻子名叫汉纳·提图斯，在美国内战结束之前，他和妻子是长岛的农场主，对工人很吝啬，薪金低于其他农场主，工人们怨声载道。约翰的六世孙西德尼（巴菲特的曾祖父），也是约翰农场里的一名雇佣工人，然而他并没有享受到族人的特权，甚至拿的工资比其他工人还要低——祖父泽布隆·巴菲特发给他的工资只有50美分。后来，西德尼实在无法容忍祖父的吝啬刻薄，他离开了农场，一路向西，来到了一个名叫奥马哈的小城。

奥马哈意为“上游的人民”，1854年建立，1857年设市，是一个依傍着密苏里河岸、拥有着嶙峋崖壁的城镇。奥马哈最早居住的人类是奥马哈印第安人。奥马哈设市之前还是一片荒山野地，虽然它下面有大片平原，然而多山的地形限制了它的交通，到处都是泥泞的道路和简陋的木屋，导致经济落后，居民贫穷且人口密度小，极度缺乏购买力。

西德尼来到奥马哈之后，找到了他的外祖父乔治，成了一名马车夫。当时乔治经营一家颇具规模的出租马车行，而马车是那个年代主要的交通工具，虽然车行生意兴隆，但是跟西德尼并无关系，那只是他外祖父的产业。不过这一次，西德尼学会了忍耐，他一面硬着头皮和四条腿的畜生做伴，一面开始攒下积蓄。

西德尼借着给杂货店的老板送货的机会，了解了这个圈子的信息和经验，慢慢掌握了经商的门道，直至拥有了一家属于自己的杂货店，这个家族义工终于成为老板，从此，由农民变成了小商人。

西德尼的创业之举改写了巴菲特家族的命运，然而乔治并不这么认为。他在写给西德尼的信中提到：“但愿你的事业会有更大的发展，但我们并不强求你赚很多的钱。一旦生意不景气就及时收手，这是成功商人必须坚持的谨慎为本的原则，然后将偿还债务当作自己最重要的事情，因为商人最重要的是信誉。”虽然这番劝告有点老葛朗台的意思，却也不无道理。

1869年，西德尼的杂货店开张了，经营蔬菜、水果、野兔和山鸡。当时的奥马哈还处在发展的初期，从商的人很少，竞争并不激烈，商机也更多，而这个小小的杂货店意味着巴菲特家族正式置身于城市的商业生活。没过多久，西德尼的财运来了。

1854年，美国政府和奥马哈印第安人签订协议，将内布拉斯加领地开放。1859年，当时还是伊利诺伊州铁路律师的林肯来到奥马哈，经过一番考察后，认为此地可以作为良好的交通要道修建铁路，内布拉斯加进入高速发展时期。几年后，林肯总统亲自指定奥马哈作为联邦太平洋铁路的东端终点站。

当奥马哈成为重要的铁路站点之后，很快涌入了各色人等定居：流浪汉、经商者和退役的老兵甚至还有刑满释放的犯人，他们肤色各异，理想不同，但最终脚踩在同一片土地上，填满了刚刚发展起来的奥马哈。

西德尼看到了商机，他的商店在铁路贯通大陆三个月后开张。那些从外地涌入奥马哈的人，经常光顾西德尼的商店购买生活用品，而西德尼也能满足他们的要求：柜台上永远放着牛奶、面包和草原鸡。因为有大量的需求，生意日渐兴旺起来。

西德尼的小儿子欧内斯特，在城西开了一家商店——他之所以选择这个地方，是因为他看到了居民向西面迁移的趋势——他很快推出了送货上门和赊账销售的业务，给消费者带来很大的便利，当然最大的受益人还是他自己，很多富人也开始向欧内斯特下订单。

欧内斯特吝啬得出奇，员工整日将生命消耗在柜台上，倒是养成了不爱偷懒的好习惯。欧内斯特的刻薄为他赢得了糟糕的名声。不过他的儿子霍华德却脾气温和、举止儒雅，且风度翩翩。最重要的是他不像父亲那般吝啬，而是充满人情味，他对父亲的做法也颇有微词。

霍华德对经商毫无兴趣，他更喜欢从事报业工作。很快，霍华德进入内布拉斯加大学，成为学校委员会主席，还出任了学校的月报编辑。他并不帅气，却很有气质，常被漂亮且富有的女孩子追求，只是他没有动心。最终，他邂逅了一个贫穷的女子——利拉·斯塔尔。

利拉的故乡在一个叫作西点的小镇，荒凉偏远，父亲以销售报纸为生，母亲多病，一家人收入微薄。利拉有一个哥哥和两个妹妹，生活担子很重，她长年做印刷工作，甚至外出推销报纸。利拉的身体很糟糕，经常头痛，后来去《内布拉斯加月报》应聘，遇到了身为面试官的霍华德。

当霍华德问起她的专业时，她回答自己的专业就是结婚——如果不能凑齐学费只能返乡嫁人。霍华德说这门课程缺少现实意义。从这一刻起，霍华德就爱上了幽默风趣、活泼可爱的利拉，利拉也爱上了儒雅沉稳的霍华德，在利拉眼中，霍华德的绅士气质和家乡小镇上嚼烟草的男孩完全不同，他们很快开始交往并迅速坠入爱河。

霍华德毕业前向利拉求婚，利拉的父亲却认为女儿应当先读完大学再谈婚论嫁，不过霍华德和利拉沉浸在热恋中无法自拔，他们执意要通过婚姻巩固他们的爱情。1925年，霍华德和利拉举办了一场朴素的婚礼，他们没有蜜月旅行，而是回到了奥马哈。在那个落后的小镇，他们找到一间简陋的平板房当作自己的家，虽然有壁炉可以取暖，但是装修简单，好在利拉花了很多心思布置，让这个毛坯房一样的暂住地变成弥漫着玫瑰花香的爱巢。霍华德曾经说，和利拉结婚是他一生中做过的最成功的交易。

霍华德的一位朋友向他推荐了一份报社的工作，他满怀欣喜地打算去面试，父亲欧内斯特却极力反对，他只好去了一家保险公司任职，拿着25美元的周薪，不过他很快就厌倦了。随后，霍华德又去了一家证券公司当经纪人，欧内斯特依旧反对，然而这一次霍华德没有妥协。他知道自己未来的生活会更糟糕，不过他不后悔，这是他第一次和父亲抗争，也影响了他自己的人生和他子女的命运。

2．诞生在大萧条时代

霍华德和利拉的幸福刚开始不久，一场变故降临在他们身上——利拉的眼睛因患病做了手术，从此她便被后遗症和之前的头疼病折磨着。霍华德虽然坚信他们对爱的忠贞能抵御生活的磨难，然而现实的柴米油盐还是让他们不得不节衣缩食地过日子。为了节省花销，利拉将汽车让给霍华德使用，自己每天费力地挤公交车，下车后还要步行一大段路才能回家，十分辛苦。为了应付捉襟见肘的生活，利拉还兼职着一份秘书工作，赚的钱比霍华德要多，而琐碎的家务也由她承担。

1928年，利拉生下了她和霍华德的第一个孩子：女儿多丽丝。多丽丝继承了母亲的优秀基因，漂亮得像个天使，呆萌得像个布偶，然而上帝似乎没有因此眷顾她。一天，病魔袭击了这个可爱的小女孩，多丽丝高烧达到40℃，挣扎在死神的凝视之下。后来凭借着顽强的生命力，多丽丝总算摆脱了病魔。

1930年8月30日，一个湿热的夏日，气温达到38℃，天上下着瓢泼大雨，就在这天，沃伦·巴菲特出生了。他早产五个星期，出生时体重只有六磅。刚出生的沃伦·巴菲特身体很羸弱，和姐姐一样出现了高烧症状，幸运的是，经过调理总算渡过了难关。

沃伦在两岁时拍过一张照片：金黄色的头发，白皙的皮肤，婴儿肥的脸蛋，手里拿着积木微笑着。幼年的沃伦是一个乖巧听话的孩子，他不会去陌生地带闲逛，也从来不招惹是非，甚至可以说性格温和得有些懦弱——连他的妹妹罗贝塔都声称要保护哥哥。

一次，霍华德拿回一副拳击手套给沃伦，也许他认为男孩子都会喜欢这类东西，还找来一个男孩和沃伦对练，结果沃伦败下阵来，从此沃伦再也没摸过那副手套。他天性的温顺和腼腆，让身边人不免对他充满了保护的欲望。

那时候，霍华德在一家金融机构担任股票经纪人，然而欧内斯特却对儿子的职业十分不满——他对霍华德离开保险公司耿耿于怀。欧内斯特认为，一个人把钱投资到股票上是非常愚蠢的，因为这跟赌博没什么两样。

父亲对证券交易的偏见，并没有让霍华德动摇他的职业理想，他甚至将这种贬低转化为努力下去的动力。在1929年之前，炒股是全民性的投资行为，只要你出门，就能在各个地方看到投资推销员——街道上、公园里、家门口……他们会彬彬有礼地向你致敬，然后侃侃而谈股票的变现收益回报，让你不由自主地将积蓄掏出来交给他们。那时，股票已经成为一种美国式经济生活的象征，然而很多人不曾料到，这是一场在悬崖边上跳舞的狂欢。

股票的繁荣没有持续太久，席卷全球的经济危机爆发了，欧内斯特的嘲讽变成了现实。

从1929年9月份开始，股票价格不断下降，到了10月份出现了抛售狂潮，美国股市的大崩盘开始了，股民们惶恐不安，操盘手们同样心惊胆战，那些曾经被推销员吹上天的股票，一夜之间变成了废纸，甚至有人开着豪华游艇出游回来后，发现自己已经欠了一屁股的债，连著名的经济学家凯恩斯也深陷其中，直到去世前还对这场灾难心有余悸。

身为证券经纪人的霍华德，当时最害怕的就是听到电话铃声，他不敢告诉他的客户他们已成为"负翁"。不过这种焦虑没有持续多久，1931年8月13日，霍华德所在的证券公司宣告关门。

失业的霍华德无力承担起养家的重任，此时的沃伦还不满一周岁，迫于无奈，霍华德打算去父亲的店里打工，然而欧内斯特的生意也不好，根本不需要再雇人，只是勉强借给了霍华德一点钱维持生计。按照生意场上的规矩，借钱是要付出利息的，而巴菲特家族又鄙视借钱，于是霍华德被父亲告知要尽快偿还债务。

承受着巨大压力的霍华德日渐消瘦，他曾经看好的证券交易在顷刻间崩溃，他对未来充满了迷茫和恐惧。还好，霍华德的坚韧和责任感让他很快振作起来，经过再三思虑，他认为只有创业才能拯救一家人的生活。

霍华德和朋友乔治·斯克莱尼卡在联邦州立银行大楼创办了一家公司：巴菲特－斯克莱尼卡公司。地点位于奥马哈的法纳姆大街，公司的业务是销售投资债券和股票。这在当时看来是十分冒险的生意，因为已经没有多少人对股票还抱有信心，而且以农业为生的奥马哈居民，相信他们能通过种植小麦躲过大萧条。然而事与愿违，奥马哈突遭沙尘暴和蝗灾，密密麻麻的蝗虫铺天盖地般从这里飞过，所到之处农作物被吃尽。可怜的居民们为了防备沙尘和虫害，只能将门窗紧闭，轻易不敢出门。

赖以生存的农作物被摧毁，奥马哈的很多居民沦为赤贫，他们排队去领政府的救济，没人再有闲散资金投资证券，霍华德的公司很难做成一笔交易，即便有收益也很低。走投无路的霍华德只好再次去向父亲借钱，然而欧内斯特这次没有答应。

霍华德一家陷入极大的困境之中，利拉一如既往地撑起了这个家的内务，为了让丈夫和孩子吃饱，她自己常常饿着肚子。起初霍华德没有察觉，得知以后心疼万分，他生出了去利拉的家乡西点逃荒的念头，然而利拉没有同意，她已经将奥马哈当成了自己的家，而且她也不认为西点会比奥马哈更容易生存。为了节省开支，利拉不再去教堂参加宗教活动，将省下来的十几美分变成烤炉里的面包。

多丽丝和沃伦的童年就是在这样的境况中度过的，他们夏天不敢出门，因为买不起消暑的冰块，冬天也只能蜷缩在家，而单薄的平板房无法抵御严寒，姐弟俩只好像父母一样把自己包裹在衣服里、被子里。

童年的穷困让沃伦过早品尝到人世的艰辛，也磨炼了他的意志。在罗斯福总统推行新政之后，美国的经济创伤开始慢慢痊愈。到沃伦六岁时，大萧条的阴霾终于从美国散去，家中的经济状况得到改善，霍华德的公司也有了起色，他们一家从简陋的平板房中搬了出去。

新家是一栋都铎风格的砖石建筑，居住条件很不错，久违的笑声终于出现在沃伦的生活中。在他六岁时，他们一家还去了艾奥瓦州北部的奥科博吉湖度假，那是他们少有的一次休闲。霍华德租了一间小木屋，和妻子儿女一起欣赏着湖光山色，暂时忘掉了生活的烦恼。

从奥马哈出发前，沃伦用25美分买了六听可乐带在身上。来到湖边之后，他四处寻找客人，最后以一听五美分的价格将可乐全部售出，赚了五美分。

大萧条让幼小的沃伦留下难以磨灭的记忆，他没有忘记那场经济灾难给他们一家带来的穷困、恐惧和绝望，他对既能带来财富又能毁灭财富的股票产生了浓厚的兴趣，也从父亲的公司和祖父的杂货店中看到了经商的魔力，他不想再被贫穷蹂躏，他要改变自己的生活。

3．对数字敏感的内向男孩

童年的沃伦并未表现出天才的特征，不过他身上却有一种独特的气质——谨慎。这种特质可以从他不爱招惹是非中看出来。沃伦生性乖巧，乖巧到有那么一丝超越年龄的城府。还在学步期时，他走路就将膝盖弯曲着，防止摔倒之后受伤。和父母逛街时，沃伦不像姐姐多丽丝那样四处乱跑而是紧挨着父母，结果多丽丝经常走丢，沃伦却能安然回家。姐弟俩一个像狂野的小马，一个像温顺的羊羔。大家对沃伦的评价是：一个不给大人添麻烦的好孩子。

随着年龄的增长，沃伦谨慎的性格不但没有改变反而有所加强，陌生的街道小巷他从来不去，也避免和小伙伴争吵，不过家人却有些不放心，他们担心沃伦会被欺负。利拉加倍关爱这个腼腆的儿子，不过霍华德却担心儿子过于老成，总是想培养他的自我保护意识和能力。然而他的担心似乎是多余的，乖巧的沃伦在另一方面体现出了超人的智商——对数字的敏感。

早在四五岁的时候，沃伦和他的好朋友拉塞尔就经常趴在走廊上观看来往经过的车辆并记下车牌号，有时候拉塞尔还会迅速朗读城市的名字，然后让沃伦报出城市的人口数量。到了晚上，沃伦和拉塞尔还会研究数字并统计其在《奥马哈世界先驱报》中出现的频率。除此之外，沃伦还特别愿意做数学题，擅长快速计算出复利，如此枯燥的活动在他看来却是最有趣的消遣方式。

周末礼拜时，利拉为沃伦梳洗干净带着他去教堂听布道，然而沃伦对这些似乎提不起兴趣，他会低着头扳着手指计算教堂里神职作曲家的年龄。就是这些在旁人看来寡然无味的事情，显示了沃伦对数字的强烈兴趣，为他日后的投资理财能力奠定了基础。

其实，霍华德也是一个对数字很感兴趣的人，只是他对金钱的欲望不强，纯粹是为了贴补家用，免遭大萧条时的饥寒交迫。他努力想让自己成为一个尽职的丈夫和父亲，为此身兼数职努力赚钱。不过，他对政治和宗教的热情远高于经商，他内心充满强烈的道德意识，总是喜欢给孩子讲宗教道德，还提醒孩子们不要忘记对上帝和社会的责任。霍华德还经常给孩子们背诵爱默生的名言：最伟大的人，是在嘈杂人群中完美地保持独立人格的人。

孩子们在霍华德的影响下也都向虔诚的教徒转变：比如多丽丝不跟喝酒的朋友坐在一起，担心父亲认为她会染上这种恶习。虽然对孩子有明确的道德要求，但霍华德并不是苛刻的父亲，他总是满怀信心地鼓励沃伦，让沃伦有独立思考的能力，因为在他看来这是一个人顺利成长和立足社会的关键。

孩子们很崇拜霍华德，尤其是沃伦，他们父子二人的关系十分密切，比一般的父子关系要融洽得多。每当霍华德问孩子们想要什么礼物的时候，多丽丝和罗贝塔都是要丝带和毛绒玩具，只有沃伦请求的是股票行情机的纸带，霍华德答应了他。

股票行情机的纸带上面记录了市面上各种股票的价格波动信息，对不炒股的人来说毫无意义，而沃伦却十分喜欢研究这种东西，他想通过这些纸条找出股票价格变化的规律。经过一段时间的学习，沃伦竟然无师自通地能够运用标准普尔指数解释报价符号，这让霍华德备感意外。

沃伦七岁时发了一次高烧，很严重。利拉担心他会像多丽丝那样濒临死亡，急忙把他送进了医院，很快为他进行了盲肠切除手术。虽然是个小手术，但这让本来体质就较差的沃伦更加虚弱，他的性格也更为内敛和谨慎。

沃伦童年最爱的美味是面汤，不过这在当时来说是珍馐美味，拮据的霍华德家不能常享用，后来为了给虚弱的沃伦补身子特意为他做了面汤，然而做完手术的沃伦几乎没什么胃口，连医生都担心他的身体状况很难恢复到手术之前。

在沃伦养病期间，他最爱干的事就是在纸上写阿拉伯数字，只是当时大家都觉得这不过是小孩子胡乱涂写罢了。直到有一天，沃伦告诉照顾他的护士，这些数字象征他以后赚钱的数目，尽管当时他没钱，但总有一天会变得非常富有和出名，那时报纸和电视台都会抢着报道他的事迹。

护士显然没有将沃伦的话当真，只当是孩子气的臆想而已，安慰他说，相信他将来一定是个大富翁。成人的敷衍并没有让沃伦扫兴，这个有关财富的人生理想并非遥不可及，只是当时没人相信这个体弱多病的孩子日后会取得今天这样的成功。

沃伦总是跟其他孩子不同，他的姑姑爱丽丝曾经送给他一个指纹识别玩具，沃伦就让来看他的修女用手指蘸上印泥在纸上按下手印，修女像陪着沃伦过家家一样应付着他。出院之后，沃伦拿着这张纸整日研究，家人很奇怪，问他在研究什么，谁知沃伦的回答让人大吃一惊：这些修女之中以后说不定会有人犯罪，而只有他有修女们的指纹，能帮助警察破案。

随着年龄的增长，沃伦对数字的兴趣升级为对经商的兴趣，他六七岁时就在家门口推销口香糖。八岁时，沃伦的经商天赋更加突出，他已经开始大量阅读股票类的书籍，这些让成年人都头疼的书，沃伦却看得津津有味，他从中汲取了丰富的金融知识，甚至开始绘制反映股市行情的股价升降图表。

九岁时，沃伦去街上推销可口可乐等饮料，而且他还经常在自动售饮料机旁边捡起人们丢弃的瓶盖，目的是想研究人们更喜欢哪种饮料，而和他同龄的孩子只知道喝饮料。这又反映了他有进行市场调查的能力。

十岁时，沃伦突然发现一个问题：百事可乐和可口可乐的价格一样，但分量比可口可乐更多。沃伦认为买它的人会更多，因为二者在口感上的差别不是很大，后来沃伦就只推销百事可乐。就是这么一件小事，反映出沃伦洞悉产品内在价值的意识和能力。

沃伦的经商头脑为还是小小年纪的他带来了财富。他有时候会去乡下当高尔夫球童，还会和同学一起，在广阔的球场上捡那些被人遗弃的球，然后根据球的品牌和质量把它们分类出售。有时候沃伦没有那么多时间，就让邻居拿去卖而他则从中抽取提成。每当傍晚时分，当美国的中西部进入黄昏之际，沃伦和朋友拉塞尔就坐在拉塞尔家门廊的沙发上，当他们看到街上的车流时，沃伦会感慨地说："要是能从他们身上赚到钱就好了。"后来，拉塞尔的母亲伊芙琳回忆这段往事时曾说："只有在家门口设置一个收费站才能让沃伦过瘾。"

沃伦不仅喜欢做生意，还喜欢去赛马场，他经常和朋友拉塞尔一起去赛马场寻找那些中了奖但是被人粗心丢掉的奖券。内布拉斯加的酷热让这对小伙伴汗流浃背，不过他们总能从一些被撕碎的票根中有所收获——当然这只能靠运气。

除了寻找票根之外，沃伦更主要的工作是观察如何在赛马道上布置障碍以及怎样根据障碍下赌注，他为此写了一本名叫《马童选集》的小册子，还发明了一套赌注系统——必胜马仔系统，印出来卖给赌马的人，一本0.25美元，后来因为没有营业执照被取缔了，不过这让他学到不少做生意的经验。后来拉塞尔回忆这件事时说："我们觉得自己能够卖几套赚些钱，我们四处叫卖道：'买份必胜马仔系统吧！'不过我们没有营业执照，后来他们就把我们赶跑了。"

沃伦十岁时恳求父亲带他去纽约旅行，霍华德答应了，然而当他问儿子想去游览哪些地方时，沃伦竟然说想去华尔街，霍华德非常惊讶，他原计划是带着儿子去看橄榄球比赛和游乐园，没想到十岁的孩子竟然对金融街感兴趣。于是，父子二人搭乘开往纽约的夜班火车，沃伦还带着自己最喜欢的集邮册。

当霍华德带着沃伦去华尔街的股票交易所之后，沃伦被里面的景象震惊了：无数人挤在交易大厅中，一个个像打了鸡血似的拿着报单，口音各异地报着不同的数字。沃伦一面观察亢奋的人群，一面盯着他们手里的债券和股票单据，好像那些是施了魔法的纸片，让沃伦看过就再难收回目光。他认为只有在这个世界里，才能找到属于自己的价值。

沃伦对股票越来越感兴趣，正巧霍华德在证券公司上班，工作就是分析股票的走势然后根据其信息为公司和客户提供投资建议。由于公司小有名气，已成为奥马哈的股票报价中心，沃伦经常跟着霍华德去公司，一待就是几个小时，他认为这是一个神奇的地方。日子久了，沃伦也能做一些简单的工作，他在老板哈里斯·厄珀姆的要求下在木板上做标记，从未出过错，老板对他十分满意。

霍华德鼓励沃伦保持独立思考，特别是当他发现沃伦很喜欢股票之后更是欣慰，因为他觉得男孩子对金融感兴趣是好事，所以很重视培养和引导沃伦，常常带着沃伦出入他的办公室，沃伦从父亲和他的同事身上学到很多知识和经验。

沃伦对股票大盘的兴趣越来越强烈，他时常抛开一切，独自在电子显示屏前驻足几个钟头，将股票价格走势图画在纸上并认真研究，他不断地重复着这项工作，日积月累之下对股市行情有了清晰的认知。但是他并没有满足，他知道自己对股票和金融知识的了解依然停留在表层，他想获知更深奥的股市运行规律。

随着沃伦工作范围的不断扩大，他对绘制相关的资料图表工作充满了热情并能出色地完成。沃伦的聪敏好学让他能够在规定时间内做好所有工作，并能利用剩下的时间则去阅读有关股票的图书。一天，沃伦偶然看到一本名叫《证券分析》的书，顿时被吸引住。这本书的作者是格雷厄姆，他的精妙分析和生花妙笔，让沃伦像夜晚迷路的旅人一样看到了曙光，然而沃伦在当时不会想到，自己日后会成为这位投资理论泰斗的得意门生并成就了在投资界的传奇。

童年时的沃伦所表现出的特质成为他日后成功的先兆，他对金融的兴趣和对投资的天赋加上他对知识的渴求，成为他成就股市传奇的基础。但只拥有这些先决条件还不够，沃伦还需要一个契机。

4. 压抑的童年生活

沃伦一家虽然经济状况不好，但霍华德思想传统且安于现状，他不求大富大贵，只是希望家人能吃饱穿暖就足够了，并没有野心去给妻子儿女谋求更优渥的物质生活。

在沃伦11岁那年，霍华德为了让孩子体验一下乡村生活，带着一家人去了农场。在他看来，农场生活可以帮助孩子们接触大自然，还能激发他们对于生活的热爱。

那个夏天，沃伦和多丽丝被送到一个名叫艾默尔·贝恩的农场主家中。起初，沃伦不喜欢农场，因为这里没有证券公司，没有超市，没有生意可做，只有叽叽呱呱的鸡、鸭、鹅乱飞乱跳，他盼着早日回家。不过待的时间久了，农场田园牧歌式的生活渐渐吸引了他，他喜欢清晨就能嗅到香草味道，也乐于看着奶牛在晨雾中走动。而且，贝恩对沃伦姐弟很好，沃伦经常去农户家中拜访，和他们亲切地交谈，四处都留下了他们姐弟的欢歌笑语。大家对沃伦的印象也不错，认为他是一个爽朗懂事的孩子，也经常留他在家中吃饭。

贝恩原本就是一个性格温和的人，没有给沃伦姐弟多少农活儿，更多的时间是让他们享受乡村生活。虽然姐弟两个也想做些事回报农场主，却总是帮倒忙，一会儿把面粉弄得到处都是，一会儿弄脏了厨房……不过贝恩从不生气。

农场生活的经历让沃伦爱上了田野乡间，后来他每个星期都要去几次，不过并非为了享受贝恩烙的饼，而是因为母亲利拉。原来，利拉在婚后性格发生了很大变化，生活的压力和岁月的摧残让那个曾经活泼灵动的少女不见了，取而代之的是一个满腹怨气的家庭主妇。当然，这时候她遭遇的家庭变故是主要原因。

原来，就在利拉生完沃伦的那一年，利拉的姐姐自杀去世，由于姐妹二人感情深厚，这对她的打击很大。在姐姐去世后利拉经常会梦到她，有时还会梦到姐姐自杀时的情景，这让利拉寝食难安，心情越发抑郁和狂躁。遭受精神重压的利拉没有发泄的途径，她深爱着霍华德，然而丈夫经常看书，两个人的沟通渐渐变少，和她终日打交道的还是柴米油盐，最终，利拉将积蓄的怨气撒在孩子身上。

当时，沃伦和多丽丝经常遭到母亲的无端批评，而且言辞尖刻得让他们难以承受。姐弟俩在家里小心翼翼，然而利拉还是紧紧盯着他们，稍有不慎就会痛斥一番。即便是后来有了妹妹罗贝塔，姐弟俩也同样会遭受利拉的责骂。这种来无影去无踪的怨气，让沃伦姐弟如履薄冰，因为他们不知道利拉的下一次发作是在什么时候，家庭昔日的和谐气氛渐渐被恐怖气氛所取代，孩子们每天都小心翼翼的，生怕惹母亲生气。

这一切被霍华德看在眼里，他原本应该批评利拉，但是他又深知利拉承受的痛苦，他只能在利拉准备发火之前偷偷告诉孩子们：妈妈又要生气了。所幸的是，沃伦十分理解并能容忍母亲的坏脾气，他曾说母亲是他心中最伟大的女性，她为家庭做出了很大的牺牲。尽管如此，利拉给沃伦童年带来的阴影，伴随了他的一生。

沃伦每当被利拉责骂以后都始终保持安静，从来不向姐妹和父亲诉苦，他只是安静地离开家，到小伙伴家里待一会儿再回去。当他看到别人家的母亲是那么温柔和蔼时，免不了心中艳羡，却从不将母亲的事告诉外人，只是深深地掩藏在心里。后来当沃伦有了儿子彼得以后，利拉的坏脾气依然不改，有一次彼得打电话问候利拉却遭到了她一个钟头的训斥，她将彼得数落得一无是处。当彼得含泪挂断电话之后，沃伦安慰儿子：我当年一直过着这种生活。

家中压抑的气氛让沃伦不得不转移注意力，他将更多的时间用在读书上，成了奥马哈有名的书虫，街坊四邻对沃伦的评价是“过目不忘”。霍华德给儿子取了一个绰号叫“火球”，意思是能够吸引飞蛾，这是因为沃伦很擅长讲故事，每一次开口都能吸引一圈小伙伴。

虽然沃伦喜欢看书，不过他不像同龄人那样喜欢看童话故事，而是只钻研经济类的图书。他经常光顾书店，一次他看到了一本名叫《赚到1000美元的1000招》的书，立即被封面上的一个矮个子男人和一堆钞票山所吸引，他还记住了书中的一段话：“对于创业者来说，昨天再好也过去了，而最好的机会就是‘现在’！”就是这么一本有些鸡汤范儿的小册子让沃伦始终铭记，他从书中获得了启发：想要做什么就立刻行动，绝不能选择等待。

沃伦还看了一本《10美元成为大富翁的故事》，这本书除了介绍致富经之外，还介绍了很多穷小子发家的故事，给沃伦带来很大的鼓舞和激励，他经常幻想将来有一天自己也能成为其中的一个。他将这些想法告诉多丽丝，多丽丝从不会嗤笑弟弟“痴心妄想”，反而是认真倾听并给沃伦提建议。

沃伦虽然个子较高，但是他的运动能力很差，动作很笨拙，经常引人发笑，而且由于戴着眼镜，没办法做剧烈运动，特别是对球类运动非常不擅长。他是一个有着出色演讲能力的人，语言很有感染力，每次讲话都能吸引听众。听过沃伦演讲的人常常会说：即便在上课时我也从未这样认真听过。这大概是最能让沃伦自豪的事情了。

和同龄人相比，沃伦显得早熟，他很看重人际关系，懂得和人相处，他的学习成绩也很突出，在念小学时因为成绩优异而跳级。在学校里，老师给他的评价很高，认为他是一个学习好且听话的好孩子，很容易管教。在众多学习科目中，沃伦最爱学的是英语，时常在课堂上指出老师的错误，虽然让老师有些下不来台，但沃伦每一次都是正确的。从这个方面可以看出，沃伦继承了父亲善于思考的个性，即便是对老师教授的内容也充满了质疑精神。一次上课，沃伦在座位上眉头紧锁，嘴里絮絮叨叨，原来是遇上了一道难题，当老师走过去想要帮助他时，沃伦竟然对其不理不睬——他完全没有注意到老师来到他身边。

虽然童年时期有些压抑，但沃伦敢于直面阴影，以机敏好学的行为抵消这种压抑。只要能和他的股票打交道，他就像被赐予了新的生命一样，他的才能也渐渐展露出来，为那个百万富翁的梦想而努力。

5. 在祖父的杂货铺打工

第二次世界大战爆发之后，沃伦的生活发生了很大变化。起初，很多美国人没有想到这场战争会和自己有关，然而在1941年12月7日珍珠港遭到日军偷袭之后，美国人长期奉行的“光荣孤立”之梦破碎了，美国正式向日本宣战。

珍珠港事件发生在一个周末，当天，11岁的沃伦和家人去位于纽约州的西点外祖父家探亲回来，在路上他们听到了嘹亮的军号声，这才得知美国和日本开战的消息。虽然战争对美国人来说是陌生和可怕的，不过在接下来的几个月当中，大家也慢慢习惯了战时的生活，毕竟凭借大洋的阻隔美国本土部分没有受到法西斯恶魔的蹂躏。

1942年，霍华德在内布拉斯加第二选区被选为众议员候选人。他在政治上思想比较激进，对罗斯福的新政进行了公开的批评，认为罗斯福搞的是纳粹那一套，另外对当时通货膨胀处理不妥的状况霍华德也进行了抨击，他的政治才能和口才让不少选民支持他。虽然群众基础不错，但是霍华德缺乏竞选的经费，而他的政治观点又和美国主流不同，竞选难度极大，几乎没有什么胜算，因此霍华德只准备了很简单的演讲。可是让他意想不到的是，第二天传来了他竞选成功的消息——他成为一名国会众议员！

霍华德当选众议员后，沃伦的生活也发生了变化，他们一家搬到华盛顿。由于受到战争的影响，华盛顿的房价十分昂贵，而霍华德因为竞选花光了全部积蓄，他们只能住在弗吉尼亚州的弗雷德里克斯堡。虽然位置较为偏僻，但是环境幽雅，风景宜人，多丽丝和罗贝塔都很喜欢，只有沃伦对新的生活环境比较排斥，因为家乡的朋友都不在身边，父亲又终日忙碌，更重要的是他和奥马哈的股票市场失去了联系，沃伦心情变得抑郁起来。不过他并没有将情绪表现在脸上，他不想给父亲徒增烦恼，便开始找一些感兴趣的事情去做。

沃伦参加各种活动，希望结交新的朋友排遣郁闷，却没有成功，他无论如何都无法爱上这块陌生的土地。他给祖父欧内斯特写信诉说郁闷的心情，欧内斯特虽然吝啬刻薄，但还是很疼爱沃伦，于是写信给霍华德，让沃伦回奥马哈读完小学。

霍华德不想让沃伦离开自己，他认为在华盛顿可以让儿子学到更多的东西，然而欧内斯特极力坚持，沃伦也确实不喜欢这里，霍华德只好同意让儿子在奥马哈念完八年级。

回到奥马哈以后，沃伦和祖父及姑姑爱丽丝住在一起。爱丽丝是一个经济学教师，终身未嫁，风趣幽默，她十分疼爱沃伦。在他六岁时，他想要一块秒表，这在当时来说不算个小礼物，爱丽丝真的买给了他，不过爱丽丝提出要求让沃伦不再挑食，沃伦答应了爱丽丝。现在沃伦长大了，爱丽丝毫无保留地将她在经济学方面的知识都传给了他。沃伦的勤奋和聪敏受到了爱丽丝的赏识，他们的关系十分融洽，甚至在某种程度上情若母子，沃伦从利拉身上失去的疼爱和关怀，从爱丽丝身上获得了些许弥补。

欧内斯特一如既往地经营着店铺，在沃伦回到奥马哈时正在写一本有关经营的书，每天晚上还会给沃伦念其中的内容，然而欧内斯特的经验过于陈旧，书中的很多内容枯燥无趣，不过沃伦还是耐着性子听完。很快，沃伦来到祖父的店里帮忙，拿着少得可怜的薪水，工作却并不轻松，经常要搬动箱子和收拾杂物，而那时他只有12岁。他自然不喜欢这种工作，但还是坚持了下来。

沃伦并不喜欢杂货店的味道，因为每当水果腐烂之后他都要清扫垃圾，不过除此之外这个商店还是让他满意的。因为店铺里经常飘散着面包的香味，这也是很多客人喜欢来这里的原因。除了干活之外，沃伦还会从店里批发百事可乐和苏打水出去推销。欧内斯特的时间管理很严格，若干年之后，沃伦的外甥比尔也到杂货店打工，因为晚了一分钟就被欧内斯特痛斥一番：有没有时间观念？都几点了你才来？！祖父的严格管理让店员从来不敢偷懒，而沃伦也由此养成了勤劳工作的习惯。

和沃伦一起打工的还有一个叫查理·芒格的年轻人，他是沃伦日后的合伙人，他在每个星期六来杂货店干活，不过两个人当时没有太多交流，直到多年以后才再次相见。查理·芒格认为自己在店铺里受到精神上的洗礼，他说："没有谁会在店里晃荡，从早上开店一直到夜里打烊，你始终都会忙得不可开交。"

沃伦和霍华德以前的合作伙伴卡尔·福尔克联络，有时候还去他家共进午餐。福尔克一家都很喜欢沃伦，而沃伦也愿意去他家——福尔克家中有大量经济类的藏书。只要有时间沃伦就贪婪地阅读，很快将福尔克家中有关股票投资的书全部读完了。

一次，沃伦在喝着鸡汤时宣布他要成为一个百万富翁，如果实现不了就从奥马哈最高的建筑上跳下去。结果这句话吓坏了福尔克夫人，她问沃伦为什么要赚那么多钱。沃伦回答："夫人，我只是觉得用我的智慧和知识赚钱是一件非常愉快的事情。"

沃伦在学校最后的几个月当中，生活得还是非常愉快的，他经常和老朋友们聚会，在奥马哈的城市里四处闲逛，从城西的祖父的杂货店走到市中心的鹅卵石街道。奥马哈有热闹嘈杂的自由市场和仓库，沃伦喜欢这座小城，也喜欢奥马哈人不在意繁文缛节的生活习惯。从个性上看，沃伦独立自强且雄心勃勃，从行为上看他又谨小慎微，步步为营，这种复杂的性格成为美国中西部人活脱脱的写照。

杂货铺的打工经历，让沃伦了解了个体经济的结构特征和运行规律，了解了小商品经济的本质。随着年龄的增长，他将在日后的创业生涯中打造更高级的商业体系，去攫取更丰厚的回报。

第二章

淘到第一桶金

Buffett

1. 送报生涯

1943年6月，沃伦离开了奥马哈，重新回到弗雷德里克斯堡，虽然有些不情愿，但为了不让父亲牵挂，他只好和家人在一起，不过只要一放假他就会回到奥马哈，在那里度过整个假期。如果欧内斯特不在的话，沃伦会去一个牧师家中解决食宿。

这年7月，霍华德举家迁入华盛顿哥伦比亚特区，他们的邻居是国会议员理查德·尼克松。这个小区比弗雷德里克斯堡环境更好，房前屋后种植着成片的树林，每到夏季能看到漫无边际的林海。对多丽丝和罗贝塔来说，这里像是一片仙境，然而沃伦依旧不喜欢。

沃伦中学就读于华盛顿的艾里斯迪中学，他的学习成绩并不理想，很多考试科目只达到了B或者C，而且学习环境也让他感到压力。班里的同学都是富家子弟，谈吐得体，举止优雅，从奥马哈小城走出的沃伦显得土气和市井，而且他不太注意个人形象，还会向老师提一些古怪的问题，加之他因为跳级而年龄偏小，和同学存在沟通距离。老师经常向利拉反映沃伦不修边幅，让他更难以适应这种学习环境。他的成绩在这种压抑的环境下不断退步，上课时无法专心听讲，只是在纸上画着股票走势图，结果考试时他最爱的英语和数学竟然得了C，最差的科目老师只给了他两个黑“×”。

沃伦的中学时代和小学时代形成了鲜明的对比，那个乖巧好学的孩子消失了，呈现在老师和同学面前的是一个粗鲁偏执的孩子，家人也对沃伦的转变备感惊讶和失望。很快，沃伦和几个品行不端的学生成为损友，他们经常在街上闲逛，有一次还偷了百货商场的东西。

当时华盛顿地区有一个名叫西尔斯的百货商场，每逢星期日，沃伦就和几个狐朋狗友进去，他们总是先去对面吃汉堡，然后透过玻璃观察商场内的情况，随后进入体育用品店，趁着店员招呼客人的时候就顺手牵羊，有的偷高尔夫球，有的拿球杆，然而偷来的东西他们也没有卖掉或者使用，但还是忍不住去偷。沃伦担心被家人发现，将偷来的东西藏在几个衣柜中。这种为偷而偷的行为，似乎是沃伦为缓解压抑心情的宣泄方式。

幸好沃伦对盗窃没有什么特别浓厚的“兴趣”，过了一段时间就和那帮损友分道扬镳，然而他还是浑浑噩噩地生活着，失去了在奥马哈的那种精神力量。在他眼中，繁华的华盛顿比不上奥马哈，他在家乡有熟悉的朋友和街道，更重要的是他无法在华盛顿继续玩股票，所有的兴趣和理想都被堵塞了，他无法选择继续隐忍，只有决定逃离。

沃伦将逃离的目标定在了宾夕法尼亚的赫尔西，之所以选在这个地方是因为那里有个高尔夫球场，他打算当球童来维持生计，为此还拉上了两个朋友，一个叫罗杰·贝尔，另一个叫托尼，他们和沃伦一样不喜欢华盛顿。为此他们制订了周详的离家计划，从家里偷出钱作为路费，随后一起来到火车站，登上了开往赫尔西的列车。

在车上，沃伦和朋友们感觉无比兴奋，一是因为很刺激，二是因为他们获得了“自由”。在傍晚时分沃伦和朋友到达了赫尔西，下车后，他们很快适应了陌生的环境，找到了探索新大陆的乐趣，华盛顿让他们感觉太过压抑，而陌生的地方恰好可以让他们尽情幻想。

在经历了一天的旅途劳顿之后，沃伦和朋友十分疲惫，他们来到一家旅馆里住下来，打算第二天就到球场找工作，然而刚入睡不久，几个警察闯进来，将他们带到了警察局。原来，托尼因为个子小而被他人误认为是沃伦和贝尔绑架了他。沃伦在警察局里解释了事情的原委，说服了警察，很快被放出来，然而这件事让他们十分扫兴，三个人商量一番决定回家。

第二天沃伦回到华盛顿，等候多时的霍华德和利拉喜极而泣，没有责怪他，而是紧紧拥抱了他，从此对他更加关爱。霍华德对沃伦说，他和利拉知道他想念奥马哈，不过他们都很爱他，一家人应该生活在一起，有困难的时候可以相互帮助。其实，沃伦也不喜欢这种叛逆式的生活，这和他的本性相背离，而他这段时期的表现，也着实让霍华德和利拉感到震惊和费解。霍华德担心沃伦再次出走，特地和他进行了一番长谈。沃伦表面上答应，心里还是抑制不住对外面世界的憧憬。

居住在华盛顿的那几年，沃伦和其他美国民众一样，深受第二次世界大战的影响，虽然没有直接被战火侵袭，然而1945年8月美国在广岛和长崎扔下原子弹的消息，引起了他的关注，为此他还和邻居杰里·穆尔讨论了有关原子弹的问题。沃伦十分关注广岛事件，他担心原子弹爆炸之后会在全世界引发连锁效应，最后让整个世界毁于一旦。杰里回忆说，沃伦当时的表情几近恐惧。

华盛顿依然让沃伦打不起精神，霍华德虽然和儿子沟通过了，却还是担心沃伦会再度离家出走，于是加强了对他的看管。沃伦整日被好几双眼睛盯着，更加郁郁寡欢，而且他的学习成绩仍然很差，霍华德不断督促他，沃伦有些心烦意乱。

一天，沃伦看到有人为《华盛顿邮报》送报纸，一下子产生了兴趣，他马上应聘成为一名送报童。不过霍华德担心这份兼职会分散他的精力，就要求他必须将学习成绩提高，否则就不能做送报的工作。沃伦不想这唯一的兴趣也被剥夺，开始加倍努力学习，成绩果然进步很多。

沃伦是一个做事喜欢动脑子的人，经过一段时间的送报体验，他发现一个被别人忽视的事情：《时代先驱报》和《华盛顿邮报》的发行路线几乎一致，而在当时这两份报纸是人们订阅最广泛的，发行量不相上下。沃伦顿时闪过一个念头：如果同时送两份报纸岂不是可以赚双份的钱？

有了想法立即行动是沃伦的准则，他马上到《时代先驱报》的发行处申请到送报名额。这样一来，他用一份工作的劳动量赚到了双倍的钱，而且也不必担心订户减少，因为订户一旦确定了一份报纸往往会订阅另一份，而绝大多数的订户也只会在《华盛顿邮报》和《时代先驱报》中任选其一。

每天清晨，当和沃伦年龄一样大的孩子还在睡懒觉时，他已经在送报纸的路上。不久，沃伦又找到一个下午送报的工作，报纸叫《明星晚报》。当时，这份报纸的订户群体是上流社会的人，很多人都是华盛顿的贵族，沃伦知道这些人更注重服务的品质，所以不管天气如何恶劣他都会风雨无阻地准时将报纸送到订户手里，大家对这个年轻瘦高的送报员十分满意。

沃伦的送报工作得到利拉的支持，在母亲看来这是一个让儿子锻炼社会技能的机会，不过她也担心体弱的儿子送小山一样高的报纸会很吃力，所以她尽量为儿子送报争取时间。每天早上，利拉早早起床为沃伦准备早饭，因为沃伦必须赶上发往马萨诸塞的早班车。当时，沃伦的公车通票号码基本都是001，这意味着他是第一个买票的人，这个序列的汽车司机都认识这个叫沃伦的报童。

送报纸看似是一个体力活，其实也需要动脑子。当时沃伦说服了负责分派路线的经理，将一条比较好的送报路线留给了他。所谓好的路线，就是指有机会接触上层人士的路线。在沃伦争取的路线中有一栋名叫韦内斯特的公寓，在华盛顿的闹市区，是当时最高档的公寓，里面住着法官、上校以及六位参议员，还有其他军政司法界的要人。沃伦得到了和上层人物结识和交流的机会。

起初沃伦送报的时候，是抱着全部报纸一层楼一层楼地送，这样很浪费力气和时间，后来他总结出新的方法：在一共八层的韦内斯特公寓里，先将一半报纸放在四楼的电梯平台，然后拿着另一半上八楼，可以在各层之间送报，在从上往下的期间报纸会越来越少，省时省力。由于当时订户是先订报后交钱，所以送报员是月底收费，有些人挨家挨户收费，浪费时间且效率不高，还有些人早上去收钱，订户没有起床，而白天又要工作不在家……沃伦规避了这些错误方法，他将一个信封放在服务台，让订户将钱放在里面，这样就能节约很多时间，对订户来说也很简单，他们无论上下班都可以顺便将信封放到服务台。

由于还在战时，一些订户会不断搬家，有些人会因此赖账，等到送报员上门收费时已经房屋易主，沃伦也遇到过这种情况，蒙受了损失，后来他想出一个办法，与楼层的管理员和电梯员做交易：免费送他们一份报纸，让他们提醒自己哪些订户近期会搬家，以做好防范。尽管如此，有些人即便不搬家也会恶意拖欠，虽然沃伦有些内向，然而对于长时间拖欠报款的订户也会上门索要。

当时有一个上流社会的夫人拖欠报款，沃伦几次留言她都装作没看到，沃伦很无奈，他只好通过服务台传话，那位夫人依然不理睬他。后来，沃伦又通过在门缝里塞字条的方式催款也没收到回音。沃伦实在忍无可忍，在一天早上去了她家，敲开房门后，终于让这位夫人老老实实地付了报款。

沃伦的工作效率很高，500份报纸他只需一个钟头就能送完，因为他为自己设计了一条最完美的送报路线，被人们称为“超级报童”。

沃伦在送报的时候也在思考一个问题：如何能赚到更多的钱呢？那本名叫《赚到1000美元的1000招》的书里提到的一句话提醒了他：丰富你的产品线，能增加总收益。这样，沃伦在送报时会向订户推销杂志。有一个月，他的总收入是200多美元，其中除了送报的固定工资175美元之外，余下的都是他推销杂志赚的钱。这笔收入，比沃伦老师的月工资还要高，不过他并没有将这些钱乱花，而是锁在抽屉里，家中任何人都不能染指，因为这是沃伦打算日后投资的原始资本。

虽然当时沃伦家的经济状况改善了很多，但利拉还是支持沃伦送报纸，当然不是为了让他赚钱，而是让他在工作中展现自我价值，遇到沃伦生病时，利拉还会帮助他送报纸。

尽管沃伦热爱送报纸的工作，但是每逢假期他还是会准时回到奥马哈度假，将送报的工作交给一个名叫沃尔特·迪尔的朋友，沃伦会将自己设计的送报路线告诉他，迪尔对沃伦的精明十分钦佩。这件在外人看来没有任何技术含量的工作，在沃伦的悉心琢磨和策划下，成为一桩体现了商业智慧的管理和营销的经典案例，足见沃伦用心之深。

2. 政客家庭的新体验

很多男性名人的成长都离不开一位伟大的母亲，比如华盛顿、林肯、卡内基……不过沃伦是一个例外，母亲利拉虽然给予他生活上的照顾，但在精神和爱的层面却更接近一个施暴者。对沃伦成长影响最深的是霍华德，他的教育方式对儿子的成长有指导意义，霍华德当过证券经纪人，后来跻身共和党议员之列，他的思维方式、职业背景都在不断启蒙着沃伦。

霍华德是一个品行端正的人，这跟他童年的成长环境有很大的关系。霍华德的母亲是一个勤俭持家的女人，虽然在家庭花销方面很吝啬，但在教育子女的投入上却十分大方，她舍得花钱为他们提供最优质的教育资源，培养出来的孩子也十分优秀：一个儿子成为化学博士，另外三个儿子和女儿成为学士。

由于早年家庭经济状况不好，霍华德总是拿着报纸沿街叫卖，穿的是哥哥们穿剩下来的旧衣服，放学回家还要帮父母做家务以及去店里打零工，也像母亲一样养成了节俭的好习惯。当然，贫穷的经历让霍华德明白钱的重要性，在他成家之后，希望通过自身的努力为妻子和儿女们提供良好的物质保障。霍华德最辛苦的时候曾身兼三职：做证券经纪人，星期日去给成人授课，同时还要去一所公共学校的委员会任职。不过，霍华德和他父亲欧内斯特不同，他不是一门心思赚钱的小商人，他只是为了养家糊口。

霍华德的才智和责任心遗传给了沃伦，这从他当报童和对金融的强烈兴趣上就能看出来。起初霍华德想让沃伦成为神职人员，安安稳稳度过一生，后来才发现儿子对股票的强烈兴趣，他担心儿子会变成一个"威尼斯商人"，但后来发现，沃伦攫取财富的欲望并没有超越道德的护栏。

霍华德早年的证券经纪人职业经历极大地影响了沃伦，他将儿子带入股票的世界中，沃伦深受影响，一步步成为金融达人。

霍华德的仕途并非一帆风顺，他在1942年胜选成为国会众议员，却在1948年竞选落败，他打算回到以前的公司，不过这时他的合伙人卡尔·福尔克的公司已经初具规模并形成了完整的运营体系，不再需要霍华德加入，霍华德只好单独创业，重新寻找客户。

1951年，霍华德再度通过竞选成为众议员，但很快因为和共和党人的政见分歧，彻底结束了他的政治生涯。身为理想主义者的霍华德，并不适合在政治旋涡中逐浪，他不贪图钱财，甚至拒绝给自己涨工资，当他的收入从1万美元涨到1.25万美元时，竟然将上涨的部分退了回去，至于议员所享有的其他特殊待遇他也一概拒绝，还对外抨击这种现象。

霍华德内心有着强烈的道德感，他对人际交往也不很感兴趣，特别是那种拉选票、讨好选民的应酬，在他看来都是无聊透顶的，他不喜欢趋炎附势，而是固执己见。一次，他对一项劳动法案投了反对票，得罪了工人选民，后来他带着沃伦去看球赛时，遭到很多选民的漠视，不过霍华德还是保持了应有的绅士风度。

霍华德的从政做派很独特，只要政府发出对某个决议的投票，他不会盲目地赞同，而是认真分析会不会给群众带来利益以及是否有长远的积极影响。他曾经联络其他议员撰写了一份建议书给政府，敦促美国尽快迫使纳粹投降，还在反纳粹的立场上加入维护公民自由权利的内容。

尽管霍华德心底无私，但客观地说，他的一些观点难免偏狭，他所崇尚的自由观其实是狭隘片面的。在二战结束后，霍华德对英国持反对态度，他认为英国总是不遗余力地从美国身上捞取便宜，而无视英国在二战中抗击法西斯的贡献。一次，霍华德在深夜驱车经过英国大使馆时竟然大发雷霆，他斥责英国人彻夜不眠地榨取美国人的钱。另外，霍华德对战后建立的布雷顿森林体系和马歇尔计划都不满，认为那是美国用自己的钱去填欧洲的无底洞……霍华德的思想完全和当时的主流政治潮流相违背，到最后发展为极端的排外主义，他甚至希望美国政府能倒退到二战前的状态。

霍华德的偏见注定他的政治生涯很短暂，不过他也是一位有预见性的议员，他的很多建议，例如政府保护储蓄债券持有者权益的提议，都是符合社会发展潮流的。

虽然霍华德不是一名合格的国会议员，但他在家人心目中的地位很高，他的正直、无私和使命感、责任感一直被沃伦所崇拜，不过那种偏激狭隘的视角除外。沃伦是一个更加理智和客观的人，他爱霍华德，但也深知父亲身上致命的缺点，所以他经常是表面上听从父亲的意见，实际上却从来不采纳，因为他拥有独立思考的能力，也看清了霍华德的很多行为是走教条主义路线。他的政治观点是：政府并非人民的敌人，身为美利坚合众国的一分子他应当为这个国家变好而做出努力。然而，沃伦对从政并无兴趣，他希望在金融投资领域显示自己的才干。

霍华德经常教育沃伦不要做违反道德和法律的事情，沃伦将这个忠告当作毕生做事的准则，他后来虽然赚钱无数，不过很珍惜赚到的每一笔钱，也乐于承担社会责任。在沃伦14岁那年，霍华德走进他的房间，发现儿子在写着什么东西，霍华德询问他在写什么。沃伦告诉霍华德，他正在填写纳税单，他觉得该为自己的收入纳税了。霍华德听了之后十分高兴，他认为儿子有了强烈的社会责任感并表示愿意为儿子缴纳第一笔税款，却遭到沃伦的拒绝："不，爸爸，这是我自己的责任，应该由我自己来承担。"

沃伦铿锵有力的回答让霍华德十分赞赏，他终于发现，这个瘦弱的孩子内心竟是如此强大、成熟和坚忍。正是这一系列的性格特征，预示着沃伦的传奇人生正在拉开帷幕。

3．成立弹子球公司

沃伦四岁那年，姑姑爱丽丝送给他一个很精致的镀镍钱包，沃伦将它挂在腰带上，俨然一个百万富翁。霍华德见状打算给儿子的钱包里塞进几个硬币，沃伦却拒绝了，他说："爸爸，你要知道，它不会一直空着的，我要靠自己的能力把钱包装满。"这个有志气的回答让霍华德十分欣慰，不过并没有放在心上，毕竟沃伦只是个孩子。

谁也没想到的是，沃伦牢记自己说的话，开始了他的赚钱计划。一天，他把利拉的糖果拿出去摆在家门口兜售，利拉看到后十分惊讶，她告诉沃伦："我知道你想通过自己的努力来把钱包装满，但你不能在没有经过我允许的情况下卖掉我的糖果。"沃伦却说这是他向母亲借的，并且很快就能偿还一整盒新的糖果。当然，没有人会从一个四岁的儿童手里买糖，沃伦的第一次生意草草收场。

不过沃伦没有放弃，不久之后，他和邻居家的孩子拉塞尔在繁华的街道旁边摆了一个小摊位卖柠檬水，虽然无人问津，但也没有挫伤沃伦做生意的积极性。

沃伦早在童年时代就显示出对投资股票的信心和能力，他积累了丰富的股票知识，当然只是对股市的分析和基本的计算。多丽丝也提醒过弟弟，他并没有做出任何业绩。虽然姐姐说的是事实，然而沃伦并不服气，他认为凭借自己的知识储备完全可以进行成功的投资。在他11岁时，他购买了人生中第一只股票，还动员多丽丝和他一起买了他认为走势不错的股票。沃伦相信，姐弟二人的投资一定会为他们带来回报。

当时沃伦购买的股票每股价格是38美元，姐弟二人倾其所有，各买了3股。然而在他们成为股东之后，这只名叫城市设施的股票很快跌到每股27美元，沃伦顿时产生了压力，他也突然意识到用别人的钱验证自己的预测是不明智的，不过很快股价上涨到40美元，沃伦立即抛售，姐弟二人净赚了5美元的利润。尽管如此，沃伦并不把这次投资看成是成功的，因为在他们抛售不久该股票的股价一路上涨到200美元，让姐弟二人失去了大赚一笔的机会。然而这次经历给沃伦留下了三个教训。

第一个教训是不要介意股票的买入价格；第二个教训是不要见利就走，要沉得住气；第三个教训是慎用他人的资金，因为一旦失误会给别人带来麻烦。

在沃伦送报的那段时间，他一共积攒了2000多美元，这在当时也是一笔不小的收入了，然而沃伦并不满足，他时刻找寻着新的赚钱机会。当时他的中学同学唐纳德·丹利成为他的投资伙伴。

丹利的人生比较凄惨，他的母亲死于战乱，父亲是一位忙碌的律师，整天忙着和客户打交道，没工夫照顾丹利，丹利本人十分痴迷科学且在维修方面很有天赋。他的大部分时间都和沃伦混在一起，两个人相处得很融洽，都没有酗酒、抽烟等不良嗜好，而且他们都对数字十分敏感。两个人经常做一种数字游戏：一个人随机说出一堆数字然后快速计算。

一次，丹利花了25美元购买了一部二手弹子机，作为他和沃伦业余消遣的玩具，不过机器零部件陈旧，总是出毛病，丹利利用他的维修天赋将机器修好了，沃伦对他十分佩服。后来，沃伦灵机一动，提出将弹子机出租给理发店的建议。随后，沃伦立即联系理发店并谈妥了合作方式：与理发店老板将弹子机赚到的钱对半分成。

仅仅过了一天，沃伦和丹利的弹子机就为他们赚到了将近15美元的利润。又过了三四个星期，他们的业务扩大到附近的七家理发店，沃伦为此成立了“威尔森游戏公司”，每个星期的净利润达到50多美元。后来沃伦回忆这段往事时说，当时他从未想过生活是如此美好。

在公司成立之后，沃伦和丹利各自发挥长处，沃伦负责开拓业务和选购二手弹子机，并将所有账目记载入册，财务情况整理得有序清晰；丹利则负责维修购买回来的二手机器并对客户进行售后服务。为了防止一些无赖捣乱，沃伦他们和客户谈生意的时候总会将自己装扮成大公司的业务员，每次有理发店的老板让他们更换新游戏机时，沃伦会故意打着官腔：“先生，我也很想这样做，但是你知道这件事情必须经过我的老板同意才行。”

也就是在这个时期，沃伦有了一个新的爱好：收藏硬币。原来，当时出租弹子机的收入很多是硬币，日积月累和它们打交道让沃伦爱上了这些银光闪闪的东西。为了方便收藏，他弄来硬币收集板，上面遍布圆形的凹陷小槽，每个正好能塞进一枚硬币。突然有一天，沃伦意识到这个收集板可以制作成模具，制造出能在自动售货机上使用的代币。他将这个想法告诉了丹利，丹利马上查阅资料，研究铸造硬币的原理。随后，他们去垃圾场搜集到一些废旧金属，在丹利家的地下室弄了一个汽油炉生产代币。经过几次实验终于制造出十分逼真的代币。

一天，丹利的爸爸撞见了他们在铸造代币，问他们在做什么，丹利顿时吓得手足无措，沃伦却冷静地回答说他们在完成物理老师布置的金属铸造原理研究的作业。后来，丹利的父亲再次撞见他们在烧炉子，很诧异地表示这个作业怎么还没有完成，沃伦马上说这是新的实验。后来，在实验的过程中沃伦算了一笔账：去垃圾场搜集金属是零成本，不过要耗费汽油钱，交通费和燃料费以及人工费加在一起，一枚假币的成本高于一枚真币，因此他们放弃了这项工作。

铸造代币虽然是一场闹剧，却透露出沃伦“以低价值换高价值”的经商思路；弹子机生意，让沃伦在获得丰硕资金回报的同时积累了宝贵的商业经验，更体现出他在投资领域的敏锐嗅觉和缜密的思维。一颗小小的弹球，在一个灵光头脑的运作下，完全有机会升级成利润不菲的交易。

4. 开劳斯莱斯的绅士

巴菲特16岁时，和丹利花费350美元从废品收购站淘了一辆1928年生产的劳斯莱斯。这辆汽车是一个专为女士购物设计的车型，前排只有一个座位，后排空间很大。这个“废物”在别人眼中早已没有价值，然而巴菲特却从中看到了商机。当他们开着这辆破车回家时遭到了警察的拦截——没有车牌。巴菲特急中生智，亮明了他父亲是国会议员的身份，警察才放过了他们。

把劳斯莱斯弄回家之后，丹利将它修好并油漆成了深蓝色，将它租出去几次，不过最主要的目的不是为了赚钱，而是为了让路人看到车里的人。巴菲特建议他们开着这辆车去市中心，于是和丹利以及丹利的女朋友诺玛装扮成一对有钱的夫妇和司机。巴菲特要求扮演贵族，这样丹利就只能扮演司机，穿上霍华德的黑风衣，握着方向盘，而巴菲特则戴着高帽子，优雅自得地坐在诺玛身边。

当巴菲特三个人驾车经过《华盛顿时代先驱报》的大楼时，根据他们事先商量好的计划，丹利将汽车熄火停下来，随后跳下汽车支起发动机盖，在下面反复维修着，好像在做着什么研究。这时有不少路人停下脚步看他们，巴菲特趁机举起手杖敲打着挡风玻璃，示意丹利汽车在哪个地方出现了问题，没过多久，这辆车就被“修”好了。

后来，这辆汽车每天为巴菲特他们带来30美元的收益。身为高中生的巴菲特，已经有了一笔不小的存款，可以买下一座农场。在他15岁时，他从霍华德手中买下了一座位于内布拉斯加的40多亩的农场，花费了1200美元。这座农场从未被人垦殖过，巴菲特将它租给了一个农夫，摇身一变成了农场主，巴菲特的个人资金已经达到了6000多美元。

很快，巴菲特购买农场的事情在学校传开了，很多人认为他是一个拜金主义者，用“农场主”来称呼他，还开玩笑说百货商店等着他去买新鞋子换掉他的旧鞋。每每遇到这种事，巴菲特只是耸耸肩，他不会针锋相对地报复别人，能避免冲突就尽量避免。不过，巴菲特还是保持着节俭的作风，从来不会打扮自己，他的穿着很简单，总是穿着很土气过时的运动鞋且一年四季保持不变，无论是送报纸还是去理发店谈生意都是这身打扮。

由于巴菲特比较瘦，脖子细长，却总是穿着一件偏大的衬衫，当学校要求学生着正装的时候，他换上的却是洗得发白的旧西服，破损的皮鞋露出了袜子。于是有同学开玩笑说巴菲特是乡下人，还讽刺他“应该把你和你的那双鞋一起扔出去”。不过巴菲特似乎不怎么在意，因为他不觉得穿得好看就会显出自己有身份。不过，他这种节俭到不修边幅的做派，让姐姐多丽丝不敢在学校撞见他，而多丽丝当时是参加过杜鲁门总统女儿生日宴会的社交名媛。

由于巴菲特精于炒股，学校很多老师都从他那里获得炒股信息，然而巴菲特也质疑自己为何会迅速走红，用丹利的话来形容，就是巴菲特拥有超过常人的敏锐洞察力。

巴菲特从高中毕业时，老师给了他一段评语：一双明亮的眼睛露出对商业的渴望，简朴的发型看起来温和乖巧，未来将成为经济学家。

毕业后，巴菲特和丹利不得不走各自的人生道路，不过他们一直保持着书信往来。后来丹利继承了一笔6000美元的存款，巴菲特之后不断为他提出理财的建议，丹利则将每一条建议都记在心里。

霍华德良好的家庭教育，让巴菲特的独立思考能力很突出，他不会盲目从众，所以在外人看来有些另类，尤其是别人在谈论体育和娱乐新闻时，他却在埋头研读和股票有关的信息，所以和别人没有什么共同语言。虽然性格温和的巴菲特从不和别人争吵，不过也和任何人走得不太近。在同学眼中他是一个存在感很低的人，然而巴菲特却并不在意，因为他将学习之外的精力都投入金融研究中。

在初试牛刀之后，巴菲特开始密切关注美国的股票市场并计算出获利的最佳平均价格，他在投资领域的天赋和积累展现出来，甚至超过了很多混迹股票市场的老股民。此时巴菲特已经立志要成为一名优秀的投资专家。当很多男孩收看体育节目时，巴菲特则专心致志地研究股价走势图。在学校里，他被人称为“股票专家”，甚至一些老师会想尽办法从他那里得到有价值的股市情报。

巴菲特被当成先知一样的人物，并不是他在股市上有惊人的作为，而是大家凭借直觉认为他是一个内行，因为他能通过理性的手段将知识转化为创造财富的工具，他从来不会被任何信念所打动，能打动他的只有经过缜密逻辑分析的事实和数据。

虽然特立独行，但巴菲特并非不想融入集体，只是他怎么努力仍然会被边缘化，当同学们开始谈恋爱的时候，巴菲特却还是一个单身狗，他似乎在谈情说爱方面反应迟钝。不过，巴菲特的演讲能力还是很吸引人的，总会有喜好经济学的同学向他请教问题。虽然巴菲特将大部分精力都放在了研究股票上，不过当他加入学校的高尔夫球队之后，他精湛的球技博得了同学的称赞，社交圈子终于有所拓展。

生来谨慎的巴菲特，并不是一个刚愎自用的人，他在中学时代的落寞和另类，只是因为他还没有找到适合自己生存和发展的社交圈子，相反，他比任何一个人都清楚人脉资源的重要性，他不介意今日的孤独，他在为明天的众星捧月准备着。

Buffett

第三章 候补的股票经纪人

1．从沃顿商学院到哥伦比亚大学

1947年，17岁的巴菲特高中毕业，当时他觉得去大学念书是在浪费时间，就带着他积攒的6000美元准备创业。他这样打算是基于两个原因：第一，他阅读了大量的图书，拥有深厚的理论基础；第二，他有了商业投资的经验——开过威尔森游戏公司，购买农场以及送了60万份报纸。

虽然儿子十分出色，但是霍华德却不认为放弃念大学是明智之举，在他的建议下，巴菲特改变了想法，去了宾夕法尼亚大学的沃顿商学院。

沃顿商学院位于费城，费城是宾夕法尼亚州最大的城市，始建于1881年，创办者是知名企业家约瑟夫·沃顿。沃顿商学院是美国第一个商业学院，在世界范围内也极负盛名。

在巴菲特看来，上大学会耽误自己经商，他脑子里没有幻想大学生活是何种样子，想的都是怎样赚更多的钱。一天，巴菲特灵机一动竟然买来一辆灵车停在家门口，打算靠出租它赚钱，结果霍华德下班后看到了这辆车，顿时大骂是什么人将这丧气的车停在家门口的，巴菲特不敢惹父亲生气，只好将这辆车卖掉。后来，他的威尔森游戏公司也转让给其他人，一门心思进入大学学习。

霍华德对沃顿商学院还是非常满意的，他认为巴菲特能够在这里提升自己投资金融的能力，不过他对儿子的个人生活比较担心，他物色了一个成熟可靠的室友，名叫查特·皮特森。这孩子是霍华德朋友的儿子，比巴菲特年长五岁，虽然是一个纨绔子弟，但是曾经服役18个月，生活能力方面比较独立。皮特森一家也对巴菲特很满意，他们认为这个老实的孩子能够让儿子安稳下来，于是双方家长撮合他们成为室友。

霍华德驱车将儿子送到了大学，还将他的行李和书籍放进了壁柜。当时皮特森到外面约会去了。皮特森参加过二战，懂得人情世故，穿衣戴帽也比较讲究，皮鞋总是擦得锃亮，也喜欢抽烟和开玩笑，是非常社会化的早熟青年。相比之下，巴菲特像是来自另外的星球，他穿着破烂的网球鞋和肥大的衬衫，带着稚气未脱的脸。当他第一次见到皮特森时，那副邋遢的样子让对方大吃一惊，而更为吃惊的还在后面。

皮特森发现巴菲特自理能力极差，只要他洗过澡，浴室就会变成地狱一样：肥皂沫遍地，毛巾扔在地上，剃须刀和胡楂子泡在水盆里。皮特森实在无法忍受，他对巴菲特说："沃伦，我喜欢干净，洗漱完以后，要把浴室收拾好，最重要的是把电动剃须刀的插头拔掉，不然我一不小心就会被电到。我不想每天都帮你收拾残局。"

虽然巴菲特很快向皮特森认了错并表示以后注意，然而第二天使用浴室后还是一如往常。皮特森愤怒至极，将剃须刀的插头拔掉扔在水里废了它，然而晚上巴菲特又买了一个新的剃须刀，浴室还是依旧脏乱差。皮特森无可奈何地接受了这个室友。

巴菲特买的课本并不多，因为学校开设的不少科目他在上大学之前就学得很好了，此时他迷恋上了音乐，闲暇时间会在宿舍里唱歌，却再度骚扰到了皮特森，让对方无法安下心学习。当然，巴菲特不是有意惹室友生气，而是改变不了自己的幼稚和不通世故。皮特森似乎也认命了：巴菲特就是一个尚处青春叛逆期的孩子。

大学时代的巴菲特，不像高中时代的人缘那么差，他学会了打桥牌并牌技出众，用他的话形容就是："如果监狱里的一个房间已经有三个很优秀的桥牌手，我不介意自己也去坐牢。"由于他经常参加这种娱乐活动，认识了不少牌友，后来其中一些人成了金融界的大鳄。不过，桥牌在巴菲特眼里并非只是娱乐，还是一种训练大脑的游戏，他认为桥牌和股票有很多相似之处，它们都能帮助巴菲特训练判断输赢的能力。

不久，巴菲特成为共和党俱乐部的负责人，同时他又参加了一个名叫阿尔法·西格玛·斐的兄弟会，帮会的誓言是勇气、谦逊和热情。巴菲特认为自己最缺乏的是勇气，为了证明成员的勇气，帮会里制定了一个任务：去一个很大的百货商店购买一件大号的女式内衣。巴菲特从来没有去过那种地方，当他站在柜台前时，不断徘徊着，始终没有鼓起勇气询问售货员，那副窘迫万分的样子让售货员忍俊不禁。

每个星期日，学校的阿尔法·西格玛楼都会组织啤酒晚会，让平时像寺庙的房间中挤满了女生。巴菲特没有女朋友，然而还是会来到这里，只不过当别人挽着美女亲热秀恩爱的时候，他会坐在角落里谈金本位制，顺便活跃一下聚会气氛。

1948年，巴菲特竟然荣登一本名叫《宾大画报》的学生杂志的封面：巴菲特头戴圆顶礼帽，身穿浣熊皮外套，一只手挥舞着小旗子，另一只手将一瓶白兰地递给女友，满面笑容还叼着雪茄，拍照的背景是行进中的宾夕法尼亚大学乐队和一个戴皮头盔的球员，给人的感觉就是一个老牌的球迷。

后来人们才知道，出现在《宾大画报》上的封面照片只是恶作剧，当时该杂志的编辑杰里·奥兰斯是巴菲特的朋友，巴菲特和封面上的男孩完全不同，他是一个滴酒不沾的单身狗。

由于逐渐参加一些社交活动，巴菲特的朋友多了起来：查尔斯•彼得是最能容忍他缺点的人，他们成了死党；哈利・贝雅是能力不逊于巴菲特的人，他们也成了挚友；杰里・奥兰斯很崇拜巴菲特的投资天赋，他们也成了好友，并被巴菲特昵称为“可爱的怪兽”。

虽然巴菲特结识了不少朋友，但在恋爱方面还是一片空白，他从来没有和异性约会过。后来，丹利的女朋友诺玛打算将她的妹妹宾利介绍给巴菲特，于是一次尴尬的会面开始了。

当时正逢酷暑，巴菲特和美丽的宾利打算去音乐会，在路上他不断表现出一副活泼开朗的样子，却始终找不到突破口，情急之下就给宾利出了不少脑筋急转弯题和数字游戏，彻底破坏了原本应有的浪漫氛围，所以当巴菲特提出带着宾利去度假时，被女孩一口回绝了。

恋爱的失败让巴菲特有了更多的时间，他经常待在费城的股票交易所里，整天追踪股票行情并研究股票走势，不过只限于分析而没有投资，这不是巴菲特不敢出手，而是他认为自己还没有找到投资的秘诀，因为他的脑子里没有构建出系统的框架，只能画一画股票走势图，他也不想像其他散户那样盲目投资。时间一长，巴菲特对学校传授的知识表示不满，他认为这个商学院根本没有完整的投资理论，那些顶着一堆头衔的教授也不过是纸上谈兵。巴菲特愤恨地表示：“我追求的是实践投资，对于那些完美的理论，我并不缺少。”

事实的确如此，在进入沃顿商学院之前，巴菲特就掌握了大量的理论知识，不比学校中的任何一位教授差，所以他平时不怎么努力读书，因为他在考试前认真看上几个小时就能拿到A。在会计课的考试中，导师还没有发完200张试卷，巴菲特竟然就交卷了。也正是求学不得的失落感，让巴菲特不想继续留在这里，他认为这是在浪费生命。

巴菲特大一结束后提出了退学，霍华德自然不同意，巴菲特只好继续念了一年，不过这完全是为了不惹父亲生气。很快，霍华德竞选失败，除了巴菲特以外的其他家人再度回到奥马哈，巴菲特趁机提出要转学，霍华德再三考虑最终同意了。

1949年，巴菲特转学进入了内布拉斯加大学的林肯商业管理学院，不过他只是一个挂名的学生，因为他将大部分精力都用在了投资上，学校里传授的空洞教条的理论，对他来说毫无用处，他只需要花费一点时间就能在考试中得到A 。

对巴菲特来说，内布拉斯加大学比沃顿商学院更让人留恋。毕竟，这里曾经是利拉和霍华德相知相爱的地方，或许让巴菲特多了亲近感。巴菲特的心情好转了不少，他可以一边上学一边做生意。

课余时间，巴菲特在考虑自己经营何种买卖，经过一段时间的考察，他又重操旧业，做起了报纸的生意，不过这一次他不是送报，而是当上了《林肯》报纸的营业部主任，负责六个农村的投递工作，他聘请了50个报童，自己则脱产，开着一辆破旧的福特汽车监督他们工作。其他时间里，巴菲特还去彭尼连锁店工作，销售男士衬衫，尽管工资不高但他工作起来十分卖力，并且了解了有关企业运营的知识。不久，巴菲特又贩卖高尔夫球，还聘用杰里·奥兰斯做自己的代理商，他对客户十分尽责，称假如出现质量问题全部由他来承担。在第一年巴菲特净赚了1200美元，个人资产达到了9800美元。

此时，巴菲特的姐姐多丽丝已经订婚，巴菲特跟他的准姐夫合租了一套房子，这段日子里他过着有规律的生活：早晨去报社，晚上回家看报纸，然后和准姐夫一起去附近的餐馆吃饭。到了1950年，巴菲特只用了一年时间就将14门课程全部学完，最终拿到了优秀毕业生的证书。毕业之后，巴菲特向哈佛大学商学院提出研究生入学申请，这在一般人来看是不小的挑战，然而巴菲特充满自信，他以为自己功课优秀且精通股票，肯定会被入选。很快，巴菲特只身赶往芝加哥参加哈佛的面试。

19岁的巴菲特见到了面试官，然而只用了10分钟他就被拒收了。巴菲特原本想将他对股票的知识和见解展示出来，然而面试官却认为巴菲特只有16岁的面容和12岁的身体，让他再过几年应试。这个匪夷所思的拒绝理由让巴菲特十分意外，他说哈佛人十分狂妄。

被哈佛拒收对巴菲特的打击很大，就连霍华德也十分不解，他原本以为巴菲特能顺利得到这所名校的录取通知书，却没想到失去了深造的机会。不过失望归失望，霍华德鼓励巴菲特去其他学校试一试。

巴菲特将当时感兴趣且有实力的名校全都罗列出来，无意中他看到了哥伦比亚大学的介绍手册，上面写了这样一段话：没有任何一所学校能像这里一样提供这么多直接熟悉商业行为的机会。这段话并非自夸，哥伦比亚大学确实有很多商界精英到此任教、讲学和参加各类活动，学生们有很多机会接触这些金融大鳄，这一点连哈佛都望尘莫及。

在介绍手册中，有两个名字引起了巴菲特的注意，一个是多德，另一个是格雷厄姆。多德是哥伦比亚大学的金融系主任兼商学院副院长，而格雷厄姆是金融系教授，两个人都是大师级的学者，他们曾经在1934年共同撰写了《证券分析》，产生了巨大影响。1949年，格雷厄姆出版的《聪明的投资者》是巴菲特看过的最好的投资指导书籍。

巴菲特认为哥伦比亚大学完全是为他量身打造的学府，他立即向校方申请就读研究生，写申请是在当年的8月，距离开学还有一个月的时间。巴菲特在给负责招生的多德的信中这样写道："我写这封信的时候离开学只有一个月了，而实际上我早该这样做了。大学手册告诉我您和格雷厄姆都是在贵校教授金融学，我认为你们是在山顶的最高点，微笑着俯视着我们这些人。如果我能有机会被录取并幸运地让你们带着看金融街的风景，我会非常高兴。”

多德看过这封信之后，对巴菲特产生了浓厚的兴趣，他和格雷厄姆看重的不是学生的在校成绩而是在商业和投资方面的兴趣，更与心理年龄是否成熟没关系。于是，巴菲特在连面试都不需要的情况下直接被哥伦比亚大学录取。

如果没有哈佛对巴菲特的拒之门外，就不会有他和哥伦比亚大学的结缘，从某个角度看，巴菲特是带着被拒绝的羞耻和挫败进入哥伦比亚大学的，然而正是这种阴差阳错，让他发现命运的安排别有用心：哥伦比亚大学更适合巴菲特这种在商业领域有兴趣和能力的学生，而且，巴菲特遇到了他人生中最重要的老师格雷厄姆。

被哥伦比亚大学录取之后，巴菲特马上写信给好友奥兰斯：“朋友，我真庆幸没有被哈佛录取而是来到了哥伦比亚大学，这是一所十分优秀的学院。我有幸成为学院里很有才能的教授——多德以及格雷厄姆的学生。他们教给了我很多知识，让我获益匪浅。”

2. 师从格雷厄姆

在哥伦比亚大学，一个对巴菲特影响至深的人出现了，他就是格雷厄姆。

格雷厄姆全名叫本杰明·格雷厄姆，犹太后裔，他于1894年在伦敦出生，不久随着父亲举家搬到纽约，父亲创办了一家公司从事对中国进口商品的生意，公司经营状况不错，家境殷实，给了格雷厄姆优渥的家庭环境。不过，在1903年，格雷厄姆遭遇了人生的重大变故：父亲溘然去世，九岁的格雷厄姆无法承继父业，公司自然就垮掉了。当时美国的股票行情不错，投入一点钱往往就能获得丰厚的回报，于是格雷厄姆的母亲学着炒股，由于形势很好就将全部家当投入进去，然而在1907年股市走低，导致大盘狂跌49%，格雷厄姆家的投入顿时损失惨重。对格雷厄姆来说，这是他人生的股市第一课，然而这笔“学费”相当昂贵。

遭受重创的格雷厄姆一家欠了不少债务，生活水平急速下降，不过格雷厄姆没有被灾难压垮，他一边努力学习一边赚钱养家，学习成绩依然名列前茅。和巴菲特相比，格雷厄姆是一个近乎全才式的学生，他有良好的文学和历史功底，也有突出的数学才能，思维的逻辑性和严密性超乎常人，而这些特质正是一个优秀投资者必须具备的。不久，格雷厄姆被哥伦比亚大学录取，在开学之前参加了奖学金考试，原本稳操胜券的他却考砸了，让家人和朋友备感意外。1914年，成绩优秀的格雷厄姆毕业，哥伦比亚大学想要留他在学校任教，让他在哲学、英语和数学这三个科目里选择，可见格雷厄姆在这三个领域都是很出色的。

格雷厄姆刚开始任教时，拿到的薪水不高，但是传授知识给了他无法用金钱来衡量的满足感和愉悦感，饱受苦难的他对未来有着清晰的认识，他在校长的建议下去了美国的金融中心华尔街，那里对他来说是一个能创造奇迹的地方。

在校长的推荐下，格雷厄姆来到一个名叫纽伯格·亨德森罗博的公司面试，面试的岗位是推销员。他顺利通过面试，不过老板却给了他一条建议：如果你投机的话一定会赔钱。格雷厄姆意识到自己缺乏实践经验，于是在公司认真学习最基本的业务知识，后来被公司安排到证券部从事债券销售的工作。格雷厄姆的勤奋工作让老板十分赏识，他努力学习债券知识，将各种数据随时记录在一个记事本上，甚至将几百种债券信息默记在心里，包含了利率、到期日期等相当庞杂的信息。

离开公司之后，格雷厄姆来到一家股票经济所出任统计员，工作内容是将债券和股票的价格写在公司的黑板上。这是一份基础工作，周薪也少得可怜——只有两美元。不过，这恰恰成为格雷厄姆在华尔街创造奇迹的开始。不久，格雷厄姆升职，专门从事撰写研究报告的工作，他严密的逻辑和深厚的文字功底帮助他在华尔街很快崭露头角，迅速升职为证券分析师。在日积月累中，格雷厄姆凭借聪明的才智和扎实的基本功成为他所在经济所的合伙人，到1920年，他的年薪从之前的几十美元飙升到60万美元。

1923年，格雷厄姆拿出50万美元成立了格兰赫私人基金，到第二年回报率就高达100%，比同期股票价格的增长率高出21%。就在格雷厄姆准备大干一场时，他和股东关于分红产生了冲突，格兰赫私人基金最终解散。就在这一时期，格雷厄姆结识了一个名叫杰罗姆·纽曼的人，此人有着出众的管理能力，于是他们组成新的商业拍档。

1926年，格雷厄姆和纽曼成立了格雷厄姆·纽曼投资公司，格雷厄姆负责证券分析，纽曼负责公司管理，两个人配合得十分默契。格雷厄姆凭借他在投资方面的洞察力和分析力，第一笔股票投资就赚到250%的利润。公司迅速扩大，格雷厄姆也积攒了经验。格雷厄姆将这些投资经验和理论相结合，形成了一套属于自己的股票投资知识体系。

在20世纪初的美国，金融市场虽然一片繁荣，但没有形成正确的投资理念，很多被热炒的概念既模糊又不实用，格雷厄姆认为这是缺乏理性精神的表现，他将母亲投资股票失败看成是盲目投资的反例，他认为一个投资者首先要找到的不是一个能获得回报的项目，而是一个正确的投资理论。正是受到家庭变故的影响，格雷厄姆成为一个防御型的投资专家，他的“价值投资理论”十分著名，该理论的核心精髓是：投资不是为了让投资者获得最大收益而是尽可能地避免风险。

当时美国的金融界精通数学的从业者很少，他们甚至连基本的财务问题都弄不明白，而这恰好是格雷厄姆的强项。另外，格雷厄姆比大多数投资者更加冷静，他擅长从现象深入本质去发现问题，也逐渐意识到自己最适合的工作就是成为一名股票投资理论专家。虽然他曾经萌生过去大学当金融教授的念头，然而残酷的现实让他只能来到华尔街谋生养家。

当然，在20世纪初的华尔街，并非完全没有理论，也有一个被称为“道氏理论”的东西存在，它原本是用来预测经济形势的，后来不知被什么人强行搬到证券分析中。该理论的核心观点认为股票市场的变化是有规律的，而股票的规律是由很多趋势构成的并受到多方面的制约。其实道氏理论并不是从实际出发，而是肤浅地研究股市表面，没有考虑那些上市公司的财务和发展情况，导致很多投资者在选购股票和预测大盘走势时，忽略了公司财务报告，因为股票在证券投资中被看成是低档次的债券种类。

格雷厄姆超越了同时代人的认知限制，他进入股市之后就将主要精力放在研究上市公司的财务报告上，终于发现一些公司被市场低估或者隐瞒资产和利润的现象，而这些数据的掌握有利于他对投资方向的判断。然而在那个时代，美国公司的财务报告缺乏规范的格式，不少人钻这个空子造假逃税，而且报告中无法看出控股关系，对投资者来说就难以做出正确的预估，而格雷厄姆的工作就是将财务报告重新厘清和吃透。

格雷厄姆·纽曼公司经营了长达30年之久，收益状况一直良好，到1929年，格雷厄姆的联合账户储蓄资金达到250万美元。就在这一年，美国的股市进入崩溃前的狂欢，股价被投机者们蓄意抬高，巨大的隐患由此埋下。格雷厄姆却没有看清形势，他认为股价虽然虚高，但不会引发灾难，不过出于一位防御型投资专家的本能，他还是实施了一些规避风险的策略，因此在1929年那场金融灾难中他的损失不是很大。不过糟糕的是他没有看清股灾的长期破坏性，竟然逆市操作，最终让他的联合账户损失了七成的资金，处于破产的边缘。

幸亏纽曼的岳父对格雷厄姆·纽曼公司投入资金，才避免了公司破产的厄运，但对格雷厄姆而言，这场灾难对他的打击空前巨大。也就是在这个时期，格雷厄姆在哥伦比亚大学开始教授证券分析课程直到晚年。1934年，格雷厄姆出版了《证券分析》一书，很快引发了强烈关注，这本书汇集了他毕生的投资理论的精髓，旗帜鲜明地提出了价值投资这个核心论点。

格雷厄姆的价值投资分为两个方面：一个是股票的基本价值，即股价由实际价值决定，投资者不能只看股价的短期变化而是要锁定它的基本价值；另一个是投资者在锁定股票的基本价值以后，应当找出那些被市场低估的、价格低于实际价值的股票，对这些潜力股进行投资。

1949年，格雷厄姆出版了《聪明的投资者》一书，从内容上解读，它是《证券分析》的通俗版，主要面向一些专业知识不强的投资者，所以运用通俗易懂的语言对证券市场进行阐述，而且花费了不少笔墨分析投资和投机的差别。在这本书问世之前，很多投资者分不清投资和投机的差别，以至于有人认为投资是成功的投机，投机是失败的投资。

格雷厄姆十分讨厌这种肤浅的论调，在他看来投资和投机在形式和内容上有很大差别，具体到投资股市来说，投机者是从股价的波动中找寻利益，而投资者是通过合适的价格购买股票。格雷厄姆觉得证券投资者希望投资公司经营状况良好并能长期存续，从而获得稳定的增长和利润，这种心态才是投资；反之，投资者如果只是想从股价的波动中获得回报就是投机。《聪明的投资者》建议人们选购有价值但股价低于实际价值的潜力股，只有这样才能受益。另外，格雷厄姆再三强调了一个概念：理性投资。

所谓理性投资，是指投资人在投资时不要被情感冲昏大脑，要理性做出投资决策。当然，由于格雷厄姆受到早年母亲投资失败的影响，他的观念趋向保守，比如他建议人们投资只考虑四个百分点的增长就可以，然而事实是每年股市的涨幅都达到十个百分点以上。

格雷厄姆虽然是一位投资理论大师，但他本人对金钱并不看重，他在华尔街积累了声望之后，并没有继续在这里捞金，而是在1956年正式离开了金融圈子。由于格雷厄姆没有发现能替代自己的人，就将格雷厄姆·纽曼公司解散。从那一刻开始，他的全部精力都用在了学术研究和教学上。

格雷厄姆和华尔街的很多股票经纪人不同，他乐于和别人分享他的思想，也愿意和别人交流。对于他来说，华尔街只是一个抽象的符号而已，他对金钱并不过分执着，而且和其他从业者不同的是，他是一位满腹经纶、才能全面的智者，他对拉丁语和希腊语都有研究，在工作不忙时会翻译西班牙诗歌充作消遣娱乐，他甚至还在业余时间创作了一部话剧，在百老汇接连表演了四天，深受观众欢迎。此外，格雷厄姆还是一个发明家，他发明了一种全新的滑尺和家具。

格雷厄姆是美国金融界的投资大师，他的投资理论为金融界乃至美国社会做出了巨大贡献，是公认的证券分析和投资理论的奠基人。格雷厄姆的金融分析学说影响了他之后的很多投资大师。据说，华尔街的几十个金融巨头都自称为格雷厄姆的信徒，所以他也被人称为华尔街教父，就连纽约证券分析协会都承认，格雷厄姆对投资界的价值如同达尔文对进化论的价值一般重要。

《聪明的投资者》是巴菲特早年阅读过的书，从看到它的第一眼开始，巴菲特就知道这本书对自己未来人生的影响，他觉得要想成为成功的投资人必须读这本著作。当然对他来说，最幸运的不是读了《聪明的投资者》，而是成为这本书作者的学生。

一位理论知识深厚、多才多艺的教授，一名天赋异禀、勤于思考的学生，格雷厄姆和巴菲特，注定是教学相长模式中的最佳典范。没有格雷厄姆的教授和引导，巴菲特很难获得日后的成功，或者说他的成功之路会更加曲折和艰难，他们的相遇将会碰撞出投资界最闪耀的火花。

3．积累重要的人脉资源

巴菲特认为格雷厄姆是他人生中最重要的老师，和之前教过他的老师完全不同：格雷厄姆十分注重提升学生的学习兴趣，他的授课风格幽默风趣且深入浅出，不会强行向学生灌输知识，而是最大限度地调动学生的积极性，通常是先提出一个问题让学生思考，随后逐步解开谜团，因此，格雷厄姆被学生称为苏格拉底。

在班上，巴菲特的年龄比别人都小，而且很多人都在华尔街历练过，不过巴菲特的经商经验却是很多人比不了的，而且他还掌握着深厚的理论知识，因此在课堂上表现得很积极。有一次，格雷厄姆向大家展示两张资产负债图，然后问学生会投资哪一家，第一张图显示A公司业绩突出，第二张图显示B公司处于困境，很多学生选择A公司——这正是格雷厄姆事先预想到的。

格雷厄姆对学生们说，你们的选择没有问题，然而A和B其实是同一家公司，负债图只是属于不同的两个时期。听了老师的解释后，学生们都惭愧地摇了摇头。这时格雷厄姆解释说，股市行情瞬息万变，作为一名投资者不应该将精力只放在股票行情上，而是应该多关注企业的发展状况，这样才能真正了解股票的实际价值。

这时，巴菲特突然向格雷厄姆提了一个问题：投资的秘诀是要投资实际价值高于市场价格的股票吗？对于这个问题，格雷厄姆很是赞赏，他肯定了巴菲特的说法，另外还指出选择股票要看该上市公司的上升状态，而且估算出一只股票的价值很难。最后，格雷厄姆又向学生提了一个问题：你们认为自己在未来的投资中应该怎样寻找有潜力的股票呢？未等其他人回答，巴菲特就说："寻找那些内在价值高于市场价格的股票！"这个回答得到了格雷厄姆的赞许，他也由此记住了"巴菲特"这个名字。

格雷厄姆是一个有着选择记忆能力的人，如果是那些他认为很重要的事或人，他能够迅速记在脑中，不过其他时候会表现得十分健忘。有一次，格雷厄姆带孩子去溜冰场玩，回来的时候竟然忘记了自己是开车过来的，带着孩子坐地铁回了家。由于巴菲特的提问和回答有别于其他学生，格雷厄姆记住了他的容貌和名字，并认为巴菲特是一个聪明睿智的学生，发展潜力很大。

相对地，巴菲特也十分尊敬格雷厄姆，他认为自己很快就能成为老师的得意门生，还会在老师的指导下在投资界做出巨大成就。师生二人互相欣赏，彼此信赖，每次上课时都会在课堂上充分互动，课后巴菲特还会找格雷厄姆探讨课外问题。格雷厄姆对巴菲特毫无保留，将他毕生积累的知识和经验都传授给巴菲特。

格雷厄姆曾经对巴菲特说过一句话：投资中最大的敌人就是自己，如果要成为成功的投资者必须具备良好的心理素质，否则很难获得成功。此外，格雷厄姆还说，想要预测股价波动的想法并不明智，为此还打了个比方：如果某人花费1000美元购买了一家私人企业的股票，那么不管他愿不愿意，市场都会自动成为他的合作伙伴，每天都会报出不同的价格让他卖出所持有的股票或者买入其他股票。虽然这家私人企业经营状况良好，但市场始终是不稳定的，会在心情好的时候将投资的股票开出高价，也会在心情不好时将股价定得很低，让股价始终处于不稳定的状态，如果某人只看重股价的波动而忽视企业的发展潜力，那只能一直陷于被动状态。

由于格雷厄姆有着丰富的从业经验，他不仅传授巴菲特理论知识，还将粉饰财务报表的技巧教授给他，并指导他如何发现报表作弊的技巧。在格雷厄姆的教授和点拨下，巴菲特进步飞快，逐渐掌握了作为一名投资者所必需的知识。巴菲特在校成绩也十分优异，他还利用业余时间去格雷厄姆的公司参与投资并获得成功。

在巴菲特眼中，格雷厄姆简直如希腊神话中的英雄，尽管这位老师很多时候沉默寡言，但他对学生的教导和关爱超出了对亲生子女，这让巴菲特铭记终生。

格雷厄姆的家庭生活并不像他的事业那样一帆风顺，他对子女不太关心，为了一个年轻的模特抛弃了结发妻子，在巴菲特成为他的学生时，他已经离了两次婚，和他的上一任秘书爱斯戴尔在一起。可以说，格雷厄姆的私生活有些风流。一天早上，一个已婚女人拜访他，当时他正和爱斯戴尔在床上亲热，听到敲门声之后，格雷厄姆竟然邀请那个已婚妇女一起上床玩玩。

私生活的放荡只是格雷厄姆的一个侧面，在失去了一个九岁的儿子后，他变得严肃刻板起来。一次，格雷厄姆的小儿子本杰明问他一个高中拉丁语课上的简单问题，他不仅没有回答反而背诵了一篇古罗马演说家西塞罗的演说，这个表现不像是一个父亲倒像是一个老师。而且，格雷厄姆在和家人朋友聊天时，基本上没有任何耐心，甚至在他组织的宴会上，经常在进行到中途时他就偷偷看起书来，不再搭理任何人。

瑕不掩瑜，在20世纪50年代，无论谁成为格雷厄姆的学生，简直就是命运的转折。当时华尔街到处都是“烟蒂型”（低价格）的低价值股票，一个有头脑的投资者只要找到合理的评估方法，就能挖掘出这些被低估的股票，而格雷厄姆恰恰是掌握了这种方法的人。因此在外界看来，拥有格雷厄姆和多德的哥伦比亚大学简直就是金融投资者的天堂，能够和这两位大师产生交集，即意味着财富、荣誉和幸运人生的降临。

虽然巴菲特喜欢看书，但他并不盲从书本上的理论，而能够客观理性地看待问题，认为只有被检验过的理论才能为己所用。每当他产生了新的想法时都会向格雷厄姆请教，无论这些想法是否可行，而格雷厄姆总会幽默地说：“这非常有意思，可是你是怎么得出这个结论的呢？”当巴菲特解释完毕之后，格雷厄姆才和他一起讨论，而不会轻易否定学生的想法。

在格雷厄姆的众多学生中，巴菲特是年龄较小的一个，然而他的专业知识基础却比任何人都扎实，而且对投资有着与生俱来的兴趣，经常是格雷厄姆提问后第一个回答问题的人，两个人在课堂上默契的互动仿佛事先演练过一样，让其他学生成了围观群众。一位同学这样评价巴菲特：他怀有无比的热情，总是比其他人有更强烈的欲望表达更多的东西。

1951年，巴菲特拿到了经济学硕士学位，得到了格雷厄姆“A+”的成绩评定，这是格雷厄姆20多年教学生涯中给出的第一个“A+”。此外，格雷厄姆还对巴菲特进行了预测：他将成为最伟大的投资金融家。

巴菲特在哥伦比亚大学不仅遇到了格雷厄姆这样的恩师，还认识了一些意气相投的挚友，他们很多人在巴菲特日后的投资生涯中再度出现，给予他很大帮助，有些人还成为他的合作伙伴。

能够广交朋友，也得益于巴菲特的心机，他深知在格雷厄姆的影响下，会有很多学生在未来成为金融界的翘楚，特别是那些对格雷厄姆崇拜的同学，他们和巴菲特总有很多共同语言，课余时间经常聚在一起讨论经济学的问题。

威廉·瑞恩来自哈佛大学，原本巴菲特对来自哈佛的学生怀有偏见，认为他们都是刚愎自用的人，然而瑞恩却是一个和善谦逊的人，他经常向巴菲特讨教有关投资方面的知识，两个人很快成为朋友并在日后结成商业搭档。

汤姆·克纳普来自长岛，是一个性情温和、阳光开朗的大男孩，他是在华尔街俱乐部认识的巴菲特，虽然他的专业是化学，但后来出于对金融的热爱选修了多德教授的经济课程，从此开始对投资的狂热迷恋，以至放弃了他的本专业而主攻投资。

比尔·克瑞斯泰森来自内布拉斯加大学，他是巴菲特的同乡，两个人一见如故，甚至同时爱上了一个女孩，连约会都是在互不知情的情况下进行，然而当巴菲特得知以后主动退出，他认为自己应当为克瑞斯泰森“让路”。后来，那个女孩预言巴菲特会成为一名成功的投资家，遗憾的是她并没有嫁给克瑞斯泰森。

比尔·鲁安也是来自哈佛的学生，他由于喜欢多德的课程慕名转到了哥伦比亚大学，同时还选修了格雷厄姆的课程，由此成为巴菲特的同学。他经常自嘲自己的智商和巴菲特相差很多，说自己像大多数同学那样默默听讲，只有巴菲特才能和格雷厄姆无障碍地交流。后来，鲁安成为一家投资管理公司的总裁，当巴菲特出任《华盛顿邮报》的董事时，鲁安也成为其中一分子。

弗雷德·斯坦贝尔来自北卡罗来纳州，是一个寡言少语的人，他像巴菲特一样对投资充满兴趣，尽管在格雷厄姆的课上他几乎没有发过言，然而他的领悟能力很强，总是能够快速理解格雷厄姆传授的深刻理论。斯坦贝尔对巴菲特非常欣赏，然而在他们刚认识的时候，巴菲特眼中的斯坦贝尔是一个反应迟钝的学生，后来随着深入接触他才发现自己判断错误：斯坦贝尔不仅掌握了丰富的投资知识，而且对投资学的认知不低于巴菲特，二人最大的区别就是斯坦贝尔不如巴菲特那样会表现自己。在巴菲特看来，斯坦贝尔是一个沉默的智者，不会轻易发表意见，然而一旦决定做某事，就有极高的胜算。此外，两个人在生活上也有很多相似之处，他们都属于那种不拘小节的人，所以很快成为好朋友。一次，斯坦贝尔邀请巴菲特去自己家，竟然对母亲说，巴菲特只爱吃汉堡和百事可乐，简单做一点就可以了。

巴菲特的朋友虽然性格各异，特长也有所不同，但是他们都有一个共同点，就是紧紧围绕在格雷厄姆身边，他们经常集体打球或者组织别的活动，抽空还会讨论格雷厄姆的许多理论，在这种思想的碰撞和交流中渐渐吸收了格雷厄姆投资理论的精髓：以最少的投入购买最有价值的股票。不过当这些学生真正领悟这一理论时，华尔街的很多投资者却还在黑暗中摸索，甚至继续沉浸在道氏理论中无法自拔，延续着上一代的盲目投资行为。

在这群金融骄子当中，巴菲特好像一个圆圈的辐射中心，他出众的投资天赋让他的被关注度极高，越来越多的人是因为他才被吸引到这个社交圈子中，而巴菲特的很多思想也得到大家的认同。虽然这一时期巴菲特的性格没有明显变化，然而他的社交圈子比大学时代要扩展得更大，尤其是身边这些像他一样热爱投资的人，他们在当时并未察觉到，在日后走出校园之后，他们将能汇聚成一股强大的能量流体，以惊人的气势席卷美国的金融界。

4. 人生第一次恋爱的到来

巴菲特在学生时代，几乎没有和女生有过密切的联系，尽管他成绩出色，头脑聪明，但在和异性打交道方面始终能力欠缺，加上他因为跳过级而比同学年龄小，所以在很多女同学眼中他就像一个小弟弟，没什么吸引力。上高中时，巴菲特曾经和一个面包店店主的女儿约会，然而两个人性格都很内向，走在大马路上谁也不说话，他们无法忍受这种尴尬情景最后不再见面。

进入沃顿商学院之后，学校里确实有很多美丽动人的女孩子，然而都被那些富家子弟追到手了，他们幽默成熟的谈吐和得体的打扮，总是能获得女孩子们的芳心，相比之下，打扮土气的巴菲特毫无竞争力。不过，在他心里还是渴望着一份属于自己的爱情。

巴菲特曾经暗恋过一个名叫卡洛琳的高中女同学，在他眼里，那个女生有一种特殊的气质，然而一直到毕业他都始终没勇气表白。后来上大学时巴菲特又喜欢上一个女孩，却因为好友克瑞斯泰森也对她一见倾心而主动让位。巴菲特在内布拉斯加也尝试和异性接触，然而他在这方面的表现实在差劲，最后干脆将全部注意力放在投资上。

巴菲特空白的情感生活在1951年彻底改变，从此影响着他的一生。

1951年，巴菲特的妹妹罗贝塔在西北大学读书，这年夏天，巴菲特到学校探望她，正巧当时学校举办了一场舞会，罗贝塔让巴菲特参加，然而他并不喜欢这种场合，更不会跳舞，但是在妹妹的强烈要求下还是参加了。

到了舞会现场，巴菲特打算找个角落坐下来喝可乐，不过当音乐响起来之后，他的目光被舞池中一个女孩子吸引了，她有着娇小的身材和甜美的长相，褐色的头发更是引人注意，而且她的嗓音圆润优美，舞姿更是美妙，巴菲特立即被这个女孩子吸引住了。随后，他向罗贝塔打听这个女孩子的情况。

女孩名叫苏珊·汤普森，和巴菲特是老乡。苏珊的父亲汤普森医生是奥马哈大学艺术科学院院长，主修心理学，住在距离巴菲特家不到500米远的街区，和霍华德是老相识，而且巴菲特之前见过汤普森医生，当然对巴菲特最有利的情况是罗贝塔和苏珊是室友。

在巴菲特回到奥马哈之后，一向对女孩子羞涩的他竟然对苏珊发起了猛烈的追求攻势。为了避免显得太鲁莽，他就打着拜访汤普森医生的旗号来到苏珊家中。汤普森对巴菲特的印象很好，特别欣赏他在投资方面的学识，认为这个年轻人将来必有成就。巴菲特也很欣赏汤普森医生的睿智和幽默，两个人跨越了年龄的代沟聊了很久，最后巴菲特委婉地提出想要和苏珊约会。

虽然巴菲特打开了接近苏珊的大门，然而到了约会时他又变得无助了，因为他根本不懂得谈恋爱的技巧，不懂得女孩子的罗曼蒂克情结，他的才华都是一些与数字相关的投资理论，无法用在花前月下卿卿我我的情景。这有时候让苏珊觉得很烦闷。巴菲特无奈之下，只好出一些脑筋急转弯一类的智力题，虽然多少有些趣味，但对女孩子来说还是不如甜蜜的情话更有吸引力。终于，苏珊的耐心被巴菲特的猜谜语游戏消耗殆尽，后来巴菲特拜访汤普森家时，苏珊看见他就立即从后门溜走。

实际上，苏珊在和巴菲特交往之前，已经爱上了一个名叫弥尔顿·布朗的男生，他们在高中时代就开始约会。布朗和巴菲特相比显得有些瘦弱，不过家庭环境有很大不同。布朗的父亲是一个邮件搬运工，工资很低，母亲没有正式工作，只能通过做一些零活儿来贴补家用，所以布朗参加联谊会的时候总是很窘迫：他没有高档的西服和时尚的皮鞋，只能穿着一双破旧的跑鞋和T恤衫。然而正是这种阶级差别，让家境较好的苏珊觉得他身上有一种特殊的吸引力，不过苏珊的父亲却极力反对两个人交往，他认为家境的差异不会让这对年轻人幸福。

巴菲特在被苏珊开始讨厌之后，自信心受到极大的打击，不过他并没有放弃，而是琢磨着其他突破口。经过一段时间的察言观色，巴菲特发现苏珊对父亲十分敬重，于是他制定了新的求爱攻略：先让汤普森医生认同自己，然后再俘获苏珊的芳心！

巴菲特发现汤普森医生喜欢音乐，而他的尤克里里弹得很好，于是借助这个共同爱好加强了他和汤普森医生的联络频率，以至他每次去苏珊家的首要目标都是汤普森医生，两个人一个弹奏尤克里里，一个弹奏曼德琳，搭配得十分默契。然而巴菲特没有想到的是，在他逐步获得苏珊父亲好感的同时，苏珊却和布朗陷入热恋当中。所幸这个状态没有持续很久，最终苏珊和布朗迫于阶层差异分手了。这样一来，巴菲特得到一个绝好的上位机会。

与此同时，汤普森医生也为巴菲特创造机会，他建议苏珊再给巴菲特一次机会，并声称巴菲特是一个很优秀的年轻人。很快，苏珊抛却了对巴菲特的成见，和他重新开始约会。

巴菲特每天都是在苏珊家刚吃过晚餐之后造访，在苏珊清洗杯盘碗碟的时候，他就坐在旁边弹奏尤克里里，弹到兴奋时还会轻声吟唱。渐渐地，苏珊发现了巴菲特之前被遮盖的一些优点，而巴菲特也越来越喜欢苏珊，他认为她是一个性格外向且善解人意的好女孩。

当时，很多人觉得不拘小节的苏珊是一个被惯坏的孩子，缺乏涵养且有些任性，不过事实并非如此。苏珊的童年一直饱受病痛的折磨，她曾经多次耳膜穿孔，还患上过风湿病长期卧床，家人对她很是照顾，她时而显现的张扬个性只是表象，本质上依然是一个懂礼数、有爱心的女孩。

虽然巴菲特比苏珊年龄大一些，但苏珊的阅历并不比巴菲特少，尤其是她博爱的个性和敏锐的洞察力，都显示出极高的情商。巴菲特也深知，苏珊是他认识的人当中共情能力最强的，她能够一眼看穿掩盖在表象之下的人性阴暗面，也能察觉到隐藏在人们心中的伤痕。巴菲特童年时代的压抑和孤独，很快被苏珊感知到，她竭尽所能让巴菲特驱逐这些灰暗的记忆和负面的情绪。

当巴菲特和苏珊热恋了一段时间之后，巴菲特认为是他们修成正果的时刻了。1952年，他准备向苏珊求婚。为了提高成功率，他没有单刀直入跟苏珊提起这件事，而是用了一个假设的方式，让苏珊陷入对美妙婚后生活的向往之中，巴菲特郑重承诺一定会给她一个美好的未来。正是在这种甜蜜的假设中，苏珊不知不觉踏入了巴菲特的“圈套”，1952年4月19日，二人在双方父母的祝福下正式订婚。

为了准备婚礼，巴菲特和苏珊忙得不可开交，他们向亲朋好友发去请帖，还要去婚纱店挑选婚纱，去珠宝店选购戒指。就在这时，奥马哈一带接连下起了大雨，密苏里河暴发了洪水，导致河岸两边的居民受到洪水的威胁。不过巴菲特并没有在意，他迫切想要娶到心爱的姑娘。

婚礼当天，苏珊早早起床，母亲和姐妹们帮助她化妆。同样，巴菲特也兴奋异常地看着心上人精心打扮。就在婚礼即将开始时，巴菲特突然接到一个电话，他们的婚礼差一点因此取消。

打电话的人自称甄·沃伦·伍德，是国民警卫队34支队的指挥官，他告诉巴菲特，现在出现了紧急情况，必须在下午5点之前去集合。原来，密苏里河的水位越来越高，国民警卫队全部投入抗洪抢险的任务中，身为警卫队一分子的巴菲特自然不能推辞，然而下午就要举办婚礼，一大堆亲朋好友即将到场，巴菲特该如何向他们交代呢？

出于无奈，巴菲特只好向伍德说明了自己即将结婚的事情，伍德竟然允许巴菲特不用参加这次行动，并送上了真诚的祝福。下午3点，在奥马哈敦提长老会教堂，巴菲特和苏珊走进婚姻的礼堂。苏珊打扮得美艳动人，当巴菲特掀起她的面纱去吻她的脸颊时，在场的亲朋好友一起鼓掌祝福他们。

虽然苏珊身材娇小，看似一个柔弱的女子，但是她给予巴菲特无尽的勇气和力量，更给了他敢于直面压抑童年的温暖，他们深爱着彼此，也保护着彼此。而且，他们的婚礼过程被刊载在《奥马哈先驱报》上，报纸对他们进行了祝福，同时记录了伍德上尉特许巴菲特不去执行任务的事情，最后写出了“一切都是为了爱”这样感人至深的文字。

婚礼结束后，巴菲特和苏珊去度蜜月，他们去了风景优美的地方，同时还拜访了苏珊的亲朋好友。苏珊有个叔叔在聋哑学校出任校长，他们顺便参观了这所学校。有趣的是，巴菲特在蜜月期间也手不释卷，利用零散的时间阅读了《证券分析》第一版。

度完蜜月，巴菲特和苏珊开始了新婚生活。此时巴菲特已经积攒了一万美元的存款，可以买下一所精美的房子，不过他却对苏珊说，他们有两个选择：一个是立即买一套房子，这样就失去了原始资本；另一个就是暂时租房子住，将剩下的钱留作投资，但是他保证在不久之后能换来一套更大的房子。

善解人意的苏珊选择了租房居住，因为她相信巴菲特的投资能力，于是他们搬到一套公寓里，每个月支付65美元的租金。这套公寓比较破旧，墙壁脱皮，玻璃发黄，地板残缺。一天晚上，巴菲特正在看书的时候，苏珊忽然发出尖叫，巴菲特急忙跑到卧室，看到一只老鼠在苏珊的拖鞋里乱窜。苏珊非常害怕老鼠，然而老鼠却成了他们家的常客，无论是厨房还是衣柜里、书架上，总能看到它们跳来跳去的身影，晚上睡觉之后，还能听到它们吱吱的叫声。

最糟糕的还不是这些，结婚之后，巴菲特在生活自理能力方面的缺陷显露无遗。他不会整理衣服，也从来不注意自己的仪表，只能靠苏珊整理衣物并帮助他打领带、梳头发等。而且巴菲特对家居环境的变化反应慢半拍。一天，巴菲特突然问苏珊书房的壁纸为什么没有了，苏珊哭笑不得地告诉他：我们很早以前就将壁纸清除了。

在苏珊眼里，巴菲特完全是一个需要照顾的孩子。如果苏珊有几天不在家，家里就会被巴菲特弄得一团糟：脏衣服扔得到处都是，报纸凌乱地盘踞在书房的地板和书桌上……苏珊像是一个贴心的保姆，做饭、洗衣、收拾家务、买东西……无微不至地照顾着巴菲特。而且，她不会要求巴菲特帮忙，即便巴菲特在书房待上一整天，她也从不抱怨什么。

对于巴菲特来说，能够娶到苏珊是他的幸运，因此他不断努力赚钱，希望给她更好的生活，然而他自己却过着省吃俭用的生活，经常去低档餐厅里吃汉堡。他曾经说："金钱多少对于我来说没有多大的区别，也不会改变我什么，但更多的金钱能让我的妻子生活得更好。"

1953年，巴菲特和苏珊的第一个孩子小苏珊诞生了。由于当时巴菲特的生意并没有开展起来，他们依然住在满是老鼠的公寓里，连一张婴儿床都买不起。苏珊只好将梳妆台的抽屉铺上褥子当作临时的婴儿床，小苏珊就是在这样简陋的环境中开始了童年生活。

巴菲特曾说，苏珊如同一道温暖的阳光，将他性格中沉埋的阴暗一层层驱散；她又像是一位恪守职责的医生将他的心灵创伤抹平。就这样，两个年轻人的感情迅速升温，他们对彼此的需求和爱显得格外狂热和深沉，甚至会不分场合地接吻。

巴菲特在写给姑姑爱丽丝的信中说，他被一个美丽的少女吸引住了，除了不懂股票之外，这个女孩简直就是一件完美无缺的艺术品。的确，苏珊唤醒了巴菲特心底潜藏的爱情火焰，并让它剧烈地燃烧和蔓延，照亮了他长期被阴霾笼罩的孤寂心灵，他们相濡以沫地走过了一段不平凡的人生。

Buffett

第四章 初出茅庐的证券奇才

1．入职父亲的证券公司

1951年，巴菲特从哥伦比亚大学毕业，他拿到了经济学硕士学位，特别是格雷厄姆教授的科目他全部拿到了A+的成绩。随后，巴菲特和其他同学一样开始找工作，不过因为二战刚结束不久，国内经济状况十分低迷，想找到一份稳定的工作很难。巴菲特经过再三考虑，打算进入格雷厄姆·纽曼公司。

当巴菲特向格雷厄姆提出这个请求之后，格雷厄姆习惯性地计算了价值和价格的比值，最后说了“不”。巴菲特立即改口说不要薪水，然而格雷厄姆依然没有答应，这极大地挫伤了巴菲特的自信心，使他陷入失望和痛苦当中。

巴菲特之所以要进入恩师的公司，并不是看中了它的待遇或者发展前景，而是他认为自己还没有完全消化格雷厄姆传授的理论精髓，他需要在老师的公司里继续学习，而且凭借他和老师的关系会合作得更默契，没有想到却惨遭拒绝。

格雷厄姆对巴菲特解释说：“沃伦，放眼华尔街，大型的投资公司都不雇用犹太人，而我的公司的能力有限，只能聘用几个员工，因此我得把工作机会留给犹太人。”原来，当时格雷厄姆公司的员工都是犹太人，在二战后犹太人求职常被拒之门外，不少人因此露宿街头。巴菲特能够理解老师所言，同时他也意识到自己和格雷厄姆的师生关系不足以使其打破自己订立的规矩。

虽然巴菲特被格雷厄姆拒绝了，但他进入投资界的愿望一如既往地强烈。

格雷厄姆很清楚当时美国的经济环境，华尔街的道琼斯指数经常跌破200点，行业不稳定，股价时常波动。因此，他建议巴菲特：在危机过去之后再进入华尔街，目前要做的是找一份稳定的工作。而且父亲霍华德也建议儿子等到时机成熟后再进入证券业。巴菲特听从了他们的建议，怀揣毕业证书回到奥马哈。

当时巴菲特在家乡已经小有名气，奥马哈的国民银行重金聘请他去工作，他却拒绝了，因为他觉得自己必须在投资界中积累经验。后来在格雷厄姆的推荐下，巴菲特来到一家名叫比尔·罗森沃尔的公司，不过因为他需要在奥马哈本地国民警卫队服役，所以干了一段时间就离开了。不久，巴菲特去了霍华德的公司——巴菲特·福尔克。虽然是自家的产业，但是巴菲特还是希望得到真正的锻炼。一次，霍华德的朋友问他，是否要去巴菲特父子的公司上班。巴菲特回答说，他是去巴菲特及其父亲的公司上班。

在父亲的公司里，巴菲特从底层工作投资推销员干起。他的工作内容是分析股票并将有价值的股票向客户推销，然后从客户的纯利润中按比例抽取佣金。这项工作是巴菲特的强项，他在研究股票方面有着独特的视角和过人的能力。他不像一般人那样紧盯热门股票，而是善于发现那些看似寻常但潜力巨大的股票，比如当时的杰纳西峡谷天然气股票等。他向客户推荐的股票，基本上都获得三倍的收益。

巴菲特的注意力并非都在股票分析上，他还会抽空设计一些新的研究项目推荐给格雷厄姆，目的还是想留在老师身边工作，然而这个机会始终没有到来。

作为美国社会中最常见也是最普通的投资推销员，巴菲特推销的第一只股票——政府雇员保险公司股票——是个冷门，当时巴菲特已经坚定了信心，将自己的全部积蓄1万美元投入进去，再将这只股票推销给那些抱着怀疑态度的客户。

和其他投资推销员不同，巴菲特充满了对知识的渴求。为了研究股票买卖的规律，他一遍又一遍地翻阅厚重的《穆迪手册》，如同小孩翻阅漫画书一样。经过一段时间的学习和研究，他发现一些烟蒂型的股票，只要买入不久就能以三倍的价格在市场上出售。巴菲特认为这样优质的股票还如此便宜，必定会有很多人购买，然而不久以后他才发现，原来购买这只股票的人正是他自己。于是巴菲特总结出一条经验：没人能告诉你哪只股票多么便宜，你得依靠自己来判断和操作。

其实巴菲特还是选错了职业，因为这种耗费心血和时间的研究，对于像他这样初出茅庐的年轻经纪人而言是在做无用功，不管他做出了多么正确的分析和判断，都只能拿到微薄的佣金，收入和付出完全不成比例。

巴菲特虽然对股票有着很强的预见性，但是在很多客户看来，他的推荐不值得相信，因为巴菲特只懂股票不懂人性。他不会分析和解读客户，更不是一个耐心的倾听者，以致他和客户的谈话往往无果而终。于是有些客户听了他的推荐之后会问：“你的父亲或者别的经纪人是怎么认为的？”还有些客户对巴菲特的推荐半信半疑，不得不通过别的途径验证他的准确性。这样一来，客户买股票的时候就直接找了其他经纪人，等于巴菲特提供了信息却没人从他手中买股票，时间一长，巴菲特几乎没有什么收入，他不免有些气馁。

不过，巴菲特在这段时间并非一无所获，他参加了卡耐基课程。

巴菲特首次接触卡耐基的书是在祖父欧内斯特的书架上，书名叫《如何赢得朋友及影响他人》，该书向读者传授了几十条为人处世的诀窍，其中最重要的一条是切勿轻易批评别人。巴菲特对这句话的理解最为深刻，因为他时常被别人批评。另外，卡耐基还总结了很多交往诀窍：自己的名字是所有声音中最好听的，人人都喜欢被肯定，做错事一定要坦白……这些知识都被巴菲特牢牢记在脑中，而他也深知只有在实践中运用才是真的懂了。

巴菲特在高中时代，就将卡耐基传授的一些社交小技巧运用到实践中。他因此结识了不少朋友并成为高尔夫球队的一员，在大学时代结交了更多的朋友。不过，当时的巴菲特学到的知识比较粗浅，和进入社会之后所需要的社交技巧不大相同。

巴菲特在一次上班的路上，看到卡耐基培训的广告，他认为自己有必要参加，因为这会让他更能赢得客户的欢迎和信任。另外，那时候正是他和苏珊热恋的时期，他觉得学习社交技巧有助于提升他的恋爱技能。于是，巴菲特将100美元交给教练沃利·基能，还开玩笑地说在他改变主意之前将钱赶快拿走。

当时参加培训的有30人左右，他们都和巴菲特一样对社交充满恐惧，他们不敢说出自己的名字，也不敢和别人讲话。很快，沃利发给每个学员一本有关演讲的书并鼓励他们认真学习，以克服在社交中的障碍。巴菲特对卡耐基课程有一句精妙的点评：参加培训不是为了让自己在演讲时膝盖不发抖，而是让自己在膝盖发抖的时候还能继续演讲。

巴菲特对沃利教练的印象深刻，因为他只和学生见了一次面就记住了所有人的名字，而且他所传授的培训知识真的让巴菲特在人际交往、演讲对话等方面都有了明显进步，提升了巴菲特的讲话推销能力，使他逐渐争取到了更多客户的信任。当然，他和苏珊约会的时候，也更加放得开，一改之前的语无伦次，取而代之的是一个口若悬河、幽默风趣的翩翩君子形象。有意思的是，卡耐基课程有一个奖励机制：假设有人用课上的训练完成一件不容易办到的事，就能获得一支铅笔。巴菲特求婚成功当天得到了这个奖励。

在巴菲特看来，参加卡耐基课程是他进行得最成功的一次投资。因为巴菲特此时已经意识到他的失败不是专业领域的失败，而是在人际交往上的失败。他自己也承认害怕在公众场合演讲，但这是一个经纪人必须改掉的缺点。通过卡耐基课程，巴菲特逐渐克服了恐惧感，距离成功更近了一些。

巴菲特在父亲公司里做投资推销员时，还应邀到奥马哈大学当临时老师，向学生们传授投资学原理，一连教了几个学期。那时候，巴菲特的经济状况不太好，加上工作操劳导致他瘦弱得像一个高中生，然而他的学生却是年龄在三四十岁、受过高等教育、拿着高薪的中年人。这些人大部分是医生，当他们第一次见到巴菲特时都笑了出来，因为巴菲特穿着邋遢随便，长相稚嫩，也没有什么气场，竟然要教授他们投资学原理，很多人觉得自己被学校骗了。

巴菲特没有因为学生们的不屑而怯场，他不顾台下的笑声，开始正式授课，将他积累的理论知识和实践经验通过精妙的语言传递给学生。两分钟过去了，刚才还在哄笑的学生渐渐集中了注意力，他们忽然发现这位年轻的老师有着和外表不相匹配的知识储备。他们用虔诚的态度听着，如同在听牧师布道一样。

在课间，学生们总是想从巴菲特口中得知有关股票的内部消息，然而巴菲特从来都是保持缄默。因为他认为学生在经纪人那里打听的信息并不可靠，会让人们高度紧张，而且越是这一类的消息在传播时越容易被夸大其词，反而会误导投资者。尽管说得如此通透，学生们还是绞尽脑汁向巴菲特讨教对某一只股票的看法，甚至还有一名女学生用哀伤的口气对巴菲特唱着自己编的歌曲："亲爱的交易——商业专家呀，你听到我们的哭泣了吗？为什么呀，你从不告诉我们你到底买了啥？"对于这样让人哭笑不得的恳求，巴菲特依然不会心软，拒绝回答任何关于股票的问题。

在哥伦比亚大学念书时，巴菲特就从恩师格雷厄姆身上学到了如何讲授知识的能力和技巧。他总会在枯燥的理论中加入一些有趣的小故事，增强学生的学习兴趣和提高课堂效率。一次，有学生问他，华尔街的致富秘诀是什么。巴菲特听了以后，故作神秘地让学生们将所有门窗紧闭，大家顿时来了兴趣，巴菲特却说："在华尔街致富的秘诀就是走钢丝。"学生们听得云里雾里，无法理解"走钢丝"和投资有什么关系。就在这时，巴菲特解释说："在华尔街致富的秘诀就是在贪婪和恐惧之间走钢丝——在别人恐惧时贪婪，在别人贪婪时恐惧。"

听了巴菲特的解释，学生们这才如梦初醒，他们明白巴菲特所说的就是反其道而行之的投资原则。巴菲特这种风格独特的授课方式让学生们越来越喜欢他，甚至在毕业多年之后还记得他在课上讲授的内容。

巴菲特上课的时候喜欢站在讲台上，保持着一个很别扭的姿势：右手臂弯曲着，肘部抵着胯部，右手托着下巴，那样子像是在打电话似的。过一会儿，他还会用左手去抓住右肘，好像害怕右肘从他的胯部滑落下去。在授课的时候，巴菲特的视线始终投放在学生们的头顶，仿佛不敢和学生们交流眼神。虽然他的讲课姿势别扭，不过他总是情绪高昂，学生们在课堂上兴趣颇浓。后来，当学生们深入了解他以后，明白这位老师只是看起来心不在焉，其实讲述每一句话都是非常认真的。

西班牙教师伊丽莎白·察思，曾经和在IBM任职的丈夫去奥马哈大学学习巴菲特讲授的投资学原理课程。她认为巴菲特是一个有特点的老师，看似对很多事情都不关注，然而一走进课堂就会全神贯注。每当他认真思考某个问题时都会在课堂上低着头走来走去，有时候会因为过分专注而撞在墙壁上，然而巴菲特并不觉得尴尬，他会摸摸额头转身往回走，没过多久，他的头会再一次撞在墙壁上。

儿科医生卡罗尔·盎格鲁也曾经是巴菲特的学生，他对老师的评价是："巴菲特教我们使用池子计算复利的方法，也让我们彻底信服了'复利创造奇迹'的神话。"

在踏入金融界的征途上，巴菲特依然是一名学生，他保持着对知识的渴求和对成功的向往。他用教学相长完善自身的理论体系；他用职业生涯实践书本知识。投资之道对他来说仍是一道谜题，然而他距离谜底越来越近。

2．购买GEICO股票的收益

GEICO是巴菲特在哥伦比亚大学念书时就关注的一只股票。当时巴菲特在一本名人录中看到格雷厄姆是GEICO的董事局主席且持有该公司55%的股份，他立即意识到这只股票非同小可。然而巴菲特也感到很奇怪，因为格雷厄姆在课堂上对他们说过，投资保险业很难获得收益，支付的股利较少，所以不建议大家投资这种回报率低的项目。但是格雷厄姆却成为这家保险公司的董事局主席，和他平日传授的投资理念相背离，也不符合他谨慎保守的作风。巴菲特为了搞明白其中的原委，开始认真研究起GEICO公司的背景。

GEICO公司是一家私人保险公司，经营的项目为汽车保险。它由会计师内利堡·古德温和妻子利安及其他投资者创办。公司成立伊始还是一个本金少、规模小的企业，所以和市面上的大型保险公司相比毫无竞争优势。然而古德温夫妇不断减少销售成本和降低认购风险，让汽车保险的价格变得更加低廉，同时利用低廉的价格吸引客户。经过一段时间的努力，GEICO的生意逐渐红火起来，它的保险成本与其他公司相比也减少了40%。1945年到1948年之间，GEICO的保险收入超过200万美元。

科里亚弗斯·利奥原本是GEICO最大的股东，他拥有公司55%的股份，他的亲戚则持有20%的股份，而古德温夫妇仅持有25%的股份。1948年，利奥和他的亲戚由于资金紧张，想将手中的股票抛售变现，通过两名职员在华尔街寻找买家，然而耗费了一段时间后无功而返。这时，格雷厄姆的朋友兼法律顾问弗雷德·格林曼带着两位员工来到格雷厄姆的公司，向他介绍GEICO的情况和发展前景，并承诺股票的价格实际上低于账面价值的10%还要多，而且1946年GEICO每股收益为1.29美元，在1947年就上升到5.89美元。最后，格雷厄姆和GEICO公司达成协议，以每股4.75美元的价格买入1500股GEICO公司的股票，相当于该公司一半的股份，占据了格雷厄姆公司25%的资产，但是格雷厄姆却犯了一个错误。

1940年颁布的《投资公司法》规定，投资公司拥有保险公司的股份不能超过10%，所以证券交易委员会很快找到格雷厄姆，让他将多余的股票退还给出售者。然而利奥等人表示拒绝回收，双方协调未果。证券交易委员会不得不答应格雷厄姆将股票剥离给股东作为补偿方案，格雷厄姆只好将GEICO的股票公开出售，原来预计的收益成了泡影。不过，格雷厄姆公司获得了参与GEICO公司日常管理工作的权力，也保留了10%的股份。

让人没想到的是，格雷厄姆出售GEICO股票在市场上引起了良好的化学反应。1948年7月分配股票时，成交价格是每股1.0827美元，到了年底则变成了30美元，这在20世纪40年代的美国股市上简直是奇迹，而格雷厄姆购入GEICO股票也成为他投资生涯中最成功的一次。

虽然GEICO创造了奇迹，但是巴菲特关注这只股票时，依然带有盲目性。因为别人问他为何关注这只股票时，巴菲特给出的答案竟然是格雷厄姆购买了这只股票。不过很快他也发现这个解释缺乏理性：任何一种投资都要符合市场规律而不应受制于某个人的影响。为此，巴菲特重新对GEICO这只股票进行了分析。

格雷厄姆说过，想真正认识一只股票必须了解它背后的公司。在1951年的一个周末，巴菲特坐上火车来到GEICO公司。当他到达之后竟发现公司大门紧锁，巴菲特备感失望。他有些失去理智地使劲推着大门，很快门卫赶过来问怎么回事，巴菲特问是否还有别人在上班。门卫说六楼有人在工作并为他做了通报。

巴菲特在门卫的指引下来到六楼，见到了GEICO的财务副总裁洛里默·戴维森。巴菲特高中生般的模样让戴维森很意外，他在做了自我介绍之后提出要了解GEICO公司，戴维森欣然应允。随后，巴菲特提出了一连串问题，比如公司的经营方法、发展潜力等。经过10分钟的交谈，戴维森突然发现这个长相稚嫩的年轻人有着丰富的投资知识，让原本定为五分钟的会面延长到四个多小时，戴维森连午饭都顾不上吃，好像巴菲特是一个重量级的贵客。

早在沃顿商学院就读期间，巴菲特对保险业就充满了兴趣，他喜欢计算赔率，然而他却没有机会了解整个行业的运作规律。通过与戴维森的交谈，他了解了GEICO的运作体系，同时明白了保险公司的盈利手段：用从客户手中得到的保险费进行投资，最终收获的利润超过保险公司赔付的费用，换个角度看就是用客户的钱进行投资，赚到的钱归保险公司所有。巴菲特眼前顿时一亮，意识到这是一个很好的金融投资行业。

这次谈话对巴菲特来说非同小可，他不仅了解了保险行业，更产生了进入这个行业的愿望。为此他这样描述和戴维森的见面：“他打开那扇见我的大门时，也为我打开了通往保险世界的大门。”

巴菲特赶回奥马哈之后，马上写信给盖尔公司和布莱斯公司，期望这两家公司对GEICO进行分析和研究，因为它们都是擅长投资保险类股票的公司。之后，巴菲特接连拜访了很多保险行业中的专业人士，张口必谈GEICO。后来他了解到GEICO的一个优势：当时保险行业的主流经营策略是通过保险代理人销售，而GEICO却是重点发展政府雇员和军人的客户群，因为这两个客户群比较稳健而且事故率不高。另外GEICO通过直邮保险单的方式进行销售，极大地节约了销售成本，让它的平均毛利和业内的平均毛利相比高出了五倍以上……种种迹象表明，GEICO确实有着广阔的发展前景，巴菲特也承认从来没有这样一只股票让他热血沸腾。

有意思的是，一些专家却对GEICO十分鄙视。他们认为GEICO只占有不到1%的市场份额，与那些拥有数千名保险经纪人的大型保险公司相比，实在是太微不足道了。巴菲特得知专家的意见后，又有一丝动摇。虽然他掌握了不少投资知识，却没有足够的实践经验，加上这些权威的态度坚决，他刚刚燃起的斗志被打消了不少。

霍华德得知儿子陷入纠结状态之后，鼓励巴菲特要相信自己的判断。巴菲特重拾信心，对GEICO进行了新的严密的分析，最终证明了他判断的正确性。与此同时，巴菲特十分着迷保险公司的经营模式，他越来越发现GEICO是一个飞速发展的企业，最终坚定了自己的选择。

在父亲的公司做投资推销员时，巴菲特不断向客户推销GEICO股票，不过这只股票的知名度不高，加上当时的客户对巴菲特缺乏足够的信任，推销的效果很不理想。后来情况发生了变化，在1951年一年中，巴菲特先后四次购买了GEICO股票，持股数量达到350股，一共投入资金10282美元，相当于巴菲特总资产的一半。

巴菲特投资GEICO的行为引起了很多人的注意，渐渐有客户开始选购这只股票。与此同时，巴菲特还向姑姑爱丽丝推荐这只股票，姑姑立即买了100股。巴菲特又向其他具有购买能力的亲友推销，包括他的叔叔弗雷德与大学室友查特·皮特森等。

巴菲特如此疯狂地投资一只名不见经传的股票，引发了不少质疑。

一次，一个保险经纪人问福尔克先生，为何巴菲特如此用心地推销GEICO的股票呢。福尔克没有直接回答这位经纪人的问题，而是劝其最好买一点GEICO的股票当作失业保险。

后来的事实证明，巴菲特对GEICO的投资是一次成功的选择。在他购买股票之后的两年间，GEICO股价上涨了两倍多。1952年，巴菲特卖掉手中的GEICO股票，立即赚了5000多美元，而那些听从他建议购买这只股票的人，也都获得了丰厚的回报。这是巴菲特运用长期积累的投资知识打赢的第一场战役，不仅收获了创业资本，更让他坚定了在投资界继续征战的信心。

3. 在格雷厄姆身边工作

巴菲特在父亲的公司任职期间，也不忘记和恩师格雷厄姆写信沟通问题。比如投资上遇到了犹豫不决的项目时，或者寻找到新的投资方向时，他都会向老师请教，另外还将自己认为有升值潜力的股票推荐给老师。师生二人的感情在信件来往中逐渐加深。起初巴菲特在信中称老师为“格雷厄姆先生”，老师则叫他巴菲特；后来巴菲特直呼格雷厄姆为“本”，而老师亲切地叫他沃伦。

巴菲特始终没有放弃到老师公司工作的愿望，他认为只有在格雷厄姆身边才能学到更多的投资知识和经验，比他独自一人摸爬滚打要好得多。他这个心愿随着1954年宗教障碍解除而达成。一度奉行排犹政策的华尔街终于对犹太人不再完全排斥，格雷厄姆很快致电巴菲特，让他一个月之后到公司上班。巴菲特的心情前所未有地好，因为这个消息他足足等了三年！

在这三年里，巴菲特不止一次直接或者委婉地提出要去格雷厄姆的公司上班，现在终于等来了这个机会。与此同时，很多投资公司邀请他去就职，其中不乏一些规模较大的企业，然而巴菲特都拒绝了。很快，巴菲特将他去老师公司就职的消息告诉了苏珊和其他亲朋好友，大家也都为他高兴。巴菲特甚至连能拿到多少薪水都没有问，因为他相信格雷厄姆会给他合理的待遇。不久，巴菲特带着妻儿搭乘飞机去了纽约。

格雷厄姆的公司位于纽约市中心第42大街的查尼大楼中，公司当时有五名职员。运营资金总量为600万美元。虽然公司从外表来看规模不大，却实力雄厚、专业性极强。在公司的一面墙壁上挂着一个观看股票行情的大屏幕，屏幕上方竖着一只巨大的玻璃灯。巴菲特入职之后，和其他员工一样身穿普通的灰色布夹克，但他精神饱满，信心十足，认定自己会在老师的公司做出一番成就。

格雷厄姆是一个防御型的投资专家，他感兴趣的股票都是成交价格低于公司净运营成本三分之一的种类，手下的员工最重要的工作就是寻找符合这种特征的股票。格雷厄姆会对这些股票进行分析并快速做出是否购买的判断。在这个问题上他从不含糊，要么买要么不买，绝不会存在等等再看、观察观察这样的情况。在投资行为中，格雷厄姆最讨厌的就是折中和模棱两可。而且在公司里他所做出的决定就是圣旨，任何人都不敢反驳或是质疑。

格雷厄姆之所以能快速做出决定，在于他有着惊人的浏览能力，任何一张写满数字的纸，他只要扫一眼就能发现其中的错误，这种超乎常人的能力让员工们十分敬佩。然而在巴菲特入职之后，大家发现他的浏览和判断能力不在格雷厄姆之下，反而技高一筹。这也是格雷厄姆看重巴菲特的重要原因之一，他认为巴菲特是他教过的学生中最具投资天赋的精英。

一次，巴菲特和格雷厄姆去办公室附近的熟食店共进午餐，格雷厄姆对巴菲特说："沃伦，钱多钱少对于你我而言没什么差别，但是我们的太太却会因我们赚取更多的钱而生活得更好。"不过，格雷厄姆和巴菲特的关系并非亲密无间，巴菲特承认老师和自己存在一种无形的隔膜，虽然每个人都喜欢格雷厄姆，也愿意和他共事，但是很少有人能走进他的内心世界。不过，巴菲特对格雷厄姆的评价也适用于他自己。

巴菲特入职后，与一个名叫洛特·施洛斯的同事共用一间办公室，后来又与汤姆·克纳普共用一间办公室，巴菲特的和善与谦逊使得他在公司里的口碑很好，颇受同事们的欢迎。很快，他的能力也显现出来。

一次，来自费城的一个经纪商愿意用每股15美元的价格提供给巴菲特一只名叫家庭保护公司的股票，该股票几乎无人知晓，连相关的公司信息也没有，很多人认为无法对这样的股票进行评估。为了获取该公司的资料，巴菲特只身前往宾夕法尼亚州的哈里斯堡市，参观了家庭保护公司，同时搜集相关数据，还对这家公司进行了细致的调查，最后认定这是一只物美价廉的股票。然而巴菲特的判断没有得到杰罗姆·纽曼的认可，他只得用个人账户购买了一部分股票，还说服同事克纳普一起购买。没过多久，这只股票飙升到370美元。

格雷厄姆曾经编写了一本名为《格雷厄姆·纽曼公司手册》的小册子，将他毕生的思想精华融入进去，目的是让员工们从中学习到经验。在这本手册中提到了一个关键的理论：利用不同市场的价格差异获利。当时没有几个人能利用这个理论赢得实际的回报，然而巴菲特却第一个做到了。

在纽约的布鲁克林地区有一家名叫罗克·伍德的公司。该公司主要生产用来制造巧克力饼的碎巧克力。这家公司规模不小且运营得当，1954年，可可豆从每盎司5美分上涨到50美分以上，导致罗克·伍德公司亏损，不过他们的库房中保存了大量的可可豆，如果卖掉的话能大赚一笔，但要上缴50%以上的利润作为税费。最后，罗克·伍德公司的股东们打算卖掉公司，他们找到一个名叫普利兹克的人，此人对税法很有研究。

普利兹克购买了罗克·伍德的一部分股票，掌握了控股权，然而他没有出售库存的可可豆，反而利用这些库存与股东们交换股票，不断增加他在罗克·伍德公司中的持股比例。那时，公司的股价是每股34美元，普利兹克提出的条件是每股股票能换取价值36美元的可可豆。

罗克·伍德公司的现状被巴菲特了解之后，他忽然想到倘若在这个时候购入该公司的股票，再用股票和普利兹克换取可可豆，最后将可可豆贩卖到市场上一定能获得丰厚的回报。于是，巴菲特专心地开展这个项目，一连几个星期都在忙于购买股票—兑换可可豆—出售可可豆的事情，有时候工作到深夜才能回家。很快，巴菲特的独具慧眼为公司赚到了丰厚的利润。

当时，巴菲特和苏珊在纽约郊区的怀特普莱恩斯租了一套花园式公寓，居住条件得到很大的改善。在巴菲特入职格雷厄姆的公司三个月之后，苏珊生下了他们的第二个孩子——儿子小霍华德。格雷厄姆送给巴菲特很多礼物，包括一部照相机和一台幻灯机等，恭祝他喜得贵子。巴菲特夫妇的经济条件虽然改善了不少，然而巴菲特对金钱的态度没有变化，就连小霍华德的婴儿床都是从邻居家借来的。

格雷厄姆平时是一个拘谨严肃的人，不过他对员工十分关心，特别是对巴菲特。为了提高巴菲特的待遇，格雷厄姆特意介绍了一份兼职工作给他：在一个名叫斯卡斯达的成人学校传授投资课程。由于巴菲特之前在奥马哈教过几个学期的投资理论课，积累了一定的授课经验，所以深得学生的敬重和校方的信赖。

一次，苏珊和格雷厄姆聊天时提到巴菲特不会跳舞，没想到几天之后，格雷厄姆竟然送给巴菲特一张著名舞蹈室的听课证，鼓励他学习跳舞。然而巴菲特总是因为诸多琐事忘记上课，格雷厄姆得知后就不断催促他去学习跳舞。

巴菲特和苏珊为家中营造了十分活跃的生活气氛，他们都是不拘小节的人，这种个性很受朋友们的欢迎。纽约的一个经纪商的妻子这样评价他们："这对年轻人和我认识的其他年轻人不一样。在我看来他们非常单纯，没有任何心机也不圆滑。苏珊经常用她独特的方式鼓励我表达自己内心的真实想法。"这位太太经常受到巴菲特夫妇的邀请共进晚餐，每次登门之后都会看到一地的玩具。用餐时苏珊还会让女儿小苏珊和儿子小霍华德参加宴会，孩子们无拘无束，大人们也轻松自在。

通常晚餐吃过之后，巴菲特会坐在一把椅子上，客人们都会围坐在地板上听他高谈阔论。巴菲特谈话的内容十分广泛，并不是只围绕投资和股票，所以总能吸引大家饶有兴趣地聆听。

随着在投资界积累的经验越来越丰富，巴菲特和格雷厄姆逐渐产生了投资方面的分歧。在巴菲特看来，赚钱是一种有趣的游戏，然而格雷厄姆却对金钱完全没有兴趣，将赚钱视为学术研究的一种手段和过程，和重视盈利的巴菲特有着本质的区别。格雷厄姆坚持投资的安全性和保守性，即使面对可能获得的巨额收益，他依然会小心谨慎，将公司的资产安全放在第一位。

1955年道琼斯指数突破了420点，由于1929年金融危机的影响，格雷厄姆担心经济复苏的美国又会爆发新的金融危机，所以更加坚持稳健的投资策略，他将主要的投资方向放在一些廉价的股票上，并试图从中找到更简单、更安全的投资模式。相比之下，巴菲特的视线放得更远，他在寻找价值的同时不忘将股票的增值潜力当成重要的参考依据。他认为在衡量股票的过程中，增长是不能被忽视的重要构成因素，而且这是一个变量。在这种思路的影响下，巴菲特将更多的精力放在研究股票的增长上并练就了良好的分析能力。

或许巴菲特和格雷厄姆没有意识到师生二人在投资理念上的差别，但是外人却看得越来越清晰。格雷厄姆的助手欧文·卡户发现了这个情况：当巴菲特在分析一只股票的时候总会考虑为什么一家企业比另外一家企业更成功，所以巴菲特会对让他产生兴趣的公司进行实地考察，但是格雷厄姆就不会这么做，他更喜欢通过理论和公式计算做出判断。

巴菲特渐渐意识到他和格雷厄姆在投资观念上的差别越来越明显，他也无法理解格雷厄姆防御型投资的益处在哪里。更为重要的是，尽管格雷厄姆认同巴菲特的能力，却从来没有拨出专款让他尝试投资。对此，巴菲特说："我不知道这是什么原因。也许他从没有在意过，但这却让我感到非常沮丧。"

格雷厄姆·纽曼公司基金规模只有500万美元，无法让巴菲特自由发挥他的能力，只能进行小额的交易。另外公司与合伙人还掌管着纽曼·格雷厄姆基金，然而这两类业务加在一起也只有1200万美元，再加上格雷厄姆对股市运作十分小心，又让合伙人拿走了一部分资金。巴菲特为无法施展才华而感到郁闷。

巴菲特曾对自己的高尔夫球教练鲍勃·德怀尔说他学到了不少东西，然而格雷厄姆是一个怀揣400万美元却在等着何时入市的人。有趣的是，当时不少人都急切地购买格雷厄姆·纽曼公司的股票，导致股票以高于公司各项投资组合价值200美元的溢价在进行交易，最后每股股票飙升到1200美元。不过当时一些人仅仅购买了一股，因为他们想了解公司的投资组合状况。

倘若格雷厄姆是一个大胆激进的人，说不定就能成为业界的大鳄，然而他总是提醒自己保持冷静，将更多的精力放在研究数学法则上，从而忽略了公司的业绩。

巴菲特想让公司蒸蒸日上，他也愿意投入自己的一切精力，不过格雷厄姆总是难以信任公司管理层，也不愿意走访那些想合作或者想投资的公司，这种教条主义让他吃了不少亏。

1955年，道琼斯指数突破了420点，相比于狂热时期的1929年还要高出10%。经过20多年的孕育，股指走高是很正常的现象，但是一些经历过金融危机的人却对此忧心忡忡。为此，美国国会对牛市格局也缺乏信心，甚至组织了一次听证会。3月份，经济学家约翰·加尔布雷斯来到参议院银行委员会做了演讲，声称1929年的金融危机将会再度来临，还将他的著作《大崩溃》推荐给美国民众。这本书在市场上引起了强烈的震动，导致当天股市大雪崩，很多人误以为一次大崩盘即将来临。

事实上，这次听证会的真实目的并不是针对股市，当时政治家们都想研究华尔街内部的运行规律，因为从摩根时代开始，很多金融巨头都会被召集到华盛顿开会。当格雷厄姆出现时，参议院银行委员会主席威廉知道他是当时最杰出的股票专家之一，想从他那里得知股票交易的很多知识。格雷厄姆也耐心地讲解了一番。最后，威廉提到一个核心的问题。

威廉问格雷厄姆："当您发现了某只股票，我们打个比方，您可以用每股10美元买下这只股票，而您觉得它每股值30美元。但只有当其他人也认为它确实值每股30美元时，才能获得每股20美元的利润。这个过程是如何产生的，是通过宣传呢，还是通过其他手段？"

格雷厄姆的回答是："这正是我们行业的一个神秘之处。对我和其他任何人而言，它一样神奇。但是，经验告诉我们，最终市场会使得股票达到这种价值。"其实格雷厄姆做了一个很简要的回答，不过这段话却成为巴菲特日后买卖股票的基础：无论市场如何震荡，股票最终都会回归它的真实价值。一个投资者需要有耐心，更需要坚定自己的判断。

在格雷厄姆的记忆深处，1929年的股灾是挥之不去的阴影，他由此确立了保守的投资策略，帮助他和他的公司长期平稳地发展，避免了很多风险并创造了良好的业绩。但对巴菲特来说，他想要的不只是稳妥，还有飞跃和奇迹，师生二人注定要走上不同的投资道路。

Buffett

第五章

奥马哈的投资大师

1. 成立合伙人公司

巴菲特在格雷厄姆身边工作，总能学到很多课堂上学不到的东西，格雷厄姆从来不会通过直觉决定是否购买某一只股票，也不会轻易否定某一只股票，格雷厄姆对投资项目的判断依据都来自充分地调查和研究。正是这种基于理性认知的工作方法，让巴菲特积累了丰富的投资经验。他说，投资不是单纯依靠智商高低就能获得回报的游戏，只有理性才是决定成功的关键因素。

1956年，巴菲特对格雷厄姆·纽曼公司截至当年30年间的套利手段进行了总结，最后发现：20%的平均收益都是来自套利交易。所以巴菲特将主要精力放在研究套利交易的技巧上，并在实际的操作过程中不断完善方法。然而就在这时，格雷厄姆提出了退休。

格雷厄姆退休意味着有人要接替他，当时有资格接手的人只有杰罗姆·纽曼的儿子米奇·纽曼和巴菲特，然而格雷厄姆不知出于何种考虑，没有敲定接班人。也许在他看来，两个年轻人都才华出众，具备了优秀的投资家和企业管理者的能力。不过，巴菲特和米奇不同，米奇像他父亲那样崇尚一丝不苟的严格管理，甚至在社交场合中会表现出傲慢无礼的态度，而巴菲特则比较平易近人，无论是与同事还是与客户都能维系融洽和谐的关系。更重要的是，米奇和巴菲特很难在一起合作，无法像格雷厄姆和杰罗姆·纽曼那样明确分工。

巴菲特经过再三考虑发现，在没有了恩师的格雷厄姆·纽曼公司，他似乎没有那么强烈的愿望留下来，不如回到奥马哈去开创属于自己的事业。就在这时，格雷厄姆·纽曼公司被解散了，原因只有一个：没有合适的接班人。

格雷厄姆退休后来到加利福尼亚州的拉霍亚海景别墅安度晚年，那是一个位于东太平洋沿岸的美丽地方，打开窗户就能看到大海，能获得在喧嚣的都市体验不到的宁静的生活氛围。格雷厄姆在这里每天阅读古典文学书籍，同时进行户外运动，并将余下的精力全部投入慈善事业当中。格雷厄姆和妻子以及一位法国情妇住在一起，继续着他风流不羁的生活，他将自己的大部分财产用于慈善事业，还声称任何去世时名下有超过100万美元的人都是傻瓜。

格雷厄姆·纽曼公司虽然在业内不算业绩最好的企业，但也算处于上游水平。从1936年到1956年这21年间，公司保持着17%的年均收益率，超过了同期标准普尔500指数年均14%的增长水平，而且还不包含公司最成功的投资项目——政府雇员保险公司的股份。当时这些股份早就分配给公司的各位股东了，所有到1956年一直持有政府雇员保险公司股票的人都得到了比标准普尔500指数多达一倍的回报。

在公司解散后，巴菲特拿着积攒的14万美元存款，带着苏珊和一对儿女回到奥马哈。很快，他在距离祖父欧内斯特杂货店两个街区的地方租了一套房子。一切收拾妥当之后，巴菲特集中精力研究他要开创的新事业。此时他不仅有了创业的资金，也有了单干的资本，因为他积累了投资经验，也建立了人脉资源，不用再去给别人打工，他决定在故乡展现自己的才干。

巴菲特的亲朋好友为了欢迎他们一家返乡，特意组织了一个小型宴会。在宴会上巴菲特忽然宣布了一条消息：他决定成立一家遵循格雷厄姆公司经营模式的投资公司。这番话说完之后，亲友们惊呆了，好长时间没有人说话。最后还是姑姑爱丽丝打破了沉默，她对巴菲特的想法表示支持，爱丽丝说："在沃伦推销GEICO股票的时候，我就因为相信他的才能而获得收益。从那以后，我对沃伦的才能深信不疑，我相信他会让我的退休金不断翻番的。"一席话说完，不少亲友纷纷附和，巴菲特的姐姐多丽丝也表示会支持弟弟的投资公司。

1956年5月1日，巴菲特的投资公司正式成立，成员一共有七个人：姑姑爱丽丝投入3.5万美元，姐姐多丽丝和姐夫杜鲁门·彼得斯投入1万美元，汤普森医生投入2.5万美元，巴菲特的好友查尔斯·彼得斯投入5000美元，查尔斯的母亲伊丽莎白投入2.5万美元，巴菲特的律师莫奈恩投入5000美元。莫奈恩当时手头并没有钱，他的5000美元是从岳母那里借来的，他告诉身边人，倘若他不选择相信巴菲特的话就是智商有了问题。

有意思的是，身为发起人的巴菲特竟然只投入了100美元，其中包括他在连锁店买账簿花的49美分，然而他通过出众的投资才能，利用这区区100美元创造了奇迹。

巴菲特投资最少，但公司的管理者是他，拥有绝对的决策权，同时他不愿意其他人询问他的决策过程。他告诉合伙人："我会像经营自己的钱一样经营公司，我会承担相应的损失，也会获取我应得的利润，然而我不会告诉你们我是怎样经营的。"此外，巴菲特允许股东们任意使用自己的资金并享有绝对的控制权。

巴菲特的公司连一间办公室都没有，办公地点就在巴菲特卧室外面的过道里。在公司开张时，人们要联系巴菲特，就必须穿过他家的后院再经过厨房、客厅和卧室才能见到他。办公条件很差，但是合伙人都对巴菲特寄予了厚望，也很信任地将积蓄交给他。

合伙人们之所以如此信任巴菲特，是因为大家早就看出来他对股票有非常浓厚的兴趣并有着独特的见解和才能，也在坚持不懈地努力，所以没有人怀疑他在投资方面的能力。那些没有跟着巴菲特一起投资的人，也不是不相信他的能力，只是没想到后来他会取得如此大的成功。巴菲特在卧室外面的过道里办公，合伙人对此毫不在意，也没有过多担忧，因为他们都知道巴菲特很清楚自己在做什么。

此时巴菲特有三个小型的合伙公司，虽然规模都不大，但是他信心十足，他认为自己的家庭合伙公司会在他的管理下越做越强。

1956年8月，巴菲特来到纽约参加格雷厄姆·纽曼公司召开的最后一次股东大会。巴菲特对格雷厄姆另一个爱徒爱德华·安德森说，他想参考老师的模式创办一家合伙制公司，准入门槛为5万美元。在股东大会正式投票决定公司解散时，一个名叫卢·格林的投资者告诉巴菲特，他认为格雷厄姆犯了一个严重的错误，就是没有培养出优秀的接班人。他还说格雷厄姆·纽曼公司之所以无法继续经营，就是因为公司的日常工作都在依靠巴菲特。

大部分公司的创业初期都是艰难的，尤其是像巴菲特创办的这样没有雄厚资本支持的公司。然而，巴菲特并不气馁，他努力研究格雷厄姆和纽曼的投资策略，花费了相当多的时间和精力阅读其他证券类的书籍，并对很多上市公司的财务报表进行分析，从中发现潜力股并甄别报表是否可靠。此外，巴菲特还不忘记说服更多的人加入他的公司，然而效果并不好。曾经有人吐槽说：他在创业初期连一间办公室都没有，只能在卧室外面的过道里办公——没有秘书也没有计算器。

虽然办公环境、人脉资源、社会声望都趋近于零，不过巴菲特已经武装了自己的头脑。当时他对美国全部的股票都了如指掌，将每个行业、每一家企业的财务报告以及《穆迪手册》都吃透嚼烂，从思想上清晰了“华尔街”的概念。在分析每一只股票的时候他的脑海中能够闪现出一堆相关数据，当时能达到这种水平的股票投资者可谓凤毛麟角。

经过一段时间的煎熬和努力，巴菲特终于为他的公司赚到了第一笔收益——来自美国国民火灾保险公司的投资。

当时，美国国民火灾保险公司在奥马哈是一家无足轻重的小公司，企业的负责人是保险业大鳄阿曼森兄弟。早在20世纪20年代末期，这家公司的股票就分别卖给了内布拉斯加的农场主，后来阿曼森兄弟打算以每股50美元的价格买断这只股票，虽然这个价格并不高，但由于这只股票的知名度很低，那些农场主最后也都卖掉了。事实上，这只是外行眼中的看法。

巴菲特经过认真的市场调查和分析之后，终于从保险卷宗里挖掘到了真相：这只股票的真正价值远远高于50美元，未来还会有很大的增长空间。尽管有了准确的判断，但巴菲特却没有机会购买这只股票。后来在该公司的一次股东年会上，巴菲特想要弄到一份股东的名单，却被海登·阿曼森严词拒绝。无奈之下，巴菲特只好驱车绕着整个内布拉斯加去寻找这只股票，如同耗费一下午的时间去寻找一个被击飞的高尔夫球。

巴菲特为了尽快得到这只股票，开出了每股100美元的高价。他的律师莫奈恩不理解他为何这般疯狂，不过在他的劝说下，莫奈恩还是驾车开到了内布拉斯加最偏远的地方。莫奈恩在路上消耗了整整三天的时间，不管是乡村法院还是银行或者其他地方，几乎见到一个人他就用“100美元收购股票”作为开场白，这才逐渐收购到一些股票。

当美国国民火灾保险公司的人得知巴菲特在收购股票时，他们公司股份的10%已经被巴菲特掌握了。没过多久，巴菲特将股票卖给了纽约的一个投资者，获利10万美元。巴菲特和莫奈恩分别得到5万美元。

巴菲特的下一个目标是桑伯恩地图公司，它曾经是一家盈利能力很强的企业，然而随着地图行业的没落，经济状况持续走低。在桑伯恩业绩最好时，公司每股股票的价格约合65美元，后来降到每股45美元。和当时北方石油管道公司股票的状况被格雷厄姆看中一样，桑伯恩被巴菲特看中。

从1958年到1959年间，巴菲特持续买进桑伯恩地图公司的股票，他相信老师的投资名言：股票的价值迟早会回归。然而这一次现实让他失望了，桑伯恩的股价没有上升，当时公司全部董事只持有400股股份，而实际发行10.5万股，也就是说绝大部分股票都流落在外，所以无论股价怎样下跌董事们都无能为力。他们虽然拥有一些优质的投资项目却束手无策，公司的境遇也每况愈下，在8年的时间里有5次减少发给股东的红利，不过董事的年薪照常发放。正是看到了这点，巴菲特认为桑伯恩依然有投资价值。

参照格雷厄姆的模式，巴菲特将自己变成了桑伯恩的董事，然后劝说公司高层挖掘每一个投资项目背后的商业价值，然而这些管理者头脑僵化，拒绝了巴菲特的提议。与此同时，巴菲特并没有向他的合伙人说明就将全部资金的35%投入桑伯恩的股票中，大家甚至都不知道这家公司的名字。紧接着，巴菲特动员和自己意见相同的股东向公司施压，在1960年公司终于同意拿出资金对管理层进行收购，巴菲特由此赚到了50%的利润。这时，他已经没必要隐瞒此事，就向合伙人说明投资桑伯恩的事情，还在写给合伙人的信中写道："桑伯恩地图公司要求我对该公司的运营情况保密，而且在短时间内衡量公司业绩的做法纯粹是徒劳。"

在巴菲特和桑伯恩交涉的过程中，一个来自纽约的名叫约翰·特雷恩的金融作家想和巴菲特签约，然而他在得知巴菲特不愿透露自己持股的种类和比例时，马上放弃了合作的念头。

此时，巴菲特对国内市面上的股票和债券都进行了深入的分析，甚至对每份上市公司的财务报表中的数字他都了如指掌，那个神秘、高端、富丽堂皇的华尔街在他心中已经越来越清晰。巴菲特相信凭借自己的分析能力会获得更大的回报，他不仅要比肩和超越恩师格雷厄姆，还要填补美国投资界的空白。

2. 寻找投资伙伴

美国国民火灾保险公司的股票让巴菲特大赚了一笔，不过赚到的钱并不足以支持公司未来的运营和发展的需求，毕竟巴菲特在业内没有名气和相应的管理经验，加上这家小规模的公司刚成立，没有多少人愿意与之合作。更重要的是，巴菲特对客户是很挑剔的，他想要占据绝对的资金控制权，这在当时的投资界很难被多数人接受。因此，如何吸纳更多的投资者加入他的队伍中，成为公司进一步发展的关键。

也许是巴菲特在创业道路上积攒了好运气，在公司遭遇了发展瓶颈之际，他却得到了强有力的外援。

荷马·道奇是佛蒙特州诺维奇大学的校长兼物理学教授，也是格雷厄姆的好友。1956年的夏天，他结束了自驾游之后来到奥马哈，见到了这个被格雷厄姆赞誉的年轻人。当道奇敲开巴菲特的家门之后，竟然看到巴菲特穿着袜子出门迎客，道奇未免有些惊讶。当然更惊讶的是巴菲特，他没有想到会有这么一位贵客到场，两个人很快交谈起来。突然，道奇拿出12万美元交给巴菲特："我想让你来管理我的钱。"巴菲特马上向道奇介绍了自己的公司。道奇听完介绍后表示想和巴菲特共同成立一家合伙公司。

道奇是一个做事雷厉风行的人，他很快拉上妻子和儿孙们组建了一个合伙公司。道奇成为巴菲特公司创办以来第一位来自圈外的投资者兼合伙人，直到1983年去世，他一直在巴菲特的公司里为他的家族进行投资，投资总金额达到几千万美元。

1957年的夏天让巴菲特记忆深刻，这天他在家中办公，一个自称埃德温·戴维斯的泌尿科医生打来电话。巴菲特从未听说过这个人，而戴维斯声称是他的病人介绍自己过来的，他很想跟巴菲特聊聊投资的事情。一个星期过后，巴菲特来到戴维斯的家中，见面之后戴维斯被巴菲特不拘小节的形象惊呆了：他穿着肥大松垮的外套，领口耷拉着，露出了脖子和前胸，留着18岁男孩才有的发型，语速很快。

巴菲特向戴维斯一家介绍了他奉行的格雷厄姆原则，同时介绍了与他合作的协议条款。如果是其他人根本不会相信巴菲特，但是戴维斯却用超乎常人的勇气和判断力相信了这个在业内没什么声望的年轻人。戴维斯的妻子多梦西问巴菲特："我听说你在赚钱方面很有一套，可以讲讲吗？"巴菲特的话匣子立即被打开，他和戴维斯夫妇足足聊了两个多小时，不过戴维斯医生一直沉默不语。巴菲特忽然产生了不祥的预感：对方可能对自己失去了信任。就在这时，戴维斯忽然站起来宣布，他要投资10万美元。

戴维斯的这个决定对巴菲特公司有着重大的意义，一旦两个人合作，就突破了巴菲特只在亲友社交圈中投资的限制，让公司的职业化和社会化方向更加清晰。最终，巴菲特和戴维斯约定，在投资获得回报之后，戴维斯有权从最终利润中拿出不高于全部利润的4%，在剩下的利润中，巴菲特能拿走25%，戴维斯则拥有75%。巴菲特告诉戴维斯，他不会讲明资金的投资流向，每年只会给他们一个年度总结。

巴菲特对其他合伙人也是如此，他一年只在12月31日这天接待投资者，像戴维斯这样的合伙人可以增加或者拿回资金，在其他时候资金都要交给巴菲特全权处理，这是他给所有投资者的限制条件。

在与戴维斯夫妇建立合伙关系后，巴菲特的投资圈子进一步扩大。莫奈恩介绍的理查德和玛丽琳·霍兰夫妇以及在奥马哈大学认识的退休产科医师奥尔森夫妇等，都与巴菲特进行了合作。其中霍兰夫妇非常神秘，他们始终没有公布其拥有的财产数目，然而霍兰慈善基金会的纳税申报单中的金额每年高达2610万美元，其中90%的收入都是从巴菲特公司投资中赚来的，霍兰夫妇时常引以为傲。奥尔森夫妇同样十分信赖巴菲特，他们表示只要投资股票就会找巴菲特。

初出茅庐就能吸引这么多人投资，不光是靠运气，更重要的是巴菲特对投资者的承诺：每个人每年都能拿回总投资的6%，同时还能享有投资总回报中的75%，剩下的25%则作为公司理财的收入。

虽然为他人创造了财富，但是巴菲特从来不会忘记感谢这些信任他的人，他每年都要在家里举办宴会邀请这些投资者，席间他会向大家介绍这一年中如何用他们的钱进行投资。不过，并不是认识巴菲特的人都相信他，他的邻居奇欧就是一个例外，虽然两家距离很近，虽然他收入不菲，但他对巴菲特一直怀有偏见，认为一个整日在家里办公的人是不会有什么作为的。

巴菲特曾经登门拜访过奇欧，先是委婉地和对方谈论怎样教育子女的事，发现奇欧没有反应就直奔主题，称如果对方拿出5000美元给他的话，很快会获得收益。然而奇欧犹豫了很久都没有下定决心，他认为巴菲特纯属空手套白狼，最终拒绝投资。后来，当巴菲特成为世界闻名的股神之后，奇欧万分后悔地表示，假设当时听了巴菲特的建议，他今天拥有的财富也许能买下一所高校了。

1960年，巴菲特遇到了另一位热心的合伙人——威廉·安格尔，他是一位心脏病专家。他曾经制作了一个火车模型作为礼物送给巴菲特，还表示乐于为他做任何事。巴菲特很自然地和他谈起了投资，问安格尔是否有兴趣找来10名医生每人投资1万美元。安格尔欣然应允，他在道奇大街49号的餐厅里组织了聚会，找来很多医生对他们进行动员，以此壮大了巴菲特的投资队伍。

在面对客户时，巴菲特一贯保持着基金经理人的形象，在一家名叫山巅小屋的餐厅里，巴菲特曾经进行了蛊惑力极强的演说，从格雷厄姆谈到了莎士比亚，还时不时自嘲几句，吸引了不少潜在的投资者加入他的合伙人公司。

在巴菲特的不懈努力下，越来越多的亲友、陌生人加入了他的投资大军。1957年末，巴菲特掌握的资金高达50万美元，他没有让这些信任自己的人失望。当年，道琼斯指数下跌了8%，很多股民都赔了钱，然而巴菲特的投资却赢得了10%的回报，让不少人另眼相看。不过就在这时，一个意外发生了。

巴菲特的女儿小苏珊突然得了一种臆想症，她总会看到一个戴眼镜的人蹑手蹑脚地潜入他们家里，小苏珊称他为“眼镜人”。每天晚上，小苏珊都要求巴菲特抱着她睡觉，还让巴菲特认真检查阳台以及她的卧室等地方，不让“眼镜人”躲藏起来。为了安抚女儿，巴菲特总是会做出认真检查的样子，小苏珊这才能安然入睡。

女儿的臆想症让巴菲特和苏珊苦不堪言，有时候他们会自责没有照顾好女儿才会发生这种事。经过商议之后，巴菲特决定在法拉姆大街购买一套五居室的宽敞住宅。在一家人乔迁新居之前，巴菲特抱着小苏珊朝着他们的旧家看了最后一眼，然后对女儿说：“好了，以后‘眼镜人’就留在这里啦，我们和他说再见吧！”

巴菲特的新家是一栋被褐色物品装饰的水泥建筑，修建于20世纪50

年代，这栋房子毗邻繁华的街道，周围都是郁郁葱葱的树木，环境十分幽雅，像是一个独立于喧哗都市之外的世外桃源。巴菲特购买这栋房子花费了3.15万美元，如果不是为了女儿的心理健康，他恐怕不会舍得花这笔钱。

搬入新家之后，巴菲特在格雷厄姆·纽曼公司的同事汤姆·克纳普赶到了奥马哈，和巴菲特一起去听格雷厄姆的讲座。两个人在路上聊天时克纳普无意中谈到一件事：美国邮政署正推行将4分面值的总集印花退出流通领域的政策。说者无心听者有意，巴菲特发现了商机。在他们前往听讲座的路上时，凡是遇到邮局巴菲特就要停下来，将珍贵的总集印花保留，一共投资了1.2万美元。

巴菲特之所以抓住一切机会进行投资，是因为他很清楚只要进入投资界，脚步就不能停，眼界更要开阔。虽然他不是一个守财奴，但他总要让自己的财富不断增加。这是一种出于本能的需求而非现实需求，因为他无论赚多少钱，衣食住行都和普通人一样，甚至比普通人更俭朴。

巴菲特始终坚持一条生活准则：追求传统简单和质朴的生活。正是抱着这样的目的，巴菲特才离开纽约回到家乡，他希望在这片土地上创造财富的奇迹。

在巴菲特初创公司时，道琼斯指数达到了200点上下，当时霍华德就觉得这么高的数值有些危险，所以提醒巴菲特切勿在这个敏感阶段进入市场。

霍华德的分析不无道理，然而巴菲特此时已经掌握了更超前的投资理论，他也没有像霍华德认为的那样购买热门股票，而是继续坚持寻找高价值低价格的股票，因此无论市场上的股评家们怎样预测，他都置之不理，他只相信经过自己分析得出的数据。为了获得准确的判断，巴菲特经常一头扎进海量的资料和档案中进行研究，同时不放弃对他感兴趣的上市公司进行实地考察，只要找到潜力股就会毫不犹豫地买进，剩下的事情就是等待价格上涨。

1957年，巴菲特的公司盈利达到31615.97美元，增长率高达10.4%，尽管这一组数据看起来并不惊人，然而和美国当时的经济环境相比，巴菲特无疑创造了奇迹。1957年道琼斯工业指数暴跌了8.4%，到1958年巴菲特的公司盈利达到41%，超过了道琼斯指数的39%。1959年，巴菲特的合伙人公司已经由创办时期的10万美元启动资金增加到40万美元。

每一步微小的前进，都意味着背后的努力和付出，巴菲特正是通过循序渐进的成长，带领着他的公司和他的合伙人朝着财富的巅峰攀登。

3．晋升头号股票经纪人

随着财富的积累和投资项目的成功，巴菲特的名气越来越大。奥马哈一家保险公司的老板杰克·林沃尔特打电话给他，称自己是巴菲特姑姑的朋友，想要给他1万美元随便做点投资。巴菲特觉得像他这样级别的老板至少应该拿出5万美元，便婉言谢绝了。

巴菲特逐渐被越来越多的人所知，一些人经常到巴菲特常去的罗斯牛排店吃饭，目的就是为了聆听巴菲特对股票的独家解读。当然，巴菲特不会透露他的投资项目，而是很客气地建议他们拿出一支铅笔，闭上眼睛在股票列表上点中哪一只就买哪一只。闲暇时间，巴菲特会穿着卡其布裤子去奥马哈的乡村俱乐部，一些人闻讯赶过来，然而巴菲特仍然拒绝谈股票投资的事。

在一些偏远的城镇，民众对股票投资都是一知半解的，即便是股民也不会认真研究该投资哪一只股票，他们获得的“内部信息”也是转瞬即逝，很快被一些热门的股票所取代。巴菲特与他们不同，他对股票有一种天然的占有欲，他很愿意向别人讲述他在股票市场中几经沉浮的故事，不过仅限于那些不再持有的股票。

因为有了很高的社会声望，巴菲特的朋友越来越多，不少人成为他的投资者。巴菲特对朋友和投资者的态度始终一致，他会用优雅、随和与低调的姿态与他们相处，与其说像一位基金经理不如说更像一位老师，他不会将生活和工作划分得那么清晰。

业余时间，巴菲特最大的兴趣是打桥牌，他的牌友几乎遍布各行各业，有广告商、法官、汽车经销商，还有律师等。每到打牌时，巴菲特会拎着一盒六听装的百事可乐出现，一边打牌一边讲笑话，从不谈论他是怎么赚钱的。他在打牌时全神贯注，俨然一位专业牌手。

巴菲特打桥牌时不会下很大的赌注，除非他觉得和自己的搭档明显占上风时，不过每一个牌局他都能全身心投入。他和其他牌友最大的不同是，他会一边盯着手里的牌一边精确地计算，不会因冲动出牌，每一次出牌都经过深思熟虑。从这一点可以看出，巴菲特无论分析何种事物都思维缜密，他的情绪很难产生起伏，没有什么外界因素能让他暴怒、落寞和抑郁，他始终保持着理性与平和。

奥马哈的黑石大饭店组织过一次午餐活动，席间几乎所有人都在谈论巴菲特。当时奥马哈的一位名人鲍勃·斯诺兹也在场，他断言创业理念还很幼稚的巴菲特迟早会破产，谁把钱投到他身上不到一年就会赔光。对于这种惊世骇俗的论调，熟识巴菲特的人自然会一笑了之。

凡是和巴菲特接触过的人，对他的印象都会十分深刻，大家因为他的镇定自若对他交口赞誉。一次，巴菲特参加邻居的聚会，人们谈论起政府的某项市政规划时，称市政府会重新修路，让新修的路和法纳姆大街相连。正当人们议论采用什么政策应对时，巴菲特忽然站起身，平静地建议大家将这件事忘掉，在场的人这才意识到巴菲特说得不无道理，最后各自散去。巴菲特的洞察力被很多投资者认同，他们觉得巴菲特可以发现一些被人忽略的细节。

初次见到巴菲特的人，都会被他不修边幅的外表所震惊，乱糟糟的头发和满是褶皱的衣服，让人感觉他更像是一个科学狂人。即使穿上西服、打上领带，巴菲特的风格也是非常土气的，外套和领带的颜色也总是不搭调。如果穿的是休闲装，那一定是一件不合身的T恤衫，上面还印有证券交易委员会的标识语。另外，巴菲特苍白的脸色和几乎从来不梳理的头发，会让不认识他的人将他当成一个小公司的小职员，绝不会联想到银行家、会计师等职业，更难以想象他是一个土豪。

巴菲特的好友评价他说："如果他和别人一起走进来，除非他的头上有着五彩缤纷的光环，否则人们绝不会想到迎面走来的就是大名鼎鼎的巴菲特。"

虽然巴菲特的不修边幅是他个性的体现，不过时间久了总会让他身边的人难以接受。苏珊有时候无法忍受巴菲特穿着皱巴巴的衣服在她眼前走来走去，经常会在逛街的时候为他购买新衣服。一次，苏珊为巴菲特买了两件运动夹克，然而当巴菲特看到这些衣服时竟然说他已经有了一件运动夹克和一件驼绒夹克，让苏珊将衣服退掉。苏珊没有办法，只好回到商场将衣服退掉。后来家人们终于发现，除非衣服已经破到无法穿的地步，否则巴菲特绝不会添置新衣服。

苏珊是巴菲特家庭生活的支柱，家中日常的采购、家务、照顾孩子都由她去做，只要是巴菲特处理不了的事情，苏珊都会帮助他打理，包括逃避巴菲特的母亲利拉。

童年的阴影在巴菲特心中始终挥之不去。巴菲特只要看到利拉，就会想起被她训斥的经历，哪怕此时的利拉已经是位走路颤颤巍巍的老人。为此，巴菲特总是避免和利拉见面，即便是全家团圆之际，他也会在匆匆吃完饭后借机溜走。一次，利拉正准备离开时，与巴菲特经过同一条过道，利拉想要和巴菲特吻别，巴菲特害怕地掉头逃走，利拉老泪纵横，场面十分尴尬。所幸这种情况并不多，因为苏珊总是想尽一切办法避免让巴菲特和利拉独处。

正是这种无微不至的照顾，让巴菲特对苏珊越来越依赖。一次苏珊支囊发炎去医院就诊，路上反而是她安慰巴菲特，因为巴菲特害怕看着苏珊进医院。平时，只要苏珊走进巴菲特的房间，他就会情绪高亢，苏珊会为他梳理头发并系好领带，还坐在他的腿上拥抱着他。在苏珊眼里，巴菲特就是一个脆弱的大男孩，需要她用一生的力量去保护他。

巴菲特和苏珊在性格上颇为互补，巴菲特内敛稳重，苏珊外向活泼。她总是扮演着感情调解员的角色，奥马哈的很多人遇到烦心事都会找她倾诉，而巴菲特则循规蹈矩地生活，吃同样的食物，生活在不变的城市，保持永恒的目标。一次聚会上，巴菲特和苏珊的表现反差明显：巴菲特坐在角落里，苏珊则挨着一个朋友温柔地问候。不过，当巴菲特开始说话时，还是有一大帮人围过来倾听。

由于名气越来越大，不少媒体盯上了巴菲特，想要采访他，让他向社会大众传授致富经。不过巴菲特不喜欢这种活动，他更喜欢待在家中，将更多的时间投入阅读和学习中。巴菲特并不是自闭或者害羞，因为每次和朋友聚会时他都侃侃而谈并能掌控话题，只是更多时候他喜欢独处、思考和研究。

在社交圈子扩大以后，巴菲特的演讲能力逐渐展露出来，只要他开口，在场的人无论干什么都会情不自禁地洗耳恭听，生怕漏掉他说过的每一句话甚至每一个字。有时候人们会觉得巴菲特很严肃，不过更多的时候他给人的感觉是平易近人。当然，不了解巴菲特的人难免会把他描述成一位传奇式的人物甚至于一位草根英雄，然而巴菲特并没有以此自居。他曾经自嘲地说："其实我也留意自己的一举一动，我并没有发现自己的哪些方面能够给其他人留下深刻的印象。"

人们都很喜欢巴菲特的谈话风格，喜欢他那种谦虚、内敛又风趣、深刻的语言风格。特别是他对股票市场独到的分析和解读，总能让人发现被忽视的真相。

为了给公司争取更多的合伙人，巴菲特会借用格雷厄姆的人脉去纽约寻找资本大咖，为了增强说服力他甚至还随身携带自家的纳税申报单，只要有人犹豫，他就会拿出申报单并告诉他们："难道你们不想也缴纳这么多的税吗？"随着投资业绩的不断积累，巴菲特公司里的合伙人相继追加投资，同时还有不少新的投资人进入。

经常有人上门向巴菲特讨教股票投资的秘诀，不过巴菲特从来不愿意透露，因为他不想别人模仿自己。他的投资策略是尽可能多地买进，所以股票投资组合事关机密，他连睡觉都害怕说梦话，因为苏珊有可能听了之后泄露出去。

不论财富和声望增加了多少，巴菲特始终保持着他的城府，他从价值低洼股中选取投资目标，集中全部精神投入投资行业并对市面上的公司进行详细的分析，哪家公司股价走低就会立即买进。他像一台永不倦怠的投资分析机，持续地工作，持续地升级，持续地创造业绩。

4. 凯威特商人和西海岸哲人

1962年，巴菲特将十家合伙公司组成了一家新公司——巴菲特合伙人有限公司。此时，巴菲特弃用了他在家中临时搭成的办公室，将公司的办公地址选在了凯威特广场法纳姆大街的吉威特大厦810号。

凯威特广场坐落于奥马哈商业区边界的小山上，毗邻的街区比较混乱，有公寓区，有铸钢厂，还有脱衣舞俱乐部。巴菲特的办公室除了墙上的挂毯有些装饰味道之外，其他的都是实用之物，简洁到极致。然而在巴菲特看来，这间办公室如同宫殿一样，他有了秘书和助手代替他处理琐碎之事，他能够拿出更多的时间阅读《穆迪手册》。另外，巴菲特还腾出一个房间给年老多病的父亲使用。

比尔·斯科特是巴菲特的第一个雇员，他一直工作到1993年退休，甚至在那个时候他还管理巴菲特后来收购的伯克希尔·哈撒韦的股票业务并持有该公司的股份。

巴菲特整天忙着研读各个上市公司的年报，还有一些商业刊物。需要了解的资讯越来越多，不过他不觉得疲惫，工作餐也十分简单，通常都是一份奶酪汉堡和薯条。在距离巴菲特办公室几英里之外，查理·芒格成了他的顾问，此人拥有一个雅号——西海岸哲人。

查理·芒格曾经和巴菲特一起在欧内斯特的杂货店里打工，他后来进入大学学习气象学专业，由于时逢战乱学制缩短，芒格没有拿到学士学位就进入哈佛大学法学院，被同学认为是才华横溢的人。每当老师提问他时，如果他毫无准备，就会很不客气地说："我还没读过这个案例呢，但是只要你把事实陈述给我听，我就给你说相关法律条文。"

从哈佛毕业后，芒格在洛杉矶创业。1959年，他回到奥马哈关掉了父亲的律师事务所，然后开始专心经营他自己的投资公司。芒格的投资公司位于洛杉矶的太平洋股票交易所大楼，办公环境很好，也是一个合伙人公司。

一次，有人邀请巴菲特和芒格一起吃午饭，两个分别多年的人得以重逢。见面之后，两个人谈得非常投机，在听巴菲特说话时，全神贯注的芒格一直拿着手中的杯子不放。从此，两个人开始了更为密切的联系：芒格在他办公室后面的单人间工作时，会经常喊秘书接通巴菲特的电话；当巴菲特去度假时，会躺在地板上和芒格煲电话粥。

很多人以为巴菲特和芒格会在商业上建立合作关系，然而他们在大部分时间里都是各忙各的。在外人看来，二人具有很多相似之处。

芒格相貌普通，有些势利和武断，也具有巴菲特般的机智。一次，有人问他会不会弹钢琴，芒格说："我不知道会不会，因为从来没试过。"芒格还是一个有趣且清高的人，身上有着贵族范儿，他总开玩笑说想建立一个芒格王朝。芒格和第一任妻子离婚后，他开始研究各种征婚广告，希望找到合适的再婚对象，结果遇到第二任妻子之后生了八个孩子。

巴菲特的儿子小霍华德曾经说过，爸爸是天下第二个聪明人，第一个聪明人是西海岸的哲学家朋友查理·芒格。芒格是巴菲特身边最神秘的人，他行为异常、思维古怪，会与所有人都保持距离，但是当面对巴菲特时，芒格却不像其他人那样怀有崇拜心和距离感，表现得就像是一位老朋友。正因为如此，巴菲特才将芒格视作知己，只愿意让芒格走近他、了解他，对芒格的依赖不亚于对苏珊的依赖。小苏珊也说，巴菲特和芒格好像是被复制的一对，就连走路都迈着同样的步子。

不过，芒格和巴菲特也有不同之处。巴菲特总是保持着志得意满的精神面貌，而芒格却显得有些抑郁，他也没有巴菲特那种平易近人的气场，经常在办完正事之后就消失，显得很神秘。而且，两个人的生活方式也不同。芒格讨厌单调的两点一线生活，他喜欢走遍世界各地，喜欢钓鱼，还经常在加州俱乐部参加或举行各种聚会，还乐于充当主要角色，特别是在喝了几杯酒之后会变得喋喋不休。芒格身边的很多朋友包括巴菲特的朋友，都不喜欢他讲述爱因斯坦和黑洞的故事，也不喜欢他遮掩不住的傲慢作风。一次，巴菲特的朋友布兰特说她知道的洛杉矶医院只有西尼亚医学中心，芒格居然不礼貌地反驳："那是因为你是犹太人。"

芒格对很多人都心存怀疑，他对待生活的态度就是不断问为什么，这对一个投资者来说是良好的思维习惯。芒格还将数学家卡尔·雅各比的名言挂在嘴边："反过来想，一定要反过来想一想。"在芒格参加某中学的毕业典礼时，他向学生们讲的不是什么样的品质创造什么样的人生，而是什么样的品质导致何种悲剧。正因为芒格天生的怀疑论个性，让巴菲特十分信赖他，每次收购活动时他都聘请芒格做律师，芒格也持有巴菲特控制的多元零售公司的股份，除此之外，他们当时再没有更深的商业来往。

芒格就是这样一个有强大洞察力且行为不可思议的怪人，他能够发现被别人忽视的真相，也能在事业上帮助巴菲特，比如巴菲特收购登普斯特尔机械制造厂这件事。

1961年，巴菲特斥资100万美元投资了登普斯特尔机械制造厂。该厂位于奥马哈以南90英里的内布拉斯加州的比阿特里斯镇。由于该厂长期处于销售停滞和效益低下的状态，所以巴菲特早就关注了它，认为它价格便宜，属于烟蒂型投资目标。然而直到1961年，巴菲特才下定决心购买该厂70%的股票，成为控股股东。

这一次投资花费了巴菲特合伙人20%的资产。巴菲特出任董事长，表明他不再甘愿当一个投资者，而是要当企业的管理者。此外，巴菲特还将唐·莫奈恩带入董事会，每月都会和他驾车来到比阿特里斯镇。然而当时巴菲特未能真正控制这个工厂，因为该厂秩序混乱，制度陈旧，只有进行翻新式的整改才能入手。巴菲特很讨厌经营琐碎的事务，因此每个月的收入支出等鸡毛蒜皮的小事都让他头疼，而工厂的经理层又总是当面敷衍巴菲特而在背地抵制。

巴菲特苦不堪言，他找到芒格，询问他登普斯特尔机械制造厂该怎么办。芒格说他认识一个叫哈利·博特的年轻人，此人可以提供帮助。很快，巴菲特与之见了面，又过了六天，博特成为巴菲特的员工。

博特来到登普斯特尔机械制造厂之后，大刀阔斧地进行了改革，关闭效益不好的厂房，节约成本，处理库存，尽心尽力地工作。后来，根据博特提供的模型，巴菲特重塑了一家全新的企业，有着多元化的多种证券。不过，机械厂为此有100名工人失业，巴菲特还在比阿特里斯镇遭到批评。一位牌友批评巴菲特说：“你解雇了那么多人，夜里怎么还能安然入睡呢？”巴菲特回答：“如果不把他们解雇，工厂就会倒闭。我一直密切关注工厂，大多数留下的工人比以前过得更好了。”也不知从何时开始，有人暗地里叫巴菲特为“破产清算人”，他并不喜欢这个称号并发誓以后不会再解雇员工。

登普斯特尔机械制造厂规模缩小了，效益却提高了，还拥有了价值200万美元的证券。1963年，巴菲特卖掉了机械制造厂，给他的合伙人公司创造了230万美元的收入，约合初始投资的300%，其中自然有芒格的一份功劳。

注资登普斯特尔机械制造厂是巴菲特效仿格雷厄姆的投资模式，除了投资该厂之外，他还将其余的资金分别投资到其他40只股票上，都是套利交易、处于清算等波动时期的公司，与恩师当年的套路一样，甚至缺点他也学了过来——巴菲特将全部高技术公司的股票都视为投机型股票拒绝买入。当时一家名叫施乐的公司股价跌到了1美元，完全符合低价格高价值的标准，然而巴菲特还是没有动心，甚至他的一个亲戚了解这家公司有利可图，巴菲特依然没有出手。

巴菲特能够在投资界纵横驰骋，主要遵循三条准则：在价格最低的时候收购、坚持长期经营以及制定应急措施。其中第一条准则尤为重要，可以得出一个结论：永远不要指望转让时卖出高价，而是要在足够低时买入，这样才能在最后出售时赚得盆满钵满。

巴菲特曾经在写给合伙人的信中痛斥他们想要避税的念头，指责这种行为干扰了正常的投资规划。他强调人生中犯的很多错误是因为人们忘了到底想要得到什么造成的，对纳税感到厌恶，这会影响他们做出理性的判断和正确的行动。巴菲特认为，想要避税只有三种方法：第一，放弃财产；第二，将经营的盈利全部亏损；第三，带着遗产进入坟墓。

这三种方法无疑都是极端的。

巴菲特多次痛斥避税，这反映了他对事业发展的信心，也是他作为投资者和商人的优秀品质的显现，正因为具备了基本的商业道德，才让他的投资帝国构建在坚实牢固的根基上。

5. 患上恐钱症的富豪

巴菲特经常和朋友、合伙人有书信往来，很多书信都是他在夜深人静时写就的。他通过这些信件与别人交流，也从中发现自我。巴菲特曾经表示，他希望与全体合伙人都保持距离，不过作为一个普通的合伙人，巴菲特通过书信往来给他们传授了很多投资知识，让他们的想法和他保持在同一水平上，而这正是他的公司所需要的。

通过信件往来，巴菲特与合伙人沟通了公司的运作规则，虽然耗费了他不少精力，不过他很清楚，只有消除了认知偏差才能保证方向一致，否则公司迟早会垮掉。一次，有个合伙人突然闯进巴菲特的接待室，吵着要弄清他的钱究竟投到了什么地方。当时巴菲特正和一位银行家谈事，就让秘书告诉那位合伙人说他很忙。然而秘书很快又回来，称合伙人非要面见巴菲特。巴菲特与合伙人聊了几句然后告诉秘书："把那个人的钱退给他，让他走人。"

巴菲特希望合伙人能够充分信任自己，他和苏珊将他们全部财产的90%投入公司里，以此向合伙人保证他们上了同一条船。巴菲特从来不会预测自己的投资回报率，然而他希望合伙人能够给予他公正客观、不掺杂感情的评价。他说："我笃信在行动之前需要确定一个尺度。回想起来，几乎任何一件事情都可以因为与这样或那样的因素发生联系而看上去不错。”

其实，巴菲特已经为他的公司敲定了一个目标：年均收益率超过道琼斯指数的10%。他认为道琼斯指数反映的是30只股票的平均股价表现，而且是在无人管理状态下的，不过很多投资公司的收益率却达不到这么高。于是巴菲特提出一个问题：为何华尔街的很多理财大师无法让他们的投资组合回报率超过这一组无人管理的股票组合呢？那是因为他们通常会把保守的投资组合与传统的投资组合混为一谈。事实上，二者之间的差别十分微妙，只要认真观察就能发现其异同点。

在华尔街，确实有很多投资经理只会盯着那些名头响亮的股票，比如IBM、通用电气等，这只是进行传统的投资组合而不是保守型的投资组合。巴菲特说：“我的看法或许带有偏见，但我认为手里拿着一大堆鱼龙混杂的股票，又想实现出色的投资业绩，这几乎是不可能的。”

被巴菲特批判的这种投资模式在华尔街的很多基金公司都出现过，也造成了一种奇怪的现象。即无论这些公司有多大差别，业绩却十分相似，因为它们都奉行同一种投资原则，甚至还散播出一个颇具迷惑性和误导性的理论：只要达到平均水平就是安全的投资；反之，突破常规的投资都是危险的。巴菲特对此进行批判：听上去符合逻辑的可能是符合传统的，却经常会引发反传统的行为。

巴菲特的投资组合就是在颠覆传统，他将主要资金投入后来持有的美国运通、伯克希尔和其他几只股票上，让他的合伙人公司的主要资金运作在5只股票上。在理想的状态下，假设巴菲特能够选定50只都很优质的股票，他必定会走多元化的投资路线，然而在实际操作中，想要找到一只可靠的股票绝非易事。

巴菲特对那些人云亦云的投资者充满鄙视。多元化投资原本就是华尔街的铁律，每位基金经理都希望购买几百只不同的股票，然而问题在于他们并不了解自己购买的股票，也无法正确判断某只股票的真实价值。巴菲特对此开玩笑说，这些基金经理对他们购买的股票的肤浅认识还达不到一个酋长对他100个老婆的了解程度。

如果一种投资组合包含几十只或者上百只股票，那么某一只股票股价下跌不会影响总的投资业绩，反之某只股票股价上涨也不会起到拉动作用。从这个角度看，持有的股票种类越多，这种投资组合的收益率就越接近大盘。对于新手来说，这是一种保守稳妥的做法。不过巴菲特认为这种做法不应是职业投资经理所为，因为投资经理存在的意义就是让客户的收益超过市场平均水平，买进多只股票恰恰暴露了投资经理无法预知哪只股票潜力价值更大的缺点。当然，巴菲特也并非赌徒，他和格雷厄姆一样都小心谨慎，只是格雷厄姆更倾向于投资多元化，巴菲特则认为过分的多元化并非好事。

公司的快速增长，让巴菲特自己都感到不可思议，他认为资金的增长已经让他们处于不利的境况当中。这番话当时没有人能理解，然而巴菲特的确产生了一种焦虑，他在写给朋友的信中提到，如果按照当前的增长规模，公司会变得非常庞大，他们的收入也会增加，但是随之而来的金钱和地位会让他的两个孩子变得越来越恃宠而骄，但他无法想出有效的解决办法。

巴菲特的担忧不无道理，虽然当时公司还处于上升时期，然而发展趋势却非常明显。一旦赚到的钱彻底改变了一家人的生活之后，小苏珊和小霍华德将会过上公主和王子般穷奢极侈的生活，巴菲特不知道他的孩子将来会成为什么样的人，更不知道自己能够留给他们多少遗产，也不知道公司盈利的资金如何分配和处理，这些成为让他头疼的事情。

尽管从当时的实际情况来看，巴菲特的收入只处于社会中游水平且存在不稳定因素，不过他的这种担心是有道理的。后来的事实也证明，他成为富甲天下的成功商人并非夸大其词，然而金钱迅速累积之后带来的危机并非杞人忧天。

巴菲特一家到加利福尼亚度假时，多次拜访格雷厄姆，两个人一聊就是几个小时，巴菲特还和格雷厄姆的妻子爱斯戴尔成为朋友。当初格雷厄姆将主要精力放在了法国情人玛丽·阿米格斯的身上，这对爱斯戴尔打击很大，所以巴菲特对她怀有同情和怜悯之心，即便格雷厄姆不在家时也会和她单独聊天。后来，爱斯戴尔成为巴菲特的信徒，虽然格雷厄姆会给巴菲特介绍一些投资人，但是爱斯戴尔会直接找巴菲特投资。

虽然备受赞誉，但是巴菲特依然保持着低调的行事风格，他认为市场随时都可能变化，还对合伙人说：“注定有几年我们的业绩是跑不过道琼斯指数的。”的确，华尔街上的投资者，想要每年都领跑道琼斯指数如同天方夜谭，然而在巴菲特的投资生涯中，他的业绩可谓相当辉煌。在很多年里，大部分的基金经理难以让自己的投资收益率和道琼斯指数持平，然而在巴菲特进入这个行业的第一个五年中，道琼斯指数也难以企及他的业绩。

从1957年到1961年，道琼斯指数增长了不到75%，巴菲特的投资组合收益增长了251%。难怪在奥马哈很多人将巴菲特称为投资奇才。

有意思的是，巴菲特对财富增长的忧虑一直伴随他30多年。他的合伙人公司运营期间，平均每年资金回收率都达到20%以上。在1964年，巴菲特合伙人有限公司的总管理资金高达1745万美元，巴菲特和苏珊占有239万美元，而到1969年，公司的资产飙升到1.0443亿美元，增长速度十分惊人。人们记住了这家初创时默默无闻的公司，更记住了巴菲特这个传奇式的名字。

6. 注资美国运通公司

1963年，巴菲特开始研究一种和他过去购买的股票完全不同的股票。他投资的这家公司恐怕连一个车间都没有，甚至没有固定资产，然而却成功地吸引了他的注意力，它就是美国运通公司股票。

按照常人的眼光来看，这是一家成立时间不长、企业文化偏重时尚感的公司，因为美国登月成功，很多民众对未来充满了美好的憧憬。当时不少美国人已经具备了乘坐飞机旅行的经济能力，甚至一些中产阶级开始乘飞机环游世界。美国运通公司抓住了人们的这个心理，将现代生活与自身的企业文化联系在一起，因此很多的旅行支票成为通行证，数以万计的商业票据推荐得以在市场上流通。其实该公司基本上没有硬件资产，最值钱的只是他们的招牌。

1963年，美国运通卡的持有者数量达到1000万，《时代》周刊报道了此事并大胆地预测“无现金的社会”时代已经到来。然而就在这时，一个意外出现了。

新泽西州巴约纳市的一家仓库隶属于美国运通的一家子公司，1963年11月，这家仓库在一次交易中接收了一批大罐装的货物，里面据说是由联合食用油公司提供的色拉油。于是该仓库给联合食用油公司出具收货凭证作为取货的证据。不久，联合食用油公司破产，债权人想要将这批货物当作抵押品。

不久，美国运通公司发现了货物中的问题：这些大罐装的货物中只有一少部分是色拉油，其他都是海水！该仓库因联合食用油公司的欺诈遭遇了高达1.5亿美元的巨大损失。然而问题不仅于此，直接责任方联合食用油公司已经破产，这家仓库隶属的子公司也破产，唯一能产生关联的就是美国运通公司。公司的首席执行官克拉克坚定地认为，公众的信任是立身之本，为此还发表了一段声明："美国运通感到在道义上应当竭尽全力处理善后事宜，以保证美国运通始终如一的负责形象，确保这次出现的问题能够圆满地得以解决。"

这段声明让那些比美国运通规模小得多的公司的执行官不寒而栗，因为克拉克明确表示母公司有义务承担子公司犯下的错误——无论法律上是否有连带责任。然而，这种承诺是以付出巨额金钱为代价的，而且当时美国运通已经资不抵债了。

美国运通的糟糕状况很快流传到坊间，11月22日，美国运通的股票从每股60美元下跌到每股56.5美元。在肯尼迪总统遇刺身亡之后，股价跌到每股49.5美元，这种狂跌在股票市场上引起了不小的骚动。此时，有关海水冒充色拉油的事件也有了新的调查结果。

联合食用油公司的负责人叫安东尼·安杰利斯，被称为食用油大王，是一个既有才智又狡猾奸诈的商人。他之前在新泽西州经营一家肉制品厂，结果该厂因与政府结下仇怨而关门。后来安杰利斯又经营食用油生意，过去的黑历史让他拿不到银行的贷款，于是他就将海水冒充的食用油储存到美国运通子公司的仓库里，在拿到仓库出具的收据后向银行申请贷款，将这笔钱投资到食用油期货上，最后赔个精光。

真相大白以后，安杰利斯被警方逮捕，纽瓦克的联邦法庭对其进行了审判。美国运通由此惹祸上身。在此之前，美国运通从未拖欠过股东的红利，现在突然面临破产，让不少人感到意外。不过巴菲特却认为这是一个良好的机会，因为美国运通这种出色的企业具备了危机公关能力，而这正是投资的最好时机。巴菲特经过调查发现，运通公司之所以有如此强大的市场影响力，在于它自身拥有庞大的浮存金。

在金融市场中，浮存金等同于低息贷款，价值很高，具备很大的投资回报比，于是巴菲特开始进行深入的调查，有时候为了获取第一手信息，他会躲在商店的收款机后面，观察美国人是否还在使用美国运通旅行支票和其他相关金融卡。同时，巴菲特在奥马哈的很多场所了解有关美国运通的信息，比如销售运通汇票的超市和药店、银行和旅行社，连牛排餐厅都没有放过。最后巴菲特发现，这些消费场所仍然将运通支票当成交易工具，而且认同率极高，只是在负面信息的影响下股价被低估了——每股股票从60美元低落到35美元，且继续下跌。

巴菲特由此得出两个结论：第一，美国运通并没有衰落；第二，美国运通仍然是世界上畅通无阻的品牌之一。

这是一个非常大胆的判断，如果换成是格雷厄姆，他一定不会投资美国运通，因为按照他的观点，美国运通目前处于安全范围之外。但是巴菲特却不这么看，他看到了格雷厄姆强调的“统计数据清楚可靠的数学推理”之外的内容，那就是美国运通这个品牌或许暗藏巨大的价值。这是一种对市场的独占权——垄断了美国旅行支票市场80%的份额且位居银行卡业务的榜首。巴菲特还发现，美国运通的用户忠诚度极高，而这恰恰是格雷厄姆强调的数据中无法量化的指标。

机不可失，巴菲特立即找到运通公司的总裁克拉克，声称他想用自己四分之一的资产购买运通公司的股票。克拉克听了之后十分惊讶，他问巴菲特难道不担心自己的财产和声望毁于一旦吗。巴菲特却斩钉截铁地说："不，我相信不会有任何东西能够动摇贵公司的地位，是您的勇气和贵公司的产品给了我信心！"克拉克被巴菲特的一席话打动了，他激动地紧握巴菲特的手说："在这种危急时刻，任何想买进运通公司股票的人都是我们真正的朋友！"

当时克拉克面临着诉讼，因为他曾经打算补偿那个仓库的债权人6000万美元，由此被美国运通的股东们起诉，大家指责克拉克把钱用在华而不实的道德义务上是挥霍公司的财产。对此，巴菲特持相反的观点，为了支持克拉克，他亲自来到法院，告诉股东非但不应该起诉克拉克，还应该为克拉克的行为感到庆幸。股东们表示无法理解，巴菲特解释："在我看来，那6000万美元就像是本该发给股东的红利，但不小心在邮寄途中丢了。我的意思是说，如果公司宣布丢失的是6000万美元红利的话，大家并不会感到大难临头了。"

美国运通惹上的官司还在断断续续进行，不过公司的股价正在回升。巴菲特没有像格雷厄姆那样立即套利撤走，因为他很欣赏克拉克的人品和美国运通的产品，所以不断加仓。在巴菲特购买运通的股票两年后，股价竟然上升了三倍多，巴菲特持有这只股票四年，直到它从最初的35美元上涨到189美元。这次投资，让巴菲特合伙人有限公司的每一个成员都获得了可观的收入，更让外界看到了巴菲特异于常人的投资眼光。外界对巴菲特合伙人有限公司的评价是："它的商业行为的目的不是追求普通的商业信用，而是力求维持当地最好信誉的纪录。"

投资美国运通是一种新的尝试，这表明巴菲特已经不再局限于格雷厄姆的投资原则，他具有独立思考的能力，能够在复杂的市场环境中采用多元化投资战略。他不再像过去那样把格雷厄姆的名言挂在嘴边，也很少引用《聪明的投资者》中的名句，而是讲述他自己的经验总结。他在32岁时写的《复利的快乐》中有这样一段话：

> 据不确切的消息来源，哥伦布当年航海时，从西班牙伊莎贝拉一世女王那里得到的资助约为3万美元，这是公认的在风险投资方面较为成功的一项举动。我们暂且不计算发现一块新大陆的心理愉悦度，但必须明确指出的是，这次航海经历不是创建另一家IBM公司。如果我们按照4%的年复利粗略计算，当初这3万美元的投资现在应该创造了约2万亿美元的财富。

巴菲特想要说明的是，哪怕是很不起眼的一笔钱，投资时也需要谨慎，因为浪费了3万美元并非损失了3万，而是潜在能够赚回的2万亿美元。这就是巴菲特别具一格的投资思维，也是常人难以企及的开悟境界。

Buffett

第六章

创造巴菲特式的防御型投资

1. 被视为“怪人”的投资大咖

巴菲特虽然赚了不少钱，但是他依旧保持着朴素节俭的生活作风。他喜欢穿灰色的西服，娱乐消遣仅限于观看内布拉斯加大学的橄榄球比赛。除了因为工作忙碌之外，他过着单调的两点一线的生活，没有什么外界因素能诱惑他，他也不像老师格雷厄姆那样风流成性。哪怕在他身家百万之后，也无非增添了几个房间和一个壁球场。巴菲特家高大的屋顶和邻居的建筑有些格格不入，屋外闪耀的黄色交通灯就像一座灯塔，提示过往的路人这是富豪巴菲特的住宅。

巴菲特从来不懂得享受，也不知道如何用赚来的钱丰富他的物质生活，这一点和格雷厄姆十分相像。他的座驾是一辆开了多年的大众汽车，原本不打算更新换代，直到他觉得开这辆车去机场接人有些寒酸才决定换一辆。苏珊问他想要换哪个牌子的汽车，巴菲特说什么都行。最后，苏珊给他买了一辆凯迪拉克。

奥马哈的数据文件公司副总裁斯科特·霍德，一次出差时和巴菲特同路，他问巴菲特当一名百万富翁的感觉如何，还说自己从前不认识百万富翁，很憧憬想要什么就买什么的生活。然而巴菲特却对霍德幻想得到的珠宝、豪车、别墅和名画等东西毫无兴趣，他唯一想做的事就是坐在凯威特广场的办公室里工作。

尽管巴菲特对金钱没兴趣，但是苏珊却有些不同。一般苏珊对家里财富的积累并不关心，然而也会在花钱的时候一掷千金。一次，苏珊花费1.5万美元用作家庭装修，巴菲特十分心疼，他对一个高尔夫球友说："你想过吗，如果把这笔钱拿去投资，20年之后能赚回多少钱哪！"

巴菲特不崇尚物质享受，然而他也有独特的爱好。他认为每一美分都可能变成翻倍的资金，所以每花掉一美分、一美元都会让他怅然若失。身为一名富豪，他竟然连人身保险都不想购买，在他看来自己比保险公司更会赚钱。然而他的合伙人却担心万一巴菲特某天出了意外，他们的投资会泡汤，于是强烈要求巴菲特买一份受益人为合伙人的保险。

巴菲特与金钱存在着一种微妙的关系：他对金钱漠不关心，但是又舍不得乱花一个子儿。他认为金钱是神圣不可亵渎的，任何消费都是罪孽。巴菲特在节食的时候也觉得是在节约金钱，甚至还拿出一张1万美元的支票给女儿，称只要他体重增加就能兑换，然而小苏珊想尽任何办法都无法将巴菲特拽进麦当劳，因为巴菲特一想到要付给女儿1万美元就痛心疾首。

一次，巴菲特一家去加利福尼亚州的赫斯特城堡度假。在路上导游向他们介绍城堡里昂贵的地毯、窗帘和古董的时候，巴菲特显得极不耐烦，最后忍不住说："别再絮絮叨叨地说他是怎么花钱的，跟我们说说他的这些钱到底是怎么赚来的！"

巴菲特的金钱观决定了他的政治观，在20世纪60年代，积累了财富的巴菲特终于大胆地表达了和霍华德完全不同的政治观点。不过和其他富豪相比，他的政治理念和他的经济利益无关，而是对整个社会的恐惧。60年代的很多国际大事都影响着巴菲特的政治观，比如在古巴导弹危机时，他表现出极大的恐惧。后来他开始研究两个问题：究竟是什么促使了极端民族主义的形成以及如何避免战争爆发。他经常会计算核战争灭亡世界的概率有多大。

受制于这种政治观念的影响，巴菲特也不断阅读相关书籍。他读了和平主义哲学家和数学家伯特兰·罗素的很多著作，逐渐接受了他的一些国际主义观点。在这些书中，罗素从一个不可知论者的视角出发坚信自己必将走向死亡，他还表示，如果想保护世界不受核战争的侵害，只能依靠全世界的力量。对此观点，巴菲特深表赞同，然而这跟霍华德的思想截然相反——他是一个反政府主义的孤立主义者。

正是因为和父亲对政府的看法不同，巴菲特决定脱离霍华德成为一位民主党人——他反对共和党对公民权利的冷视。

1964年冬，久病不愈的霍华德病情加重，巴菲特每天晚上都要去医院看望并陪护他。一天晚上，父子二人进行了政治派别的争论，在很多问题上他不能判定父亲是错的，然而他也不想和父亲一样过分执着于某种政治观点。至于他脱离共和党转向民主党，也是在霍华德去世之后才正式向外界公布——他不想让父亲为此伤心。

1965年春，霍华德病情再度恶化，最终溘然长逝。巴菲特悲不自胜，情绪低落，将这个噩耗埋在心里不对外人讲出。小苏珊发现父亲满面愁容、一语不发，就问巴菲特出了什么事。这时巴菲特才回答："你爷爷今天已经过世了。"随后，他独自一人上了楼。

在霍华德的葬礼上，大约有500人参加，其中包括共和党和民主党人士，两党在评价霍华德态度上竟然如出一辙，他们都称霍华德是一个正直热情的人。在葬礼进行的过程中，巴菲特一直默默不语，后来他突然离开了奥马哈，也没有告诉任何人去了什么地方。实际上，巴菲特回到了凯威特广场，在正对办公桌的墙上悬挂了霍华德的照片。

霍华德和利拉在巴菲特心中的位置大不相同，他一直是孩子们的道德偶像。不过巴菲特在面对自己儿女的时候却和父亲不同，他像是一个冷静理性的分析专家，虽然他也关注儿女们的成长，也会给予他们爱和鼓励，不过他很少表露这些感情。每到星期六的时候，巴菲特会将小苏珊带到办公室，正如当年霍华德带他去办公室一样。他也会跟儿子小霍华德玩橄榄球并辅导他做数学作业，不过他很少提及他与霍华德以及与利拉的关系。

在多子女家庭中，再公正的父母也难免有偏爱，在女儿和儿子之间，巴菲特显然更喜欢小苏珊，小霍华德只能屈居次要位置，这可能跟他比较调皮有关。小霍华德对巴菲特的态度也一清二楚，他曾经沮丧地说："我常常误解他的语气，以为他不关心我……其实我错了，因为正是同样的特质才使得他成为一个成功的投资者。他为人处世能够不掺杂一丝一毫的个人情感和冲动。"

在对待子女的问题上，巴菲特似乎要比格雷厄姆好很多。格雷厄姆显然是那种工作和生活呈现出两种不同状态的人。事实上，很多大权在握的企业管理者，都会表现出这种特征，很多人在公司里是说一不二的铁腕人物，回到家就变得温顺柔弱。巴菲特并不是这样，他无论是在工作中还是生活中都保持同样的状态。在小儿子彼得看来，巴菲特就像一座闹钟，齿轮和发条持续不断地运转着。彼得曾经送给巴菲特一张生日卡片，以为父亲会很高兴，然而他只是匆匆打开扫一眼又合上，连一声谢谢也没有说。

后来，彼得和苏珊去药店时看到了一本名为《为父手册》的书，彼得随口说应该给爸爸买一本，苏珊就真的买下了这本书。当她把这本书带回家之后，巴菲特立即将彼得叫到他书房："嘿！出了什么事？你这是什么意思？"彼得吞吞吐吐地解释说，他只是想让巴菲特学会如何做一个好父亲，并无恶意。但是巴菲特对此感到不快，然而他还是压抑住了这种情绪并开始反思，他想让儿子觉得自己是一个称职的父亲，却总也无法让儿子满意。

苏珊曾经对朋友马歇尔·温伯格说："我们面对现实吧，毕竟我嫁的是个钢琴大师亚瑟·鲁宾斯坦般的人物。"温伯格爱好音乐，他知道苏珊的意思是巴菲特经常在梦中唱起华尔街的和弦、协奏曲或者是交响乐。温伯格兴致高时也会为巴菲特演奏几段，希望能给他单调的生活带去些许惬意。

对于巴菲特在家庭生活中的种种缺点，苏珊总是能够包容，所以有时候他显得粗枝大叶，但苏珊却认为他是一个有趣的活宝，看到他想发脾气都发不出来。苏珊和孩子们也明白，巴菲特在精神世界里有强烈的追求和向往，日常工作已经占据了他的大部分生命，他确实没有过多精力专注于家庭生活。

苏珊和孩子们都将巴菲特的书房称作"寺庙"，而巴菲特就是一个专心创作艺术品的苦行僧。在这座神秘的"寺庙"中，他以缜密的逻辑思维和深厚的理论知识，创造了一个战绩辉煌的投资帝国。

2. 投资迪士尼公司

1965年，从埃及旅行归来的温伯格见到了来曼哈顿探望他的巴菲特夫妇。由于当时很少有美国人去埃及旅行，所以温伯格急切地要把金字塔的幻灯片播放给夫妻二人看。结果巴菲特却说："我有个更好的主意，你不妨把幻灯片放给苏珊看吧。我不如到卧室里读一份公司年报，这岂不是更好吗？"

对于巴菲特而言，法老和金字塔都是无关紧要的东西，他只关心投资。一次，温伯格告诉巴菲特有一只水泥股票价格很低。巴菲特马上反驳说，这只股票的账面价值毫无用处，只要查查七年里水泥股票的买卖记录就知道了。巴菲特对自己的投资才能十分自信，却总会忽视朋友的感受。

在温伯格家中，巴菲特阅读的是迪士尼公司的年报。在他和苏珊前往温伯格家的路上，他曾经去纽约时代广场看了迪士尼公司刚推出的电影《欢乐满人间》。他对片中的女主角没什么兴趣，感兴趣的是迪士尼的股票。观影那天，巴菲特穿着呢子西服，夹着公文包，还拿着爆米花，很多观众都在看他，因为只有他没带着小孩子过来看电影。当电影开映之后，大家也就忘了这个怪人的存在。然而巴菲特的心情却难以平静，他在想如果今天和明天以及电影上映期间这家影院的票房收入有他一份，那将是一笔不小的收入。

巴菲特对迪士尼的兴趣越来越浓厚，夏季他们一家人去加利福尼亚探望查理·芒格的时候，顺便去了迪士尼乐园。当孩子们尽情玩耍嬉戏之际，巴菲特和芒格从投资人角度分析迪士尼乐园中的娱乐设施。后来，巴菲特亲自拜访了沃尔特·迪士尼本人，迪士尼身穿一件短袖衬衫，精力充沛，还带着一股顽童的气质，这迅速感染了巴菲特，他发现两个人有很多共同之处。

当时，迪士尼的股票市盈率仅为10倍，巴菲特曾经不将其当作股票来分析，而是当成一个完整的公司。他觉得迪士尼公司价值最大的是他们创造的经典卡通形象和电影，比如白雪公主，如果是格雷厄姆就不会对这些数字以外的东西感兴趣。在巴菲特看来，迪士尼的这些卡通形象和电影就相当有价值。于是，巴菲特决定购入迪士尼的一部分股份，这样就能让迪士尼先生成为他的合作对象。经过权衡利弊之后，巴菲特斥资400万美元购买了迪士尼公司5%的股票，然而不幸的是，迪士尼先生于当年去世。

格雷厄姆不看重企业的无形资产价值，不过巴菲特并没有背弃老师的信条：大量购买价格低于内在价值的股票。师徒二人的区别在于对“内在价值”的界定上。巴菲特定义的范围更广，超出了一般意义上的账面价值。

迪士尼是世界上最受欢迎的集娱乐观光于一体的企业，米老鼠和唐老鸭成为它的招牌形象，每年在全世界的盈利超过100亿美元，拥有巨大的市场发展前景。特别是迪士尼和美国广播公司联手之后，通过225个电视台和全球化的ESPN体育频道助力它的发展。

迪士尼在1960年的时候公司市值就达到8000万美元，不过他们的花销也是巨大的，一艘海盗船就耗费了1700万美元，但是迪士尼公司随后增值的资金能够买下五艘海盗船。假设巴菲特一直持股到今天，他的收益将达到10亿美元。虽然当时有些人认为迪士尼存在着管理和业务等方面的问题，不过巴菲特认定这些短板不能阻碍迪士尼的进一步发展。为此，他还和迪士尼的一位管理人员约赌。

当时，迪士尼的一位管理人员对公司的前景产生了疑问，认为股价不能反映出真实的企业价值，而且他总是声称搞到了内部消息，因为美国广播公司和迪士尼并购时每股股价上涨了19美元，而迪士尼的股价却未发生大的变化，所以这位管理人员认定以后股价也不会上涨多少，于是和巴菲特以100美元作为赌注。然而这位管理人员猜错了，在并购之后，关注并投资迪士尼的人每日剧增，使得股票价格一路上涨，还带动了巴菲特的伯克希尔公司上涨了550美元，每股价格高达24750美元，最后巴菲特赢得了100美元的赌注。

1995年，迪士尼和美国广播公司正式合并，建立了华德·迪士尼公司。同年7月，迪士尼董事长和美国广播公司的董事长一起召开了新闻发布会，称迪士尼将用190亿美元股票和现金加入美国广播公司。巴菲特本来就是美国广播公司的股东，所以就势购买了2156万股迪士尼的股票。这次投资依然成功，巴菲特说："我知道迪士尼是米老鼠的故乡，投资迪士尼就相当于投资米老鼠。这对于我和伯克希尔·哈撒韦公司的所有人来说，都是一个好消息……"

投资迪士尼让巴菲特再次获得丰厚的回报，因为他原本就持有美国广播公司2000万股股票，而在并购之后股价又上涨了20美元，仅此一天巴菲特就净赚4亿美元，而此后带来的收益更是巨大。

1966年初，巴菲特合伙人公司管理的全部资产达到4400万美元，已成为一家颇具规模的公司。巴菲特在当年1月写给合伙人的信中说道：

“苏珊和我的资产已经达到6849936美元了，要打理好这么一大笔钱，足以防止我下午偷偷溜出去看电影了。”很快，巴菲特成为明星人物。

1966年5月，《奥马哈世界先驱报》的第二版醒目位置刊登了巴菲特仿佛花栗鼠一样的微笑照片，照片中他在认真地打电话，留着过时的发型。配文是这样写的：“全美国最成功的投资企业之一是由奥马哈的一位投资奇才所经营的，这位奇才在年仅11岁时就成功买入了第一只股票。”

一位记者在采访巴菲特之后这样描述他：“尽管他处事有些不拘小节，但他从不给人以邋遢散漫的感觉。如果说他是个随性洒脱的人，那么他显然对所有的事实都了然于胸……巴菲特从不逃避任何问题……不过有时他的回答会让你觉得有些拐弯抹角。”

尽管巴菲特成为奥马哈当地的骄傲，不过一些更专业的金融和商业出版物上没有发表过巴菲特的文章，但这并不妨碍他成为很多投资者顶礼膜拜的偶像。一位经纪人的妻子在她女儿的《育婴手册》中“这个时代最伟大的三个人物”一栏中，写了三个名字：史怀哲、爱因斯坦和巴菲特。

巴菲特曾经低调地劝告别人，只有自信和成功的人才能不断进步，而他的自我解嘲就像他预测自己会投资失败一样，更让投资者对他心生敬佩。不过这也会让巴菲特产生焦虑，因为人们对他的期望会越来越高，这是巴菲特不想看到的。他相信在华尔街没有什么东西是永恒不变的，也许唯一不变的是自己追求成功的渴望。

3. 控股伯克希尔·哈撒韦

在凯威特广场有一家男士服装店，店主名叫索尔·帕索，巴菲特是他店里的常客，不过每次定做西装都是一模一样的灰褐色，无论帕索如何提议都毫无作用，因为巴菲特注定与时尚无缘。

一天，巴菲特来到店里向帕索咨询有关流行服饰的问题，他想通过帕索对一个名叫拜尔·罗尔尼克的制帽商进行了解。帕索说，因为肯尼迪总统不喜欢戴帽子，所以当时美国人也不流行戴帽子。不久，刚刚离开的巴菲特又返回来，问帕索制衣业的状况如何，帕索说现在男人不买套装了。

这次看似寻常的对话，背后却预示着一次大收购。巴菲特以每股7.6美元的价格收购了一个名叫伯克希尔·哈撒韦的成衣制造厂的一小部分股份。

20世纪50年代，当巴菲特还在格雷厄姆·纽曼公司工作的时候，伯克希尔·哈撒韦公司就走进了他的视野。这家公司于1888年由霍雷肖·哈撒韦创办，在50年代由西伯里·斯坦顿经营，他是一个志向高远的哈佛毕业生，然而伯克希尔公司当时的经营状况和他的愿望正好相反：管理混乱，效益亏损。由于巴菲特在格雷厄姆的公司里没有决定权，就没太在意伯克希尔的后续发展。

1962年，伯克希尔公司的状况越来越糟，营运资金价值为每股16.50美元，然而在股市上跌到每股8美元。巴菲特认为这里面蕴藏着重大的商机，所以他通过合伙人公司购买了伯克希尔的股票。让他不曾想到的是，这家公司在日后会和他发生重要的联系，虽然当时仅仅是他用来盈利的一只股票而已。

随着时间的推移，巴菲特对伯克希尔公司越来越感兴趣。他在纽约的经纪人丹尼尔·考因给他提供了很多该公司的股票，以至于到1963年，巴菲特合伙人公司成为伯克希尔的大股东。然而巴菲特却对外保密，让考因替代他成为代言人，在伯克希尔的董事会中占据了席位。

毫不知情的伯克希尔在得知巴菲特是考因的客户之后，马上打电话问他是否有购买股票的意思，巴菲特只好给了对方一个模棱两可的回答：可能买也可能不买。伯克希尔公司被这个近乎外交辞令的回答搞蒙了。不久，巴菲特亲自来到伯克希尔公司，想通过实地考察决定是否继续跟进投资。当巴菲特得知这家公司保存了自20世纪20年代以来所有的财务报表的复印件之后，他欣喜若狂，急忙复制了一份，之后他又去参观了伯克希尔的工厂。

陪同巴菲特参观的人名叫察思，是一位化学工程师，平易近人，谦虚朴实，当时是总裁职位的内定人选。察思已经年近50岁，工作经验丰富，精力充沛。他在加入伯克希尔公司之前是新贝德福德纺织学校的学生，1947年加入伯克希尔公司的合成纤维部门。他没有什么社会背景和人脉资源，凭借自身的努力成为公司当时的副总裁。

巴菲特在察思的陪同下在工厂参观了两天，其间他不断向察思提出各种问题，比如对公司的产品营销有何看法，公司日后发展的规划以及公司目前销售的产品等，几乎每一个问题都是有分量的，他似乎想从察思的回答中得到更多的数据。察思并不清楚巴菲特提问的意图，不过他还是坦诚地回答了这些问题，他的这种态度让巴菲特认为此人是伯克希尔未来发展的核心人物。最后巴菲特留给察思一句话："我会再联系你的。"

对巴菲特来说，这次收购的结果不是最重要的，重要的是他不再是格雷厄姆理论的实践者，而是一个发扬和改良者，他不会亦步亦趋地学着老师的套路，而是在投资的道路上走得更远也更果断，他愿意拿出很大的精力去研究某一只股票，因为他心中充满了对胜利的渴望，这是和只对数字感兴趣的格雷厄姆最大的不同。此时的巴菲特已经具备另一种思考模式，他一边沿用格雷厄姆量化的角度去分析问题，另一边还会从品质的角度去评判一家企业的好坏。巴菲特只要发现一只股票，就不会把它当成静止的资产负债表，而是一家独特的、充满潜力的企业。

西伯里的儿子杰克·斯坦顿意识到了危机，他本来有望成为公司的新继任者，却没有在关键时刻得到巴菲特的注意。他后悔当初没有陪巴菲特参观工厂，此时觉得有必要和他见一面，于是和妻子来到纽约，在广场饭店和巴菲特夫妇一起吃早饭。然而斯坦顿竟然忘了自己想要表述的内容，而巴菲特也不想谈论某些话题，就对斯坦顿讲了他创业的经历。后来斯坦顿问他是怎样获得成功的，巴菲特说他每年都要阅读几千份公司财务报表。

1964年，西伯里多次要求收回伯克希尔的股票，目的是让自己持股的比例提升。巴菲特原本认为伯克希尔没有继续持有的价值，但是他和西伯里在价格问题上没有谈妥，只好继续持有这只股票。现在来看不是他的决策而是他的运气。

由于巴菲特和伯克希尔存在着经济上的联系，所以他不想当一个旁观者，他需要发挥才能帮助这家公司走上正轨。然而思维僵化且偏执顽固的西伯里，根本不理解巴菲特的用意，甚至还与他产生了重大的分歧，还和考因吵了起来，用生硬的口吻叫嚣着任何人都不要对他指手画脚。然而当伯克希尔的执行副总裁得知巴菲特是幕后决策者之后，马上批评了西伯里，说他不该用这种粗暴的口吻同大股东讲话。

1965年，巴菲特和察思再次会面，他买了冰激凌和奶油棒同察思一起享用，巴菲特开门见山地问察思："我想让你做伯克希尔的总裁，你觉得怎么样？"察思还未来得及反应，巴菲特又马上说他已经控制了足够的股份，在董事会上就可以直接任命察思为总裁，还说从此伯克希尔就是他的孩子。讲完这一番话之后，巴菲特起身离开，这次谈话不到十分钟，让察思在懵懵懂懂之间就成了预备总裁。

解决了人事任命之后，巴菲特还要处理一个问题：如果西伯里的弟弟奥迪斯·斯坦顿舍不得放弃伯克希尔公司的股票，那么他的控股计划就无法顺利实施。于是他马上约见奥迪斯。会面的地点在沃姆修拉俱乐部，让巴菲特意外的是，奥迪斯表示只要巴菲特用相同的价格将西伯里的股票买下来就愿意将他的股票出售给巴菲特。巧合的是，当时西伯里已经对伯克希尔失去了兴趣，很快卖掉了股票，最终巴菲特合伙人公司控制了伯克希尔49%的股票份额，每股价格为15美元。

1965年5月10日，巴菲特正式接管了伯克希尔。当天，他一如既往地穿着随意，一件满是褶子的上衣和一个普通的公文包成为他的主要行头。那样子不像是一个准备接收公司的大股东，倒像是一个推销妇婴用品的推销员。

西伯里在交代了一些会议议程之后，就在协议上签了字，然后离开了会议室，而察思则成为公司的新任总裁，巴菲特则出任执行委员会主席。虽然原董事长马尔科夫保留着自己的头衔，但已经被架空了权力，巴菲特才是伯克希尔幕后的决策者。就在这个交接的日子，伯克希尔的股票竟然上涨到每股18美元。

然而这一次巴菲特在媒体上扮演了一个负面形象，《标准时报》头版上刊登了一则消息，是西伯里有意透露给媒体的，称有人因为外部利益将他逼走，而巴菲特被当成一个清算人。得知消息后，巴菲特撰文赞颂斯坦顿兄弟在公司改革期间的贡献，并承诺在他接管之后还会让工厂保持原状，生产同样的产品给同样的客户。

董事会结束后，巴菲特和察思在分公司附近闲逛。察思想了解巴菲特对公司未来的发展有什么想法，然而巴菲特只字未提，反而告诉察思，生产或者机器改良的事全部交给对方，别的事情他不会参与，只负责财务监管。另外，巴菲特还表示，他不想让以察思为首的全体成员对股票期权有任何念头。

巴菲特向察思讲了有关投资回报理论的事情，他表示并不在意察思能够生产出多少纱线和卖出多少纱线，因为这些都是孤立的数字，并不能代表公司整体的盈利情况。察思和很多管理者一样，很看重公司规模的扩大，但是对巴菲特的理论也很感兴趣。巴菲特说："我宁愿要一家投资规模仅为1000万美元而投资回报率高达15%的企业，而不愿经营一家规模大到10亿美元而投资回报率仅为5%的企业。"在他们交谈之后，巴菲特当晚回到奥马哈。

巴菲特给了察思充分的自主权，察思只要将每个月的财务报表交给他即可，至于季度项目等微不足道的小事无须考虑。一次，察思给巴菲特打电话时，巴菲特说一个数字和上一次通话时不一样。察思坚持说自己没有报错，后来挂断电话后他查看了记录，这才发现自己确实记错了。之后他每次致电巴菲特都预先将数据核实精确。

巴菲特给了察思充分发挥其才能的机会，不过这种自由也是有限度的。巴菲特对公司每一笔资金的流动都会亲自过问，只有经他同意才能调动资金，而且他不会轻易追加任何投资，因为西伯里之前的很多投资都有去无回。尽管如此，察思还是多次提出建议，巴菲特却不对未来抱有太大幻想，任何一美分的花销他都要审核，他不想让辛苦赚来的钱被糟蹋，哪怕是办公室购买一只卷笔刀也要经他同意。

巴菲特接管的伯克希尔运营状况并不好，公司只有两个工厂，加在一起的资本净产值只有22万美元，差不多是一个被人遗弃的废墟。然而巴菲特很乐观。经过调查他发现，伯克希尔存在着很大的发展空间。虽然当时只有2300名员工，然而工厂的管理者都非常优秀，节省了重新招兵买马的人力资源成本，而且纺织厂的经营状况会在察思的领导下得到改善。换个角度看，真正吸引巴菲特投资伯克希尔的不是它的经济价值，而是它的人力资源价值。

在察思的努力下，伯克希尔快速发展起来，业绩迅速提升，股票价格也随之上涨。到1969年，伯克希尔的资产高达1.5亿美元，巴菲特也将他个人拥有的250万美元中的大部分投入伯克希尔中。不过伯克希尔创收的利润没有用在扩大业务范围上，反而还关闭了旗下一些小的纺织厂，最后只剩下一家新贝德福德纺织厂。至于积累的资金，都被巴菲特投入其他行业中，而此时伯克希尔的经营性质也发生了变化，它不再是一家单纯的纺纱企业，而是一个崭新的投资实体。

1969年，伯克希尔收购了伊利诺伊州的罗克福德联合企业和伊利诺伊州国家银行，扩大了自身实力，也印证了巴菲特常说的一句话：“我喜欢简单的企业。”在伯克希尔运营的过程中，巴菲特并没有考虑将麾下的任何一家公司发展成从事开发或者研究的组织机构，他只希望这些企业在稳定中发展。巴菲特虽然和格雷厄姆拥有不完全相同的投资理念，但从本质上讲他们都是保守派人士，都渴望在稳健中成长，惧怕一失足成千古恨。

4. 20世纪60年代股市的虚假繁荣

20世纪60年代初，美国股市进入了一个高速发展的阶段，道琼斯工业指数第一次突破了1000点大关。到1968年，股票市场再度出现了1929年之前的疯狂，每天都会有新的上市公司进入股市。很多人认为有闲置资金还不去炒股就会错过赚钱的机会。很多投资者对股市抱着非常乐观的态度，他们认为只要投资就有钱赚。

这个股票疯狂的时期也是巴菲特合伙人有限公司快速发展的阶段。1968年，华尔街接连出现金融奇迹，科技股票和电子股票异军突起，一些上涨势头良好的股票盈利达到100倍。股票市场的狂热促使投资者们充满了信心，日交易量每每创出新高。

金融的繁荣往往是国家综合国力进步的象征，在60年代美国国内确实发生了不少引人注目的大事。1969年7月20日，美国宇航员阿姆斯特朗成功登月，让全体美国民众充满了无与伦比的骄傲和自豪，也让不少民众对美国的经济发展坚定了信心。这种高亢的情绪像瘟疫一样传遍全国，也感染了股票市场上的投资者。

经济的高速发展，带动了股票市场的不断繁荣，华尔街进入有史以来最疯狂的投机时代，几乎每一只股票都在这个时期刷新了以往的上涨纪录。一次，巴菲特准备购买早已看中的两只股票时，却发现其中一只已经被抢购一空，而另外一只则上涨到超出他能接受的范围。

对于这段疯狂的时期，巴菲特回忆说："仅仅以周或小时为周期对股价进行研究是远远不够的。那个时候的证券研究必须精确到以分为周期。那段时间，即使我出门去买百事可乐，内心都有一种深深的负罪感。"尽管巴菲特像其他人一样争分夺秒地进行投资，然而他没有被狂热的股市冲昏头脑，他始终坚持对股票进行理性的分析，而不会受到市场狂热和他人思维的影响。最重要的是，当别人问起他对股市的看法时，他不会做出任何预测，他需要的是科学分析独立公司的长期商业前景。

巴菲特的经纪人从来不会对别人谈起的一句话是"巴菲特选择了哪只股票"，哪怕是公司里的职员也不能说，这种氛围让人难以理解，然而他们并不清楚，这就是巴菲特一如既往地保守投资股票的秘密。最可笑的是，巴菲特甚至认为有人在公司附近的饭店用望远镜窥探他位于凯威特广场的办公室，从而获得股票信息。巴菲特为此真的雇用了一家安全公司到饭店附近检查，当然什么也没发现。

巴菲特曾经在奥马哈大学对他的学生们说过一段话："在华尔街致富的秘诀就是在贪婪和恐惧之间走钢丝——在别人恐惧时贪婪，在别人贪婪时恐惧。"其实，这正是巴菲特成功投资学的折射，恰好适用于20世纪60年代美国股市最疯狂的那个时期。当很多人都在为股票的疯狂上涨欢欣鼓舞的时候，巴菲特反而觉得这背后似乎隐藏着危机，他通过理智分析所得出的结果让他更加坐卧不宁。

巴菲特曾经对身边的人说："从现在的市场看，所有股票的价值都被严重高估了，我已经无法决定还有哪只股票值得一买……"巴菲特讲这段话时，正是公司掌握了大量资金的时候，然而他认为没有哪只股票值得一试，他认为自己应该在投资之外做一些事情。

巴菲特暂时躲避外界的喧嚣和疯狂，他的脑子里不断运算着他的投资理论和原则，他不想做短线投资，更不想盲目购买任何一只没有把握的所谓热门股票。和其他投资人相比，巴菲特这段时期的投资并非流动的股份净额，而是整个企业。

1966年和1967年，巴菲特一共花费1500万美元先后收购了霍克希尔德-科恩百货公司和服装连锁店联合制衣公司。在巴菲特看来，股票繁荣时期介入实体经济是划算的。然而，同一时期股民们的疯狂让巴菲特无法理解，他想不通为什么那么多投资者总想买进更多的股票却不愿意寻找一家真正值得投资的公司。

巴菲特认为抢购那些充满泡沫的热门股票是缺乏理智的，这时候沉下心来反而是一件好事。为了告诫身边人不要陷入这种冲动的情绪中，巴菲特说："我不会放弃我熟悉的投资策略。尽管从现在的情况看，这种策略很难在股市中赚大钱，但是我不会采用那些我尚未了解、没有经过验证的投资方法。因为那样很可能带来意想不到的亏损。"

美国在20世纪60年代发起的越南战争并没有影响到股市，反而还推动了国内股市的增长。当然这场战争对美国政府来说，弊远大于利，他们高估了自己迅速战胜越南的胜算，轻而易举地将部队派进去。然而随着战事的不断升级美国只能抽调更多的兵力投入越南战争中，反而无力自拔，时间一长，国内的军事和经济系统自然会受到牵连。巴菲特在研究时局之后，将这个问题列入影响股市变化的因素中。

没过多久，股市开始发生波动，虽然从表面看股民们还维持着对股票的兴趣，但人们对短期投资的关注度有所上升，这已经触动了股票市场的稳定基数。尽管股价不断上涨，巴菲特合伙人公司也被这种气氛影响，不少人跃跃欲试，但是巴菲特却认为熊市即将到来，甚至会再度上演1929年的金融大危机。不过当时能够理解巴菲特的人少之又少，他承受着作为一名公司负责人所要承受的一切压力，随着公司规模不断扩大他只能将公司注册为一家投资公司。

巴菲特在股票市场中找不到有价值的股票，也无法像过去那样选购低价格高价值的股票，因为整个股市行情都在浮夸之中。就在这时，美国爆发了一场政治危机，然而股票市场却丝毫没有受到影响，反而上升到更加狂热的阶段，整个华尔街似乎置身世外，这种混乱得让人崩溃的现象被一位名叫理查德·詹瑞思的经纪人称为“巨大的垃圾场”。尽管一些有识之士嗅出了危机的味道，然而每天还是有很多新股票进入市场，股市更加无序无度。

巴菲特认为，这种投资环境越来越消极的情况是让人沮丧的，他不想将全部的精力都投入这种无序的状态中，他希望更换一种投资方式，他要重新调整公司未来的发展方向。他的这一理念也传递给了苏珊，他说要在股票市场崩盘之前关闭巴菲特合伙人有限公司。对于这个决定，苏珊没有感到意外，因为她一直相信巴菲特的判断。

从1966年开始，巴菲特宣布合伙人公司不再接收新的投资者。但是华尔街的投资者依旧疯狂，越战将股市推到一个新高点，很多年轻人在街上游行集会，他们的父辈看到了战争扩大带来的正面影响，不约而同地在证券交易所门口排队，不少基金组织纷纷冒出来。

此时，有合伙人致电巴菲特，说市场还会进一步走低，巴菲特说他在2月份就知道这个情况，但是未来市场的走势如何还需要认真观察和分析。当股市中不利的因素消除之后就会迎来牛市，然而“不利因素”到底是什么，无人能回答。

巴菲特预感股市将出现危机，但是他也避免进行盲目的预测，特别是不会根据人们的愿望去购买任何一只股票。他更倾向于分析每家公司长期的盈利前景，因为这可以通过逻辑思维做出判断，单纯的猜测都是不可靠的。

1967年，巴菲特提醒他的合伙人，新成立的一些共同基金会在业绩上超过他们，而且他的商业灵感也在枯竭，虽然他像过去那样绞尽脑汁寻找投新的资项目，可还是一无所获。更重要的是，巴菲特发现华尔街涌动着非理性的投机冲动。股市上出现了一种未经登记的股票——非注册股票，通常是发展前景不明的公司发行的，定价也很奇葩，完全背离了股票市场的规则。整个20世纪60年代末期，华尔街到处可见投机者而非投资者。

当时，华尔街出现了一个叫作“速利基金”的理财产品，和传统的共同基金不同，它不追求长时间的运作超过大盘的平均盈利水平，而是在每一个季度甚至每一个小时迅速盈利。这种基金是由走短平快路线的投机者操控，他们在很多门类不同的股票之间进行转化，炒的都是热门股票，目的就是为了在波动的市场环境中获利。

弗雷德·卡尔是一位基金管理者，他在1967年经营的基金利润率高达116%，超过了巴菲特任何一年的业绩。他的投资诀窍是那些小规模的处于发育期的公司以及非注册股票。他整天驾驶一辆捷豹汽车四处走动。他的投资策略就是：“我们不会爱上任何东西，每天早晨起来，每样东西都是要出售的，包括证券组合里的每一只股票，乃至我的衣服和领带。”

在外人看来，卡尔越来越富有。巴菲特也在暗中观察并提出一个问题：假设热门股票上涨了，跟进一下又有什么害处呢？巴菲特在日记中写下这个困惑，这不仅是给他自己解决疑问，也是为合伙人的利益考虑，毕竟华尔街掀起的这股投机浪潮影响巨大。

巴菲特在日记中写道：“这同我的分析判断背道而驰，更不符合我的投资风格。我是不会拿自己的钱用这种方式进行投资的，因此我也确信不会用你们的钱来这样投资。”

根据彼得回忆，当时巴菲特将自己和电影《海底两万里》中的角色做了比较，这部电影讲述一位爵士乐大师带着乐队想要找到属于自己的声音。巴菲特说，他的声音并非只是赚钱，还包括如何在市场中选择。选股票就像下国际象棋，每走出一步都要琢磨下一步，是一种智力探索。为了稳妥起见，巴菲特不会涉足他不熟悉的领域。换句话说，越是在华尔街狂躁之际，他越应当保持冷静。为此，巴菲特将1929年金融危机来临时的剪报装裱起来挂在墙上，让自己时刻想起那场灾难。

当时伯克希尔·哈撒韦的状况也不容乐观，制衣业的状况很不理想。1967年，巴菲特告诉合伙人，伯克希尔目前没有改善状况的任何迹象。与之形成鲜明对比的是，华尔街的投资热潮仍未消退，股票成交量每日剧增，和20世纪50年代巴菲特刚开始投资股票时完全不同，那时纽约证券交易所每天的换手量不过200万股，而在1967年竟然达到了1000万股。

当时在美国西海岸，一家名叫克莱纳贝尔的经济公司的客户们，每天站在股票行情机前高声大喊“涨停”，结果道琼斯指数真的飙升到900点左右。美国股民们已经被牛市的疯涨狂潮吞没了理性，他们一边迷失自我一边继续投下赌注，似乎只有巴菲特一人保持冷静，他眉头紧锁，似乎看透了眼前这片迷梦般的繁华。

5．谨慎投资，规避新金融危机

1967年8月，美国麻省理工学院著名经济学家保罗·萨缪尔森应邀出席参议院银行委员会组织的一次会议，参与讨论共同基金爆炸增长的问题。萨缪尔森认为，在美国的5万名基金经理中，平均每一名经理为7个投资者管理资产，而这些人大部分毫无能力，然而股票势头的良好让他们浑水摸鱼，收入颇丰。

共同基金对投资者收取8.5%的前端费用是很正常的，还不包括投资者需要支付的年度管理费，前端费用只是被基金经理用来支付市场营销费用的来源。相对而言，巴菲特从投资人手里得到的利润要少很多。为此萨缪尔森说："我每付出1美元，只有91.5美分为我赚取盈利和资本增值，其中的9.3%又以销售费用的形式流失了。"

和股票相比，共同基金催生了特权投资阶层的崛起，它和养老基金等投资者比股市上的散户对市场的影响力更强。在巴菲特看来，不少投资者的投机心态超过了散户，过去人们觉得职业基金经理总是能保持理性的头脑，而散户容易冲动，现在正好相反，他们的投资理念没有多大差别，都是想在大量散户购买股票之前做出合理的判断，他们关注的不是投资能带来多少长期价值，而是在一哄而上的大众心理的推动下，紧盯着几个月之内的市场价值。

对于这种现象，凯恩斯在1936年曾经进行过类似的描述。虽然很多人认为凯恩斯只是一位宏观领域的经济学家，不过他对股市的研究十分深刻。凯恩斯的职业生涯与巴菲特很相似，他早年从事过外汇、棉花和玉米等生意，赔了不少钱，后来成为一位有选择性投资的经济学家。他每天早上起床后会拿出一个小时分析市场，还给他任教的剑桥大学国王学院撰写市场走势档案。

巴菲特认为，凯恩斯能够在股市泡沫时代看透真相，是因为他弄清了市场运行的规律，懂得投资者如何提升或者降低股价，因为股市原本就聚集了形形色色的人，每一分钟都有人愿意购买某个价位的股票，这些投资者每个小时都会对感兴趣的股票重新估价。

和股市相比，一家稳定发展的企业，想要在短时间内改变企业价值是不可能的，就像迪士尼公司的电影，观众不会在星期一和星期三存在明显差别的热情，甚至在一两年内态度也基本一致，所以迪士尼公司股价的波动不受企业自身经营状况的影响，而是受到公众认知判断的影响。职业基金经理能够看得比散户更远，就在于他们对投资方向的把握。

巴菲特认为公众的投资态度会相互影响，从而形成一个集合，也就是说在同样的市场环境下，没有人会独立存在。为此，巴菲特讲过一个故事。

一个石油勘探者来到天堂门口，发现为石油工人保留的院子住满了人，他马上大吼道："地狱里发现了石油。"很快，所有的石油工人都去了地狱。天使对他印象深刻并告知他可以住在天堂，然而这个勘探者竟然犹豫了一下说："不，我就不住了，我想自己也该跟他们一起去地狱，也许谣传背后会有一些真实成分。"

这个故事是格雷厄姆讲给巴菲特的，直到多年以后巴菲特才用文字将它写下来。然而在20世纪60年代末期的华尔街，这个寓言注定没有听众，反而会被别有用心者篡改，最典型的案例就是全国学生营销公司。

全国学生营销公司的创意由一个叫科尔特斯·兰德尔的人构思而成，他设定了该公司将很多名义上与年轻人相关物品的公司联合在一起进行经营，比如图书公司、唱片公司等，他还利用公众的热情谋划出一个年轻人的题材，创造了一个商业帝国。兰德尔老谋深算，他对证券分析师们不断洗脑，领着他们去他在弗吉尼亚的城堡度假，还故意在他的喷气式飞机上和他们打电话。每年全国学生营销公司的投资回报会增加三倍，每一次都能达到兰德尔的目标。华尔街对兰德尔也充满信任，将股价拉高到140美元每股，就连银行家信托公司和摩根保证信托公司都购买了兰德尔的股票。

有人不禁产生疑问，这么多投资界的精英都会上当的原因是什么？答案很简单，他们都担心被别人抢占先机，他们的投资原则就是购买热门股票或者出于保守先观察一段时间再说。然而在整个投机时代的氛围影响下，大部分人还是选择了建仓和加仓。

1967年，福特基金会的总裁麦克乔治·邦迪发表了一篇评论，为这个投机时代的高潮推波助澜。邦迪原本是保守主义者，现在却成为冒进者，他经常抱怨手下的基金经理过于保守，应该大胆买进才对。为此他说过一句话：“我们形成了这样一个初步印象，长期谨小慎微让我们遭受的损失比因鲁莽或承受过度风险遭受的损失要大得多。”

邦迪的“豪言壮语”给华尔街打了兴奋剂，像福特基金会这样的机构都号召大家冒着风险追加投资，很少再有其他基金经理劝投资者收手了。而且邦迪的冒险不是体现在口头上，他真的拿出大笔资金投资股市，还在《财富》杂志上说：“我也许会犯错，但我对自己的行动毫不迟疑。”

就在邦迪为投机时代摇旗呐喊之际，巴菲特也发表了他的声明。当时他的合伙人公司总资产高达6500万美元，然而他不知道如何投资，因为整个华尔街的游戏规则都发生了变化。短线甚至超短线交易越来越多，巴菲特也承认这种交易有利可图，也相信热门股票价格还会上涨，不过他认为自己不擅长这种交易，更不想尝试。结果，巴菲特的合伙人自己玩起了短期投机交易，然而巴菲特也调整了他的收益目标——公司赶超道琼斯指数下调了10%，也就是说每年盈利9%就可以了。于是不少投资人趁机离开了巴菲特。

当时巴菲特的个人资产已达到1000多万美元，他不想过于拼命，毕竟他已经37岁，正处于中年危机阶段。小苏珊回忆说，那时候想让巴菲特从忙碌中看她一眼都是非常困难的事情。

小苏珊拿到驾照开车兜风时，撞到了一辆车上，将巴菲特的林肯汽车撞坏了。小苏珊将这件事告诉巴菲特，当时巴菲特正在看报纸，小苏珊以为会遭到训斥，所以哭了起来，然而巴菲特听了以后毫不动容，直到过了五秒钟才问她是否有人受伤。后来巴菲特就一直在看报纸，一句安慰或者责怪的话都没有说。也许是巴菲特意识到这种言行对女儿是一种伤害，所以过了几分钟他来到小苏珊的房间，把头探进去对女儿说：“苏珊，没事，那个跟你撞车的家伙肯定是个笨蛋。”他说完这句话之后就漠然离开，小苏珊再用车的时候他就当什么事都没发生一样。

1967年，巴菲特合伙人公司收益率达到36%，超过道琼斯指数17%，其中主要收入来自美国运通，此时它的股价已经上涨到每股180美元，在峰值时期占公司投资组合中的40%。巴菲特用当初投入的1300万美元轻松换来了2000万美元的利润，迪士尼也为他赚取了55%的利润。尽管如此，巴菲特此时承受的压力却超过以往，由于他和华尔街的狂热格格不入，一些合伙人甚至问他是否乱了阵脚。巴菲特并不否认，他放弃了在这个时期赚钱的念头。

纵观巴菲特的投资生涯，无论处于哪个阶段都只有一个支撑点，那就是巴菲特认为自己的直觉是正确的，而市场会犯错。

6. 关闭合伙人公司

1968年，巴菲特突然冒出一个念头，去找格雷厄姆，以他的名义将学生们聚集到一起。很快，巴菲特邀请到同窗好友以及一些非格雷厄姆信徒的人，比如好友查理·芒格。巴菲特在邀请信中强调，大家谈话的内容不要晚于格雷厄姆在1934年出版的《证券分析》——他担心有人抢了老师的风头。因为格雷厄姆的学生中不乏演说家，巴菲特不想让别人借机展示他们近些年的经验和研究成果，只想以格雷厄姆为中心，用他的话说："格雷厄姆才是蜜蜂，而我们都是花朵。"

其实，巴菲特真正担心的不是同窗而是查理·芒格，因为芒格一向觉得格雷厄姆的思想陈旧且愚蠢，质疑巴菲特对老师的崇拜程度，芒格认为对一个业绩差的企业出低价，不如给一个势头正盛的好企业出合理价，烂摊子接在手里并不划算。巴菲特明白芒格想要表达的意思，他也承认自己是格雷厄姆式的低价股猎手，不过他还是把"低价格高价值"的股票当作首选投资目标，因为这更安全。

聚会举办的地点是圣地亚哥的科罗拉多饭店，这里曾经是一代艳星玛丽莲·梦露拍摄《热情似火》的场地。那天，格雷厄姆优雅地出场，对弟子们说："你们是一群聪明的年轻人，让我给你们做个测试，有10

道正误判断题。我提醒你们，它们的难度可相当大。”结果，在场的人没有能答对超过一半的题目，除了芒格带来的一个合伙人——他在每道题后面都打了对号。

格雷厄姆想要表达的真正意思是，一个看似简单的游戏也可以让人被骗，这影射的正是华尔街的狂热投机时代。

这次聚会巴菲特本想跟老师多聊聊，却因为格雷厄姆突然生病提前离开，无法再为学生授业解惑，所以这次聚会成为以巴菲特为中心的聚会。此时巴菲特也十分纠结：如果他给合伙人带来的收益不如华尔街的泡沫，那么他们确实没理由继续跟着他。

1968年，美国政局动荡，股市却没有受到影响，纽约大盘日平均成交量达到1300万股，超出1967年高峰时期的30%。到了当年6月13日，日成交量飙升到2100万股，股票行情机飞快地发出声音，奏响了华尔街最动听的旋律。每一次反战游行似乎都在推动股价上扬，最后竟然发生了股票交易所因为交易太多被迫休市的情况并持续多日。即便如此，股票还在疯涨。

巴菲特已经无法理解这个时代了，他曾经鄙视竞争对手体现出的倦怠，而现在呈现出倦怠状态的人正是他。巴菲特对华尔街的了解不比任何人少，因为他每天都与股票经纪人和各机构的交易商保持联络，交际圈子十分广泛，身在奥马哈的他信息并不滞后。一次巴菲特带着儿子小霍华德驾车经过麦当劳时，他对儿子说：“要想赢得良好的信誉，你需要20年时间，而要毁掉它，5分钟就足够了。如果你明白这一点的话，做事的方法自然就会有所不同了。”

1968年，巴菲特在接受《邓氏评论》采访时说：“奥马哈不比别的任何地方差，在这儿你可以看到整片森林，而在纽约，你的视线会被树木遮挡。”对于这番话，有的人表示不解，他们问巴菲特纽约是不是可以收到更多的内部消息。巴菲特说："有了足够多的内部消息，再加上100万美元，你一年内就有破产的可能性了。"这句话反映了巴菲特对华尔街潜伏危机的认知，只是当时大多数人难以理解。

1968年，巴菲特对家庭保险公司进行投资，此前他连续几个星期都在购买这只股票。一天，合伙人公司正要买进5万美元的这只股票时，另一个名叫布朗的合伙人接到巴菲特打来的电话，巴菲特让他不要再买进了。结果在第二天，家庭保险公司被城市投资公司高价收购，巴菲特错失了一次赚钱的好机会。那么，巴菲特是不是觉得自己的美德与个人利益会相互抵触呢？他当然不会这么认为。在他看来，个人利益和美德总是站在一起的，而且他也具有妥善处理二者矛盾的能力，不过华尔街的其他投资专家没有这个能力。

巴菲特对纽约并不陌生，他和苏珊每年春季都会去一次，其他时间也可能去。他在纽约的中心广场和商界朋友见面，其中有投资顾问、《财富》杂志专栏作家以及酒店老板等，他们都是巴菲特人脉资源中的重要组成部分。不过巴菲特从骨子里并不喜欢纽约，因为他每次前往那儿都有种乡下人进城的感觉。

一天，数据文件公司的负责人鲍勃·马洛特和巴菲特在纽约第五大道邂逅，发现巴菲特正在漫无目的地踱着步子，就问巴菲特是怎么回事。巴菲特说他正在丈量一家店铺的占地面积。马洛特后来对别人说："一个在大城市里成长起来的人绝对不可能具备巴菲特身上的那种率真。"

巴菲特担心的事情终于发生了。1968年底，美国股市的热度就开始降温，不少公司的华丽泡沫先后破灭。到了12月，美国证券交易委员会终止了欧米茄股票的交易，当时著名的行业大鳄弗雷德里克·梅茨遭受重创，他拥有30万股欧米茄的股票，现在面临着巨大的损失。尽管如此，弗雷德里克竟然还自信满满地表示，1969年的股市依然会坚挺。

在弗雷德里克的基金公司垮台之后，一些冷静下来的人意识到这是所有基金噩梦的开始而非终结。就在这时，巴黎和谈让股市再度燃烧起来，1968年12月道琼斯指数竟然攀升到990点，一些人认为只要越南战争结束，就会让道琼斯指数达到1000点。

华尔街的投资专家们都患上了选择性失明，他们没有注意到股市走向另一面的征兆，反而还在向不明就里的股民们推荐热门股票。美林公司购买了市盈率高达39倍的IBM股票，巴奇证券将施乐公司的股票拉高到50倍的市盈率，布莱尔公司则将雅芳股票的市盈率提升到56倍……将全部财产押到一只股票上，这显然是一种冒险。一位基金经理表示，在某个特定时间，股民们认为哪一只股票值多少钱就真的能值多少钱。但是巴菲特却提醒大家："价格是你所掏的钱，而价值才是你真正得到的。"然而当时没有人能听进去这些忠告。

1969年5月，巴菲特正式向其他合伙人宣布：公司即将解散。为此他解释了自己的决定："股市的这种投资局面让我无所适从，我也不希望去玩一种自己根本就不懂的游戏，最后有可能让自己多年来苦心经营起来的声誉毁于一旦，我还是趁现在急流勇退为宜。"

这个决定一出，很多人都以为巴菲特疯了，要知道当时全国股市正处于黄金繁荣时期，关闭一家投资公司等于把大家放手一搏的愿望打消了。大家纷纷站出来质问巴菲特："为什么不在盈利的时候多买一些电子业或者高科技产品的股票呢？"

对于合伙人的质问，巴菲特保持着克制和冷静。他回答说："我相信自己对于集成电路和半导体的了解程度，并不比对某些动物交配习惯的了解深。作为一名投资的决策者，如果不了解某种项目，还是不要进入这场交易。大家一定要明白，我从来不从事卖空的活动，将公司关闭不是因为我失去了评估的能力，而是因为市场上已经没有便宜的股票了，这令我找不到任何值得投资的目标。”

正当大家认真咀嚼巴菲特这番话的深意时，巴菲特又劝告大家保持冷静的头脑，不要盲目投资，他甚至引用了莎士比亚在《冬天的童话》里的台词：“退场吧，熊马上就要追上来了。”就这样，拥有100名股东的巴菲特合伙人公司解散了。

此时巴菲特已经拥有2500万美元，而且他还向合伙人暗示过他会调整他的创富之路。他说自己60岁的时候会想方设法实现其他的人生目标，这些目标与他在20岁之前设定的目标不同。

随着时间的推移，越来越多的人发现了巴菲特决策的正确性。在当年5月间，道琼斯指数长期徘徊在1000点高位，然而进入6月之后狂跌到900点以下，很多被高估的个股原形毕露。

当时，立顿实业公司是典型的大盘蓝筹股，股价与全盛时期相比跌幅达到70%，华尔街的不少证券经纪公司纷纷倒闭，在纽约证券交易所大厅曾经挂着的“在美国商界拥有你的股份”的横幅也被偷偷拿走丢掉，速利基金也毫无悬念地折戟沉沙。被《商业周刊》捧为先知般的人物的弗雷德·卡尔在年底退出江湖，他的企业基金充满了难以清算的非注册股票，它们在当年下跌了26%。然而这一切并未结束。全国学生营销公司的股票价格从每股140美元狂跌到3.5美元，道琼斯指数在1969年底以800点收盘。然而灾难并没有就此结束。

1970年堪称股市噩梦的延续年，纽约证券交易所每一只股票都比1969年缩水了一半以上，曾经被视作牛市宠儿的四季护理中心股票从每股91美元下跌到32美元，电子数据系统公司的股票价格在一天之内就狂跌50%。

巴菲特费尽心思才让合伙人公司在1969年维持了7%的盈利水平，不过还是领先道琼斯指数18个百分点。如果一个投资者在1957年将1万美元投入道琼斯，13年后收益为15260美元，如果按照巴菲特的投资组合计算，这位投资者会收益更多。于是，有人想购买巴菲特的合伙人名单，却被他拒绝了。还有人打听合伙人公司的投资者离开巴菲特以后会将钱投入什么地方，巴菲特最后给出了一个名字：比尔·鲁安。此人是格雷厄姆的学生，他当时正在筹备一个名叫赛凯亚的基金，巴菲特的不少前合伙人都加入了进去。

合伙人没有停止投资的脚步，而巴菲特的个人资金也没有闲置，他拿出一大部分投入城市债券里，还写信告知前合伙人怎样进行投资，同时暗示以后不会再给他们投资指南。

在合伙人公司清算财产时，只有两项投资没有清算，一个是多元零售公司，另一个是伯克希尔·哈撒韦，这意味着每个合伙人都能选择持有这两家公司的股票或者套现退出。巴菲特则将这两家股票全部留下，他认为这两家公司发展前景会很好。

巴菲特建议其他合伙人保留伯克希尔·哈撒韦的股票，但是因为他对纺织业不是很懂，所以有些合伙人没有相信他的分析，一部分人将自己持有的股票卖给巴菲特。一名合伙人感慨地表示："任何人只要还长着脑子，就会听巴菲特的建议。"在群魔乱舞的股市泡沫之中，巴菲特正是凭着自己那冷静、睿智的大脑看清了繁荣背后的险象，躲过了一次金融危机。

Buffett

第七章

成为股市变化的风向标

1．在金融泡沫时期保持冷静

1970年，巴菲特和他的高尔夫球友罗伯特离开球场时，发现俱乐部里很热闹，巴菲特问罗伯特怎么了，罗伯特说给他庆祝40岁生日。巴菲特突然变得不知所措，虽然当人们走过来唱生日歌时他保持着镇定，不过内心还是被深深地感动了。在奥马哈，巴菲特成名已久，他是奥马哈国民银行的董事，也是《奥马哈太阳报》的董事长，他能够说出奥马哈每一幢大楼和公司的财务现状，而每一个奥马哈人也知道他的大名。

在合伙人公司解散之后，巴菲特不再做全职工作，只是偶尔询问一下伯克希尔公司的情况。此时他的三个孩子已经十几岁了，然而巴菲特没有送他们去私立学校，而是在公立学校念书，也没有强加给他们任何人生目标，而是鼓励他们做自己喜欢做的事情。

有意思的是，巴菲特的孩子们并不知道他们的父亲有多少钱，小儿子彼得是在一张报纸上知道父亲是千万富翁的。小苏珊也说，她和别人家过得没什么不同，无非是可以买很多漂亮的衣服，但是她自己没有车，16岁的时候也要去商店当销售员。巴菲特不断提醒孩子们：不要指望能从他手中得到遗产——他担心孩子们得到一点钱就可能变坏。

巴菲特就是这样对自己的财富保持着低调的态度。他有时候会开玩笑说在门口贴个标记，说他的助手正在值班看守钱财。巴菲特的这种做法让全家人几乎都没有拜金思想，家庭氛围也很融洽和民主。一次过万圣节，巴菲特邀请每一个路过要糖果的孩子上他们家里做客。

1971年，在苏珊的劝说下，巴菲特花费15万美元在洛杉矶南部的拉古纳海滩购买了一幢别墅，可以看到大海但并不临海。孩子们在这里尽情地玩耍，巴菲特每天阅读报纸，基本上整日独处，但是他对孩子们和他们带回来的小伙伴很热情。一天晚上，巴菲特带着孩子们出去用餐，结账的时候服务生告诉他信用卡超额，巴菲特马上递给服务生另一张信用卡。

在海边，巴菲特思考着是否要进入政界的人生决定，苏珊则去了奥马哈北部的黑人聚居区充当一名志愿者，还走访了很多学校，每天都十分忙碌。她对公益事业的热爱也影响了巴菲特，两个人成立了一个私人信托基金——巴菲特基金，每年为50多名黑人大学生提供奖学金。苏珊的一个朋友当时也从事黑人投资的实业，巴菲特同意了他的援助请求，拉上一位好友加入了苏珊朋友的银行顾问委员会，同时购买了这家银行1.4%的股份。

巴菲特虽然也喜欢公益事业，但是他更有着投资者的理性头脑，他经常提醒银行的董事要注意黑人银行有因为坏账关门的案例。在银行步入正轨之后，巴菲特还给他们送上了一张便条并附带了一份报纸的复印件，内容是一家情况类似的银行倒闭的信息。

曾经有人建议巴菲特给黑人学生讲授金融知识，巴菲特拒绝了，他情愿给他们经济上的援助，他的投资理论是不会轻易传授给别人的。

巴菲特崇尚自由，但他绝不会不计后果地去投资。当时民主党候选人中有一个名叫乔治·麦戈文的，他和巴菲特有过往来，然而当他宣布自己当选总统后会给每个人增加1000美元的福利开支后，巴菲特转而投票给了尼克松。巴菲特看待福利事业和金融投资是同样的思路：有回报的项目才有意义，无端增加福利开支并非明智之举。不过也正因为他的投资理念的影响，让他在其他领域的发展受到束缚，因为他需要进行利益的权衡，可偏偏有些事是无法权衡利弊的。

20世纪60年代末，有人将巴菲特介绍给一个名叫查尔斯·彼得斯的人，此人当时正在创办一本名叫《华盛顿月刊》的杂志，而该杂志推崇的思想正是自由主义精神。巴菲特立即投资32000美元，他认为这本杂志很有趣，只要不赔钱就值得投资。后来，巴菲特聘请顾问评估《华盛顿月刊》是否值得创办，论证的结果是肯定的，巴菲特马上追加5万美元，然而他又担心评估结果不准确，就打电话给彼得斯表示要退出，结果彼得斯发誓杂志一定会赚钱，最后巴菲特放弃了撤资的打算。

这笔钱投入不多，但是对巴菲特来说数字不重要，重要的是结果，不过跳出投资层面来看，《华盛顿月刊》给巴菲特提供了一个他向往的社会发声器，而且这件利器越来越具有社会影响力。但是当彼得斯没有向巴菲特提供年度报告时，他立即大发雷霆——他想要一个评价尺度，在这一点上他和格雷厄姆极其相似。

彼得斯对巴菲特的评价是："在某种程度上他是性格分裂的，一方面想要表现出乐善好施的一面，另一方面又不希望别人在他的墓碑上刻下他'曾经投资《华盛顿月刊》'这样一句话。"

也许是早年送报纸的经历，让巴菲特对新闻很感兴趣。1971年，他致电《华盛顿月刊》提供一个他觉得很好的新闻素材，然而惨遭杂志社里的年轻编辑的回绝，因为他们认为一个千万富翁提供的新闻线索反而没什么价值。巴菲特马上将这个素材告诉了《奥马哈太阳报》，对方这才得知巴菲特提供的是有关"青年之城"的爆炸性新闻，便马上采用。

"青年之城"是奥马哈很有名的一个机构。1871年，一个名叫爱德华·弗拉纳根的爱尔兰传教士创办了这个机构，他花费了90美元在奥马哈租赁了一幢保留着维多利亚时代风格的住宅并收容了五个流浪男孩，随后他持续扩大规模，不到一年的时间就收容了大概700个孩子。1939年，奥斯卡获奖明星斯宾塞·特雷西来到这里，让全体美国人民都知道了这个机构。

事实上，“青年之城”不仅是一个收容所，更是一个强势的金融中心。外界声称，每一个“青年之城”的成员都躺在大捆的钞票上面。当《华尔街日报》采访巴菲特的时候，他向记者说了“青年之城”的事情，他想弄清这个机构为什么有能力收容这么多孩子，而且每一个孩子确实都很贫穷。

产生怀疑之后，巴菲特开始进行调查走访。经过一段时间的资料搜集，他掌握了充分的证据，不过还没达到发表的标准。当巴菲特听说了国会刚通过的“所有基金会必须公开资产的法案”后，马上将这个消息告诉了记者。记者弄出一份100多页的报告，报告中显示，“青年之城”组织持股的总值达到2.19万美元，相当于当时诺特尔·戴姆大学捐赠金额的两倍，不过这笔钱用于改善收容儿童生活的并不多，而是在贫穷伪装下进行的直销骗局。

1972年3月，“青年之城”敛财的真相被揭露，其中披露的一张独立的税收申报单引起了广泛的社会关注，这篇报道也获得当年的普利策新闻奖，而在幕后推动的巴菲特立了大功。其实，巴菲特参与新闻报道并不存在商业目的，而是出于对报业的感情，因为他不想在报纸上看到满篇的谎言，他认为报纸应当反映具有社会价值的新闻。

在外人眼里，巴菲特是一个悠闲自得的人，据说他在一座四个房间的套房里掌控着投资。一位基金经理见到他时询问如何投资，巴菲特说他不在投资界干了，拒绝所有讨教。即便在华尔街，也没有人能听到巴菲特的高谈阔论。

巴菲特40岁时，他在弗吉尼亚州的威廉斯伯格找来了昔日的同窗，不过这一次老师格雷厄姆没有到场，有些尴尬的是，聚会上只有巴菲特是股市圈子之外的人。当时股票的平均价格高得吓人，有人劝巴菲特继续投资，巴菲特却说他已经有了2500万美元的财产，没必要再赚更多的钱。后来，有朋友劝巴菲特去竞选美国总统，虽然是个玩笑，不过巴菲特确实在考虑谋求一个政府公职，但他也清楚政界比金融界更复杂，更崇尚丛林法则，只是他一直怀有强烈的从政倾向，他支持民主党总统候选人，一些政治家也是他交际圈子里的常客。

与巴菲特不同，霍华德标榜美国是一个完美的封闭社会，无须进行改变，而巴菲特却对弱势群体怀有同情，他讨厌那些坐享其成的寄生虫，然而乡村俱乐部中有很多这样的人。一次他参加一个宴会时听到有人抱怨穷人享用的社会福利成本过高，巴菲特立即反驳："我倒是更担心富人所用的社会福利成本呢。"

巴菲特对同窗们说的"没必要再赚更多的钱"显然是一句托词，他从来没有消除获取财富的欲望，只是他没有发现可以用来投资的项目，因为他不是一个投机者。

2．撰写“巴菲特书信”分享经验

家庭生活的变故并没有让巴菲特就此消沉。20世纪70年代后期，巴菲特进行了多项投资，他用伯克希尔旗下公司的浮存金购买了美国广播公司、政府雇员保险公司、通用媒体等多家公司的股票。当时市场上盛传只要巴菲特购买哪只股票就能将股价拉高10%，比如通用食品在巴菲特购买之后就疯狂上涨。

在炒股闲暇时，巴菲特为经济杂志撰写文章，当然更多的还是写伯克希尔的年度报告。巴菲特有一个习惯是记录他的投资进展情况，在事业做大后主要撰写投资管理和金融方面的书信报告。后来巴菲特重新印刷了这些信件。

第一封被重印的信件是1977年写的，那时正是苏珊刚离家出走的日子，在信中巴菲特讲述了自己的投资理念和评判股票的方法——寻找足够了解的企业，而且强调他对短期套利毫无兴趣。这封信的灵感源自70年代华尔街股市的异常现象，巴菲特推荐的股票无人问津，倒是那些不被他看好的股票成为热门。

1979年道琼斯指数下跌到800点上下，低于1969年的平均点位，受到美国70年代中期经济不景气的影响，很多民众也认为他们的国家在走下坡路。虽然在五年前美国也遭遇过这种情况，但是华尔街最后渡过了难关。尽管如此，投资者还是被市场的混乱模糊了双眼，一些人开始转而投资黄金、房地产和贵金属等，他们认为不能将资金都投到股票上。

巴菲特不这样认为，他觉得股票是美国投资者的未来，不过这个说法被很多人嘲讽。1978年《商业周刊》发表了一篇名为《股票的终结》的文章，建议人们放弃股票转向货币、邮票等投资领域。巴菲特立即在《福布斯》上发表文章对其抨击："未来之事永远没人知道，但是等到大家都看好股市的时候再入场，价格就高了。那些着眼于长远的投资者一直都需要学习如何与不确定性周旋。"

巴菲特想要更深地了解股市，他通过表面现象发现了真相：股票风险相比过去其实降低了。因为根据各上市公司的经营状况来看，股票也是有利息的，那就是企业的盈利，只是不如债券那样明显。比如道琼斯指数中的某家公司账面价值增加13%，这是很多公司都能实现的目标，然而它的估值可能会低于账面价值，巴菲特认为这就是利息为13%的"道琼斯债券"，相比于很多公司债券的利率高很多，只要有信心投资就一定能获得回报。

正是从另类的视角观察，才让巴菲特的股票遭遇熊市时也能增值，然而有一个问题令大家困惑不堪：巴菲特年薪为5万美元，却从不出售伯克希尔的股票套现，哪怕是一股也舍不得卖掉，他甚至不让公司给股东分红。这倒不是巴菲特吝啬，而是他要承担很多开销。70年代末，巴菲特用个人账户购买了一些股票，很快大赚一笔。有人说巴菲特赚钱容易得可怕，因此有人劝他去房地产试水，但巴菲特却不屑一顾："在股市赚钱这么容易，我干吗非得跑到房地产领域去呢？"

20世纪70年代，美国进入经济滞胀时期，各行各业都不景气，中小保险业处在破产的边缘，巴菲特不想继续做一个养尊处优的退休富豪，于是准备在新的领域大展拳脚，却遭到迎面而来的重创。不过，巴菲特很快调整了自己的思路，他认为越是在这种情况下越不能气馁，他必须从这种萧条的恶劣环境中找到新的商机。

在滞胀时期，巴菲特开始购买一些“低价格高价值”的股票，他坚信能得到收益。而且他经过长期的观察发现，美国国内有很多企业极具投资价值，只是他没有那么多资金购买，他决定用融资的手段筹措资金。然而在20世纪70年代，美国的芝加哥商业交易所没有被授予期货交易的权力，一切还只停留在国会的议案书上，实际并没有被通过。

巴菲特得知这个情况后，写信给负责该计划的国会监督调查小组主席丁格尔。在信中，巴菲特用诚恳的语气写道：“我们的国家既不需要更多的人在股市进行赌博，也不需要更多的交易经纪人，我们需要的是重视公司前景、善于做长期投资的投资者与投资顾问；我们需要具备投资智能的投资基金，而非杠杆交易的市场赌资。在资本市场上，疯狂的赌博行为使市场失去理性，因此资金的调节作用无法发挥出来。”

在这封信中，巴菲特明确表达了他希望开设自由平等交易市场的心愿，也阐述了这个开放决策的重要性，因为投资市场与投机市场不同，要想对金融市场上的交易进行规范，就必须培养能够长期从事投资顾问和经纪人职业的人员。

随着事业的发展，巴菲特的交际圈也逐步扩大，超出了奥马哈之外。1980年他过50岁生日时，苏珊在纽约的大都会俱乐部为他举办了隆重的生日宴会，客人都穿正式服装出席，前来道贺的有巴菲特在宾夕法尼亚大学的同学奥兰斯、中学同学唐纳德·丹利、格雷厄姆公司的同事洛特·施洛斯等人。巴菲特带来了他首次创业的威尔森弹子球公司的资产负债表，苏珊在现场为丈夫引吭高歌，气氛相当热烈，宾客们都玩得十分尽兴。

1981年，巴菲特的信件逐渐在华尔街流传，不少银行家进行复印并互相传阅，让巴菲特第一次在投资界有了粉丝。为此他发现一个有趣的现象：伯克希尔·哈撒韦正在聚集一批单股股东——只购买伯克希尔1股股票，目的是为了得到巴菲特的年度报告。

巴菲特通过写信让他的思想有了流传的方向和动力，他能够就伯克希尔某方面的问题写出长篇大论且分析透彻。文章里不仅涉及投资和管理，还充满了他对人性贪念等弱点的批判，文风颇具学院派气质，语言又有富兰克林撰写的《穷理查德年鉴》的朴实感，无论是公司高管还是普通民众，阅读巴菲特的文字都不会觉得晦涩难懂。

之所以有这么多人喜欢巴菲特的文章，大概是因为他揭示了美国资本主义和伯克希尔公司的内部运转法则，加之妙语连珠，所以引人入胜。到了80年代中期，巴菲特的粉丝们发现他在信中经常提到两个主题。

第一个是通货膨胀。巴菲特一直担心政客们是否有能力控制货币发行的节奏，他认为通货膨胀是一种疾病，同时也担心通货膨胀会侵蚀长期债券的根基，不过这些担忧是多余的。但是他对通货膨胀给保险业带来的影响论述得入木三分。

第二个是股东与经理人之间的关系。在巴菲特看来，帮助别人打理财产需要承受很大的压力。1981年，巴菲特按照芒格的构想设计了一种独特的企业慈善计划：在公司每100万股股票中，股东能够选择一个慈善组织进行募捐，伯克希尔将为每股股票捐献2美元，也就是说假设有人持有100股伯克希尔的股票，就能决定谁能得到200美元的馈赠。在其他上市公司那里，这种付费方式都是股东出钱，而由公司高层选择慈善机构，巴菲特认为这是虚伪的做法，因为不少高管会趁机为自己的母校捐款。

巴菲特通过这些措施一步步地改变着伯克希尔·哈撒韦，让它成为一个巴菲特式的企业。从某个角度看，伯克希尔就是巴菲特原来的合伙人公司，因为其2000位股东中有一些人就是合伙人公司的元老。巴菲特想通过慈善行为让更多人认同他的理念，在一定程度上也影响了美国商界的习气：当时股票的高换手率十分常见且被高管们推崇，因为股东在他们看来就是“流水的兵”，但是伯克希尔的换手率却很低，巴菲特想要建立的是一种咖啡屋式的股东组织，让每一个人都成为回头客。

巴菲特的信件有时是假设写给某人但不会真的寄出，比如在他和家人去海滩别墅度假途中，他写了一封收信人为妹妹罗贝塔的7500字的长信，向妹妹讲述了公司最近的变化，后来这封信发表在《财富》杂志上。由于是和妹妹“交谈”，内容言简意赅且通俗易懂。巴菲特的这些信件以公司报告的名义印刷成册，在封面上装饰了一条竖黑带，里面却没有巴菲特的照片，只有他精心斟酌的文字。

巴菲特之所以能将年度报告写得文采飞扬，还得归功于他平时的积累，因为这类文件不能曝光公司的内幕，但也不能太泛泛而谈，所以需要很高明的写作技巧。另外，巴菲特在年度报告中很少美化公司，只是向读者提供一些有价值的参考信息。

在1983年的年度报告中，巴菲特为了吸引和留住他的投资者们，宣布了几条原则。从表面上看并无特别之处，然而认真品味之后会发现，巴菲特和芒格承诺对投资者的金钱负责，这恰恰是违背当时投资界的主流观念的，反而像19世纪实业家奥利弗·蔡斯的作风。

在当时的美国社会，企业家都是急功近利的，而巴菲特关注的是企业的长期发展而非短期套利、频繁买卖这种投机行为，他的思想更加传统和保守，他不喜欢借债，更不喜欢玩套路，虽然这些手法可能会给他带来更多的财富，然而巴菲特始终坚持自己的原则：“不管价格多高，只要我们还能从中获得一点好处，只要我们还对劳资关系感到满意，我们就无意卖掉伯克希尔·哈撒韦拥有的好公司，也不愿发行股票和债券。我们希望不要在分配资金时犯下错误……弃车保帅的做法并不是我们的风格。”

如果这番话是在经济平稳发展时期所说，也许不能反映什么问题，然而20世纪80年代正是多事之秋，投资界充斥着恶意收购、垃圾债券和杠杆收购等现象，很少有人专心创业，而是以赌徒心态进行投机，他们想让财富尽快地流动起来，别说是股票，就连一家企业也会被转来转去，更谈不上品牌信仰和信誉，人人都成为短视者和急功近利者，只有巴菲特保持着一颗投资者的初心，这也正是他超越常人、领先时代的人性闪光点。

3. 做好回归股市的准备

巴菲特曾经向朋友霍兰德提了一个莫名其妙的问题：拥有一家广告公司能够带来什么好处？霍兰德马上说当广告公司的老板感觉很不错，很快他意识到巴菲特的真实用意是准备购买两家广告公司的股票——IPG广告集团和奥美广告集团。

巴菲特认为，广告业可以当作传媒业的免费购物券，因为它不需要过多的资本投入，无非是一张桌子和几支铅笔而已，能够让更多的利润流入公司的账户里。不过他的这种观点和华尔街上的很多分析师截然相反，他们认为一家机构的资产能够在晚上就被搬下来[1]，它就不复存在了。这种观点显然错误：很多大型广告公司的运营状况良好，甚至在华尔街金融泡沫破灭时市盈率也维持在三四倍。

1974年，伯克希尔·哈撒韦拥有17%的IPG广告集团股份，IPG的执行副总裁卡尔·施皮尔沃格尔怀疑巴菲特是在变相收购他的广告集团，于是打电话问巴菲特下一步打算干什么。巴菲特很惊讶地说他购买IPG的股份只是为了投资，还给对方讲述了在城市里搭桥的理论，然而施皮尔沃格尔还是不相信他说的话。

---

[1] 当时很多小公司只有几张桌子和椅子。

在当年伯克希尔·哈撒韦的年会上，巴菲特让大家广开言路随意提问，这是他唯一一次允许别人向他提有关投资的问题，却没人提问。原来在很多人眼中，伯克希尔·哈撒韦并不是一家具有话题性的企业，一些报纸甚至没有标出它的股价，因为任何人都能购买它的股票。从1973年伯克希尔·哈撒韦的股价升到每股87美元之后，就长期在大盘上狂跌，1974年居然跌到了每股40美元。

尽管不被人们看好，然而巴菲特还是胸有成竹地规划着伯克希尔公司的未来，他持续购买股票，甚至劝别人卖出好让他买进。一位奥马哈的经纪人表示，巴菲特不喜欢别人购买伯克希尔的股票，他想占据对公司的绝对控制权。然而股票的价格丝毫没有回升的迹象，1973年股票的市值仅为4000万美元，到了第二年，巴菲特的损失更加惨重，大约损失了50%。但是他还是没有气馁。

巴菲特被人称为股神，不单是因为他具有战略眼光，更是因为他具有超理性的头脑，他能够在别人疯狂时保持冷静，能够不被道琼斯指数干扰思路。反之，他在盈利时想的却是如果赔钱该怎么办，现在他的资产不断缩水，他却斗志昂扬。巴菲特在写给股东的一封信中曾经这样说："我认为手中持有的一些股票在将来极具升值潜力，因此我对自己的股票投资组合感到很满意。"

联合出版公司是巴菲特另类思维运作下的成功案例，虽然在1973年它的盈利增长40%，然而股价还是一跌再跌，发行价格为每股10美元，几个月之后就跌破了7.5美元的心理关口，而当时公司的市盈率低于5倍。

按照行业规则，某一只股票跌幅超过25%以上，对投资者来说就是一道门槛——他们会怀疑自己投资的正确性。然而巴菲特和别人不同，他在1974年大量购买了联合出版公司的股票，后来又两次增仓，随后又大单吸筹且持续了一年之久。

1973年到1974年的熊市被很多投资者忘却，不过它的划时代意义可以与1929年的金融危机相提并论。很多投资者不愿意反思，在他们敢于购买80倍市盈率的“漂亮50”时，却不敢买进市盈率只有5倍的联合出版公司的股票，可见很多基金经理不适合进行长期投资，也缺乏战略眼光和强大的心理素质。

1974年，美国遭遇了通货膨胀，膨胀率达到11%，呈现出一种新的经济病态形式，这是在1929年经济大萧条时期也没有出现过的症状，于是经济学家用“滞胀”来描述：通货膨胀+经济衰退。面对“滞胀”，政府也不敢贸然采取措施抑制，因为一旦插手会造成其他新症状出现，加之受到“水门事件”的影响，政府也无暇顾及国家经济问题。而且，当时整个资本主义世界都处于衰退期，第三世界国家纷纷建立卡特尔组织，欧佩克也在国际政治斗争中赢得了胜利，这一切变化都让华尔街惴惴不安。

1974年7月，道琼斯指数下探到757点，到了9月直降到607点。从这个角度看，整个美国的工业企业市值缩水了40%。

巴菲特对通货膨胀也很担忧，他需要在这种特殊的经济环境下找出有潜力的股票，另外也要避免购买开支过大的公司，这是因为在通货膨胀的环境下，资本密集型企业会将大部分资金投入购买新设备和存货方面。尽管如此，巴菲特还是保持理性，没有购买那些人们认为安全可靠的股票。当时，费城的一家公司建议客户抛售百事可乐、可口可乐等股票，声称会遭遇能源危机。这种说法当然是无稽之谈，却真的让一部分人深信不疑。

当年9月，长期隐居的格雷厄姆终于再度露面，他对一些证券分析家发表演说，劝他们留意他发表的“价值再生”的新理论，还提醒大家投资并不是天才的专利，只要具备三种素质即可：一是理性和智慧，二是完善的经营之道，三是坚忍不拔的性格。

除了格雷厄姆之外，其他投资专家也认为滞胀时期也是大量购买股票的良机，于是在华尔街上出现了恐惧和兴奋两种矛盾的心理，一家证券公司还发出了“买进还是不买进”的疑问，不过明眼人都看到，当时任何一只股票的价格都是低廉的。事实上，投资者缺乏的正是格雷厄姆所说的第三个素质——坚忍不拔的性格，而这正是巴菲特所具有的。

1974年，巴菲特破天荒在《福布斯》杂志上对股票行情进行了预测，当时道琼斯指数下挫到580点。《福布斯》的记者问他有何感想，巴菲特说，现在正是投资的好机会。巴菲特对当时股市的发展前景十分看好，他不断购买股票，甚至还讲了一番豪言壮语：“我把投资业作为世界上最伟大的事业，因为在这个棒球场上没有人逼迫你必须击球。你站在击球区，投手投来了每股47美元的通用汽车股票，又投来了每股39美元的美国钢铁公司股票！你即便不击球也不会受到任何惩罚，顶多会丧失一些机会罢了。你可以整日以逸待劳，等到你喜欢的投球出现再挥棒击球就行了，然后趁外场手打瞌睡的时候，向前一步将球击飞。”

从1969年告别股市到1974年回归，未雨绸缪的巴菲特终于在他的球场上穿戴整齐，他目视前方，做好了王者归来的准备。

4．投资保险业，开拓盈利新渠道

1971年，巴菲特发现了位于洛杉矶的一家名叫蓝带印花公司的企业，当即眼前一亮。很快他和芒格都分别购买了这家公司的股票，巴菲特是第一大股东，芒格屈居第二。

从企业性质上看，蓝带印花公司属于保险公司，但是经营体系和管理制度都不够规范，每年的收益也不理想，当时出售给零售商的赠券盈利仅仅达到1.2亿美元，从这个角度看没有太高的经济价值，但是巴菲特发现了一个潜藏的价值。

蓝带印花公司主营超市和加油站的证券兑现业务，运作模式是向超市收费，超市销售它的购物券，再用“免费”的椅子和烤箱等物品换回这些购物券，巴菲特看中它是因为它在前端收取了现金，而且能够长期分批偿还这些钱，因为客户已经提前购买了购物券。有意思的是，很多客户将购物券拿回家之后就随手丢进抽屉里，而蓝带公司能够无偿享用这笔浮存金，保留着未被兑换的6000万美元的赠券。

巴菲特认为这些赠券可以帮助他投资其他项目，于是他开始陆续购买蓝带印花的股票，还和朋友查理·芒格共同接管了投资委员会，进而控制了蓝带印花公司。

1968年投机大师弗雷德·卡尔创建了原始资本基金，在他退隐之后，该基金的股票一跌再跌，虽然原始资本基金的资产价值达到每股18美元，不过公司股价只有9美元。蓝带公司抓住这个机会购买了20%的原始资本基金的股票，于是巴菲特和芒格也进入原始资本基金的董事会。芒格对他看不惯的地方进行了改革。一次他审查了公司的投资组合之后，发现这里有很多高风险的股票，于是他告诉投资经理，除了A级股票其他的都不想要。

1971年，蓝带公司的投资顾问听说加州的一家精品巧克力连锁店喜诗糖果准备出手，而公司高管拉姆齐也想收购，就马上联系了巴菲特，巴菲特表示他没有做糖果生意的经验就拒绝了对方。拉姆齐感到失望，但并不甘心，很快又联系了巴菲特，巴菲特却说自己正在看该公司的财务数据，如果价钱不贵愿意收购。

1921年，玛丽喜诗和儿子查理在洛杉矶创办了喜诗糖果店，母亲拥有50年制作糖果的独家配方，儿子拥有丰富的糖果店管理经验，由此开创了一段母子共同创业的传奇，喜诗糖果也成为美国西部历史悠久的糖果和巧克力食品公司。

喜诗糖果逐渐发展起来，在洛杉矶和旧金山拥有两个中央厨房，公司的经营范围也进一步扩大，除了生产巧克力、花生串、牛奶块、焦糖片等甜点之外，还创造了属于自己的口碑产品“白色糖果”，“白色糖果”成为喜诗糖果的明星产品。

喜诗糖果每年的销售旺季是在冬季，特别是传统的圣诞节和感恩节前后，公司会推出十分诱人的促销活动，至少有2/3的巧克力都在这个时期被销售一空，公司90%的收入就集中在这个阶段。在当时美国各大节日的糖果消费中，喜诗糖果是主要的供应商，它的品牌知名度很高，也在市场上聚集了一批黏着度较高的客户，这些都是无法用金钱来衡量的，而这正是巴菲特看重的品牌效应。

巴菲特通过数据发现很多加州人都爱吃喜诗糖果，然而对方开出的价格是3000万美元，而巴菲特和芒格认为不应该超过2500万美元，最后谈判无果而终。这一次，老谋深算的巴菲特也出现了失误。一般来说，投资者认为账面价值代表公司的价值，然而两种价值反映的情况不同，账面价值体现的是投入企业的资本加上留存的利润，而投资者关心的是能从企业获得多少收益，这就是巴菲特常说的内在价值。

打个比方，如果一家新公司要生产糖果，它的生产设备、店铺以及库存都和喜诗糖果一样，然而品牌知名度不高，即便账面价值一样而“内在价值”也有很大差别，因为它未来的盈利能力是难以预测的。幸运的是，喜诗糖果最终竟然同意了2500万美元的收购价格，这是巴菲特在当时做的最大一笔金额的收购生意。在他的投资项目中，纺织、零售、保险、新闻出版和糖果一应俱全。

不过，巴菲特审视这些成果时不会混为一谈，如同每一个项目都是一个独生子。他在成为喜诗糖果的大股东之后，开始学习糖果业期货的知识。与此同时，他还敦促喜诗糖果加强宣传营销，为此他讲了一句话：“也许产自法国的某一片8英亩葡萄园的葡萄是全世界最棒的，但我总认为其到底好不好，有99%是靠说出来的，只有1%是靠尝出来的。”

巴菲特没有将太多精力放在糖果上，他又回到了蓝带的购物券上。当时，经常开展打折活动的超市营业状况好于不用购物券的店铺，不少顾客也认为没有购物券不划算，巴菲特不断告诉蓝带公司要确保这个竞争优势，然而他在营销方面算不上一个专家。

投资蓝带公司虽然承受了一定风险，但巴菲特最终安然无恙，他名下的各个投资项目都建立了不同的股东群，他必须为不同公司的股东做出有针对性的投资决策。然而有时还是会产生一些利益冲突。

由于投资项目越来越多，巴菲特迫切需要更多的现金进行周转，保险业的浮存金让他眼前一亮，他很快发现了一个新目标——政府雇员保险公司。巴菲特曾经和这家公司打过交道，当时的负责人是拉尔夫·佩克，公司的环境氛围与过去相比也发生了变化。

当时，政府新出台的"无过错"政策和通货膨胀给保险业带来很大压力，佩克不断想办法解决这些难题，放宽了最低风险驾驶员承保的做法，并且让保费和过去一样低。这种策略让保费收入增加。不过，高风险驾驶员常因为发生交通意外获得赔偿，通货膨胀也让汽车维修费用和医疗费用变得更昂贵。由于政府雇员保险公司没有过多的资金基础，所以从1974年到1975年损失逐年增大。

1976年，政府雇员保险公司宣布上年亏损高达1.26亿美元，股价也从1974年的42美元跌落到4.875美元。此时，巴菲特早就卖掉了这只股票，不过他还是很关注这家公司的发展，现在股价跌到历史最低，他便蠢蠢欲动起来。

1976年4月，政府雇员保险公司召开年度股东大会，400名股东将会议的召开地点希尔顿饭店差点挤爆，他们高喊让公司的高层离开公司。不到一个月，佩克就被解雇，替代他的是曾经在旅行者财产事故保险公司任职的行业老手约翰·伯恩。他上任之后到处奔走，拜访了新泽西的保险委员会主席要求增加保险费率，结果被拒绝，最后一气之下解雇了700名员工并通知全州30万投保人寻找新的承保人。此外，伯恩还关闭了100家机构，裁员率达到50%。然而这并不能缓解公司的困境。

华盛顿保险业监管部门告知政府雇员保险公司，如果找不到其他保险公司分担一部分业务的话它就要倒闭。与此同时，州立农业保险公司和旅行财产事故保险公司也终止与它合作。政府雇员保险公司的市值跌落到最低。巴菲特打电话给伯恩约他见面。

伯恩与巴菲特见面后，巴菲特回忆起25年前去政府雇员保险公司考察的情景，他和伯恩长谈了几个小时，发现该公司还是采用低成本的运营方式——不依靠销售代理人经营。这个策略在过去是有效的，能够让公司每收取1美元的保费只需付出15美分的费用，而其他保险公司则需要支付24美分，从而让政府雇员保险公司有充分选择客户的权利，然而他们后来放弃了这个策略，导致成本优势消失了。

巴菲特开始琢磨如何让政府雇员保险公司起死回生。通过对伯恩的观察，巴菲特发现他以公司为家，将自己视作企业的主人而不是职业经理人，他的性格果断刚毅，具备在危急时刻挑战困难的领袖素质，巴菲特认为伯恩是合格的领导者。很快，巴菲特给他在高盛公司的经纪人打电话，让他以每股2.125美元的价格买进政府雇员保险公司的50万股股票并表示随时补仓几百万股。巴菲特此时兴奋异常，他甚至在《华盛顿邮报》的董事会议上透露了这一消息："我刚刚投资了一家也许会破产的企业。有可能下周，所有的投资都会化为泡影。"

尽管有了巴菲特的投资，但政府雇员保险公司并没有立即摆脱窘境，伯恩需要说服监管当局给他时间摆脱危机，还要让竞争对手为他提供保险以降低风险。此外，巴菲特还让伯克希尔公司为政府雇员保险公司提供了再保险，还给美国保险业监管当局负责人打了电话，告知对方如果伯克希尔在政府雇员保险公司投资了几百万美元之后，就不要急于让该公司关张。

为了拯救公司，伯恩跑遍了华尔街8家公司，然而都吃了闭门羹，最后在一家小公司里找到了盟友，他们答应帮助伯恩承销价值7600万美元的优先股。同时，巴菲特和政府雇员保险公司联系，表示愿意购买全部股票，但价格需要由他来定，伯恩表示每股的理想出售价是10.05美元，最终巴菲特投资了2300万美元购买了25%的股票，这才让政府雇员保险公司摆脱了困境。

过了不到6个月的时间，政府雇员保险公司的股价上升到每股8.125美元，相当于低谷时期的4倍，这意味着还有上涨的空间。在之后的几年间，伯克希尔·哈撒韦让股份翻了一倍，巴菲特成为政府雇员保险公司的控股股东。从此，不少高管经常拜访巴菲特，就连作风强悍的伯恩也对巴菲特充分信任，他经常会问巴菲特各种问题，从他身上学习投资知识和经验。每年巴菲特还会和公司高管进行一次问答会，他会从容镇定地给大家讲述投资哲学，偶尔还会穿插几个小故事。伯恩不得不承认，公司的管理层宁愿取消休假也要聆听巴菲特讲课。

巴菲特曾经做过一个比喻：一个投资者在投资股市时应当记住手中拿着一张终生使用的计次卡，每购买一只股票就要在上面打一个洞，当这张卡上面有20个洞以后就不要再投资了——他暗示大家投资项目之前要精心挑选。

曾经有一家企业想要收购政府雇员保险公司，伯恩打电话询问巴菲特，巴菲特让他自己定夺，伯恩希望巴菲特能给自己一点提示，巴菲特最终同意和收购方谈。由于伯恩开出的价格对方无法接受，最后谈判流产，不过这也正是巴菲特想要的结果，因为他认为政府雇员保险公司还有乐观的成长前景，不必急于卖出。

政府雇员保险公司在巴菲特的影响下成为他的金融思维的跑马地，然而他不会满足于此，更不会停下脚步，而是要继续实践并发扬他的投资真经。

5．婚姻生活的突变

生意做大后，巴菲特总是在华盛顿、布法罗以及纽约等地飞来飞去，投资组合越是系统庞大，他的闲暇时间越少，和苏珊聚少离多，而苏珊也将大部分精力投入演唱事业中。有业内人士听了她的演唱后，认为她可以去做专业歌手，苏珊为此欢欣鼓舞。巴菲特的朋友安排苏珊在曼哈顿的几个夜总会进行了试演，很多纽约的朋友都表示苏珊歌唱得很好，于是有公司邀请苏珊讨论签约的事情，苏珊也想发行自己的专辑并举办演唱会，她还和威廉·莫里斯星探公司签订了合同。

巴菲特忙着他的投资，苏珊筹划着她的歌星之梦，两个人的距离越来越远。1977年他们庆祝银婚时，一位漫画家竟然画了巴菲特和苏珊在结婚蛋糕上擦肩而过的情节。客观地说，巴菲特和苏珊在生活情趣方面几乎没有共同点，特别是孩子大了之后，家里空无一人时，苏珊会越发觉得失落，即便巴菲特在家，很多时候他也是将自己关起来，埋头阅读《标准普尔股票指南》。苏珊为此埋怨说："巴菲特只要有一本书和一个60瓦的灯泡就足够了。"

苏珊虽然很爱巴菲特，但她的世界里毕竟不是只有巴菲特，她有着丰富细腻的情感，也渴望人际交往。在巴菲特创业的忙碌日子里，苏珊总是操劳一整天，直到深夜才有时间听听音乐。在巴菲特成为金融界名人之后，有媒体想要采访苏珊，而她却不喜欢曝光自己。一次《奥马哈世界先驱报》采访苏珊的演出生涯时，苏珊表示很感谢巴菲特支持她的事业。后来这篇报道发布在两个人结婚25周年之前，然而刊载时有关巴菲特的描述被删掉了。

有一点不可否认的是，苏珊曾经说过她疯狂地爱着一个人，但这个人并不是巴菲特而是弥尔顿·布朗。如今20年过去了，苏珊经常会谈起如果当年嫁给布朗会过上什么样的生活。据说布朗也小有成就，他通过奋斗成了艾奥瓦州得梅因的一个食品经销商。

1977年9月，苏珊在奥菲厄姆演出，面对家乡父老唱了一首伤感的歌曲——《让我们觉得我们还在相爱，好吗？》。当时没人能参透这首歌隐藏的含意。几天之后，苏珊突然从家中搬到了旧金山的一套公寓。苏珊此举让小霍华德十分意外，而彼得却认为妈妈早就该离家出走了。为了安抚儿女，苏珊一再强调她和巴菲特没有离婚，她只是想依靠自己生活。

虽然巴菲特在生意场能保持冷静，但是在面对苏珊的问题上他却像个孩子，妻子的离家出走让他掉入了绝望的深渊，因为苏珊一直是他最宁静的避风港，是他安心工作的坚强后盾。苏珊一走，他所有的家庭欢乐都不复存在，他曾对姐姐多丽丝说："25年来，苏珊一直是我心中的阳光和雨露。"在巴菲特心中，无人能取代苏珊。

巴菲特并不明白苏珊为何要离家出走，她所谓的"孤独感"，他无法理解。巴菲特给苏珊打电话时声泪俱下，苏珊说她离开只是二人夫妻关系的"建设性调整"，并不意味着他们要成为陌生人，他们还可以打电话、一起旅行，也可以去海滩别墅度假，他们的夫妻关系没变，变化的是两个人从此有了不同的追求。

巴菲特在小苏珊的陪同下度过了几个难挨的星期，然而女儿的婚姻生活也遭遇了危机，不过小苏珊的到来还是给巴菲特带来了温暖，也给这个空荡荡的家送来了生机。每天，小苏珊帮助巴菲特做家务，不然他整天只吃爆米花，衣服脏了也不会洗。巴菲特也极尽父爱，夸赞女儿在一下午就洗完一堆衣服，但是对于苏珊却极少提起，甚至很难表达他的感受。

一次，巴菲特坐在椅子上看书，和小苏珊聊起了洗衣服的事。小苏珊说："如果你录一盘磁带，里面有妈妈回来时开门、关门和说'我回来了'的声音，其实一切都好像没有改变，你会觉得她还在家里。"巴菲特听了之后沉默不语。

苏珊的离家出走，让很多之前认为她和巴菲特是模范夫妻的朋友颇为震惊，不过大家并不认为他们是离婚或者分居，因为苏珊每天都会与巴菲特通话，直到圣诞节他们还在海滩别墅团聚，还会在春天去纽约度假半个月。正因为这样，巴菲特的情绪才没那么糟，他最害怕的就是改变，特别是在家庭生活方面。

巴菲特本来准备搬到加州南部生活，这样能离家人近一些，然而他始终没有这么做，主要是因为陪伴他多年的秘书无法跟着他一起离开，当然也因为他不喜欢改变，不想接受一种全新的生活。苏珊却不同，她住在简陋的临时公寓里，使用着小女生才会用的东西，比如米老鼠造型的电话等，她似乎很享受这种自由的生活，45岁的她终于拥有了悠闲自在的生活。

对于妻子的私生活，巴菲特不要求苏珊毫无保留地告诉自己，他只是担心家庭的变故会影响自己事业的发展。巴菲特的妹妹罗贝塔说："我们都很想保护巴菲特，我不知道这一切到底是怎么发生的，不过应该是日积月累的结果。"

苏珊一直保护着巴菲特，即便两个人不在一起，她也时刻关注着他。苏珊建立的人际关系圈并不比巴菲特差，她的思想也十分开化，竟然建议奥马哈的几个女人请巴菲特去看电影或者给他做晚餐。最终，一个名叫艾丝翠·孟克斯的女人走进了巴菲特的生活。

艾丝翠出生在拉脱维亚，幼年来到奥马哈，母亲早亡，父亲把她送到孤儿院，人们称她为“劫后余生者”。艾丝翠经常去旧货店和廉价商店买东西，虽然她穿着便宜的衣服却依旧美艳动人。每到冬天她都会戴着阿富汗大围巾，身穿毛皮大衣，牵着一条红毛狗走在街上。艾丝翠住在闹市区的一个阁楼里，周围都是理发店和咖啡屋，天性善良的她认识奥马哈所有放荡不羁的人，她乐于助人但不喜欢惹人注意。她在一家法国咖啡屋工作，当苏珊去那里唱歌时，她总会在休息时间给苏珊端茶倒水，两个人由此结识。

起初，艾丝翠去巴菲特家中给他做了几次汤，偶尔还会看望他。苏珊离家一年之后，她就住进了巴菲特家里。小霍华德感到不解，其他人更是大跌眼镜：一个奥马哈的穷女人住进了最富有的巴菲特家里！

人们不禁想知道巴菲特和艾丝翠到底是什么关系。有人认为艾丝翠只是一个厨娘。然而了解他们的人都知道，艾丝翠和巴菲特并非主仆关系，他们相处得很融洽，思维模式也相似：巴菲特不断寻找廉价股票，艾丝翠则去超市为他购买打折的百事可乐。巴菲特在书房工作，艾丝翠就会去花园发呆。

艾丝翠长期独处，所以她在生活上总是迎合巴菲特，也不会觉得没有面子，不过有时她也会反对这位亿万富翁。对巴菲特来说，他多了一个家人和一个共同吃牛排的伴侣；对艾丝翠来说，她找到了一个伙伴和消失已久的安全感。不过艾丝翠明白，巴菲特没有再婚的准备，他也不可能离开苏珊，所以她只是默默地服侍着巴菲特，让他穿着笔挺的衬衫去见苏珊。

在两个人刚刚相处时，艾丝翠宁愿离开奥马哈也不想待在空荡荡的家中，后来她习惯了巴菲特的来无影去无踪，也和他的家人熟悉起来。不过，最不可思议的是苏珊与艾丝翠的关系。

每当苏珊回到奥马哈时，她会和艾丝翠一起做饭；在伯克希尔·哈撒韦的年会上，她们会并肩坐在一起，看着她们共享的男人站在台上演讲……巴菲特、苏珊、艾丝翠，他们三个人奇怪的组合着实令人费解：巴菲特在家时由艾丝翠照顾，离开奥马哈则由苏珊照顾，他们会一起去看望老朋友，不过重要场合巴菲特还是带着苏珊。

站在外人的角度看，巴菲特和苏珊都没有发生本质的变化，和其他夫妇相差无几。小苏珊认为父母的关系没变，彼得认为那是一种超现实主义的关系。不过也有人说，巴菲特同时占有两个女人。然而他并不是花花公子，他对待这两个女人采用的是不同的态度，而她们也的确是两种人，巴菲特的朋友们只好慢慢适应这种三角关系。

曾经有人想了解巴菲特对婚姻到底持何种态度，彼得就这样问过他：和苏珊交往之初是否想着要结婚？也有人认为巴菲特结婚只是找个人帮助他打理家庭事务。不管真相如何，巴菲特和苏珊都在相隔1500英里的距离处维系着原有的关系，只要不离婚，巴菲特就能接受一切，因为他害怕改变。

巴菲特在一次发言中提到了两女一男的关系，他说这种关系可以让三个人都受益，还明确指出："如果你对每个人都很了解，你就会理解这种关系了。"的确，巴菲特从来不敬畏清规戒律，他一旦决定做某件事就会不顾一切，事业上如此，生活上也如此。然而，巴菲特在和朋友聊天时提到了艾丝翠是托了苏珊的福。

曾经和巴菲特一起经营弹子球生意的丹利来到奥马哈拜访巴菲特

时，得知他和艾丝翠在一起，而巴菲特告诉丹利：苏珊和艾丝翠都是他的朋友。丹利对别人说："我想这对他很重要，他的意思是跟我表明他不会干什么偷偷摸摸的事。"

巴菲特确实因为苏珊的离开抑郁了一段时间，彼得说他长期处于空虚状态，有时候为了忘掉这种不快会拼命工作。在这种孤独的状态中，巴菲特依旧延续着他曾经的生活方式和习惯，天不亮就起床，好像他还是当年的送报童。无论家庭生活发生怎样的变化，巴菲特的内心深处都住着一个孩童，聪慧、内向、勤奋和敏感，他像害怕成长一样害怕改变。

Buffett

第八章

收购『绩优股』企业

1．涉足报业，掌控宣传喉舌

巴菲特青少年时期的送报经历，是他早年参与社会实践的最重要的体验，《华盛顿邮报》和《时代先驱报》成为他记忆中难以磨灭的两份报纸。他在成为一位真正的投资大师之后，对报业依然十分关注。1969年，巴菲特从利普西手中购买了奥马哈的地方报纸——《奥马哈太阳报》，该报成为他投资的第一家报社。尽管《奥马哈太阳报》没有为他带来多大的利润，却是他迈向报业的一次重要尝试。从那以后，巴菲特一直关注报业的发展情况并将其当作投资对象之一。

巴菲特对《奥马哈太阳报》并不满意，因为它的经营状况实在糟糕，售价一提高销量就减少，可见它对消费者来说多么没有吸引力。巴菲特想要了解有关报业的全部知识，于是开始专注研究报纸和其他媒体的经济学理论。当他研究得越是深入，就越发现《奥马哈太阳报》已经无可救药了。

经过研究，巴菲特发现全国当时一共有1207个城市发行日报，其中有689个城市里存在多家报纸竞争的情况，在1971年，有1511个城市有了日报，其中有37个城市有两家或者两家以上存在竞争关系的报纸。就连《华盛顿每日新闻》这样有后台支持的报纸都关张了，更何况在消费者心中认可度不高的《奥马哈太阳报》，除了亏损什么也无法产生。尽管拥有获得普利策新闻奖的文章，但这只能代表社会影响力而不是经济价值。

巴菲特希望在一个城市中有一家占据主导地位的报纸，这样的报纸就像市民之间沟通的桥梁，只要从桥上经过就要付费，而广告商想要刊登消息也要通过它。在奥马哈，百货商店只能在《奥马哈世界先驱报》上刊登广告，因为它垄断了整个日报行业，广告费想收多少就收多少，相当于拥有了受到保护的经营垄断特权。相比之下，巴菲特的伯克希尔绝不可能享有这种待遇。

经过盘算，巴菲特打算收购《奥马哈世界先驱报》。然而对方拒绝出售，巴菲特只好四处寻找有投资价值的报纸。很快他盯上了《辛辛那提问询者报》，结果对方不搭理他，他只好找朋友安排他与一个叫汤姆·墨菲的人见了面。

汤姆·墨菲是大都市通信公司的董事长，在美国媒体行业很有影响力，他和巴菲特一见如故，聊得十分投机，马上带着巴菲特参加了在迈阿密召开的共和党会议，还将他拉进自己的董事会。巴菲特和墨菲一起打了壁球还吃了牛排，巴菲特表示想购买墨菲的股票，但是股价偏高，不符合他的投资标准。其实在合伙人公司解散之后，巴菲特一直没有找到适合投资的股票，1972年，伯克希尔旗下的保险公司的1.01亿美元的证券产品中，只有1700万美元是股票投资。

通过与墨菲的接触，巴菲特又产生了回归股市的冲动，当然更重要的因素是华尔街。在当时的华尔街，基金经理们全都小心谨慎，他们将手头的钱全都投入宝丽来、雅芳、柯达这样的成长型蓝筹股上，即“漂亮50”，只有这些股票在泡沫时代也会上涨，甚至被认为是绝对安全的。1972年，“漂亮50”的平均市盈率达到80倍，让人们更加确信它的安全可靠性。结果到了第二年，“漂亮50”终于露出马脚，价值不断缩水，让基金经理们再也不敢相信任何一只所谓安全的股票。不少证券分析师辞职回家，整个股市死气沉沉。

身为一名投资者，巴菲特很理解这些遭遇了股灾的人，不过他又产生了一种想法，他认为股市陷入低谷之后反而意味着生机，这符合他的“在别人恐惧的时候贪婪，在别人贪婪的时候恐惧”的至理名言。

1973年，巴菲特开始疯狂购买股票：底特律国际桥梁公司、国王百货公司、福特汽车公司、美国卡车公司……巴菲特情绪十分高涨，他甚至表示想要跳踢踏舞。每天晚上，巴菲特都会在第50大街的克里斯杂货店购买新出的《奥马哈世界先驱报》，阅读上面的股票收盘价，回家之后还要不知疲倦地阅读堆成山的公司年报。巴菲特投入的精力太过专注，一次彼得因为换灯泡摔倒在地满脸痛苦，巴菲特从儿子身边经过时竟然连问都没问，直到他后来意识到这有些无情才向彼得认错。

从某种角度看，巴菲特才是家里真正的孩子，特别是他全神贯注工作的时候，状态近乎一个疯子，饮食起居也不像成年人，而且对苏珊的依赖性超过了三个孩子。不过这也让苏珊觉得郁闷，她无法和巴菲特有更多私密的夫妻时间，巴菲特就像置身于童话世界里。

对巴菲特而言，20世纪70年代确实是一部童话。他每天都要回答很多电话，他想要各种信息，特别是与股票经纪人联系时，他会不断询问他感兴趣的公司的情况，而且舍得投入本钱。此外，巴菲特还会用手指着股票行情表上的市盈率依次查看，发现很多股票都达不到10倍，他意识到机会终于来了。

1973年，负责管理FMC公司的鲍勃·马洛特求巴菲特帮忙，让他在公司寻找养老基金经理候选人的时候做考官，因为候选人都觉得自己很出色，只有巴菲特有能力辨识他们。一连两天，巴菲特除了听到这帮家伙高谈阔论之外什么收获也没有。最后马洛特问巴菲特是否要购买FMC的养老基金，巴菲特说他可以考虑，但是要把FMC公司的利益放在伯克希尔、他和苏珊的后面。

在马洛特看来，巴菲特是一位不可多得的幕僚，当他领取FMC养老金的时候，没有人知道巴菲特还在帮助FMC理财。在巴菲特的帮助下，FMC的证券投资组合价值增长了51%，而同期的道琼斯指数仅仅上涨了3%。

当然，巴菲特最关心的还是伯克希尔公司的利益。1973年，他聘请所罗门兄弟公司通过出售优先债券为公司筹资2000万美元。巴菲特是打算在价格低的时候多赚点，不过借款人对巴菲特的优先债券并不感兴趣，最后所罗门兄弟公司只好告知大家这些钱是巴菲特投资用的，并不是投资给伯克希尔的纺织车间。最后借款人提出要求：当巴菲特出售股票时公司必须偿还借款。就这样几经周折，巴菲特以8%的利率得到这笔钱。

进入20世纪80年代以后，《华盛顿邮报》在社会上的影响力越来越大，经常获得普利策新闻奖，地位无人能及。巴菲特和助手开始了解《华盛顿邮报》的全部情况，包括它的上市信息，因为巴菲特打定主意要购买它的股票，一方面是他对这家报纸足够了解，另一方面是因为他对股市的深刻了解。

《华盛顿邮报》当时拥有4家电视台、《新闻周刊》杂志和印刷工厂，然而这些资产都是不公开上市的，所以很难估价，巴菲特认为这些至少价值4亿美元，但是《华盛顿邮报》的市值仅为1亿美元。那些基金经理也知道这些情况，但他们害怕股价会下跌，也担心别人会抛售《华盛顿邮报》的股票，所以不敢长期持有，这恰好给巴菲特创造了机会。

巴菲特认为投资《华盛顿邮报》是千载难逢的机会，特别是在人气不旺、投资者信心不足的状况下，股价和它代表的资产价值之间没有必然联系。巴菲特说："当我们在一个月内买下《华盛顿邮报》8%或9%的股份之后，卖给我们股票的人之中没有一个人在想自己其实把价值4亿美元的资产以8000万美元贱卖给了我们。他们之所以愿意把股票卖给我们，是因为电信业股票在下跌，或是因为其他人都在抛售股票，又或是因为别的什么原因，很多人在出售股票时的心态都是非理性的。"

《华盛顿邮报》当时的负责人是凯瑟琳·格雷厄姆，她的父亲在1933年购买了处于破产边缘的《华盛顿邮报》，当时在华盛顿的5家报纸中它的影响力最低。凯瑟琳婚姻生活很不幸，她的丈夫菲利普·格雷厄姆因患有神经紊乱症而自杀。1963年，凯瑟琳正式接管了《华盛顿邮报》。她用坚强的毅力控制着局面，早年从事记者的职业经历给了她些许帮助。不过在登临公司高层之后，凯瑟琳感受到了压力，特别是公司中的男性骨干对她并不尊重。她在一次采访中也表示如今社会男人比女人更适合做这项工作，她的目标仅仅是守住江山即可。

从战略布局来看，《华盛顿邮报》思想不够开阔，所以凯瑟琳聘请了本杰明·布拉德利出任报纸主编。布拉德利有过在《新闻周刊》工作的经历，很受凯瑟琳的赏识和支持，二人合力将《华盛顿邮报》打造成了美国新闻界首屈一指的报纸。1971年，《华盛顿邮报》股票上市，凯瑟琳冒着尼克松政府施加压力的风险，发表了"五角大楼文件"，披露了美国在越战中的一些秘密档案，她本人也支持《华盛顿邮报》对水门事件进行调查，结果政府以停发《华盛顿邮报》在佛罗里达电视台的执照相威胁。

虽然《华盛顿邮报》是新闻界的喉舌，敢于批评政府，然而从企业经营的角度看它并不成功，虽然它在市场上占有很大份额，然而利润率仅为10%，它的电视业务也一样糟糕透顶。在股票上市后，凯瑟琳也加紧改革公司的步伐，将财务交给董事长兼顾问毕比律师。1973年毕比律师去世，凯瑟琳成为《财富》500强企业中的首个女董事长，她向证券分析师宣称，假设管理界也设立普利策新闻奖，她希望自己能拿到，然而华尔街的状况让她失望。

凯瑟琳之前通过朋友认识了巴菲特，不过她并不知道这位投资大师的算盘是什么，而且当时《华盛顿邮报》谣传她的儿子唐纳德有意提高在公司的地位，还声称有极端右翼分子会夺取公司，凯瑟琳自然对巴菲特产生了警觉，找朋友打听巴菲特的底细，有关他的任何消息都不会放过。

显然凯瑟琳的担心是多余的，当时《华盛顿邮报》发行两种股票，公开交易且有投票权限制的是B股，而A股才是对公司形成控股权的，被凯瑟琳一家牢牢掌控，但是因为凯瑟琳对投资业的规矩并不了解，所以她对巴菲特的到来惶恐不安。巴菲特认为自己占有《华盛顿邮报》10%的股份即可，就写信给凯瑟琳讲述了他早年送报纸的经历，想要澄清他要控制《华盛顿邮报》的谣言。凯瑟琳将这封信交给其他朋友看，大家一致认为越是善意的表白往往越隐藏着巨大的阴谋。

虽然凯瑟琳不是一个很有主见的人，然而这一次她没有盲从亲友的判断，她相信巴菲特是来拯救《华盛顿邮报》的，至于如何得出这个结论，恐怕是源于女人的直觉，或者是巴菲特天生的真诚和稳重感染了她。

2. 成为《华盛顿邮报》的大股东

凯瑟琳给巴菲特写了回信表示要面谈。当她去洛杉矶拜访《洛杉矶时报》时，巴菲特正式拜访了她。两个人见面后气氛缓和了许多，巴菲特也察觉出凯瑟琳的忧虑，马上表示他暂时不会购买《华盛顿邮报》的股票。虽然凯瑟琳还不能完全给予巴菲特信任，不过还是邀请他去参观她的公司。

自此，巴菲特开始了奥马哈和华盛顿的钟摆生活，在公司召开董事会的前一天晚上，他会在凯瑟琳的家里住宿。时间长了，巴菲特竟然变成了凯瑟琳的老师，他会带上一堆公司年报让凯瑟琳一句一句地阅读。有一次，巴菲特送给凯瑟琳一张迪士尼公司年报的封底图片，上面画着在婴儿床中熟睡的孩子，还附上了巴菲特写的一行字："这就是读完第20份公司年报之后的你。"

随着巴菲特和凯瑟琳不断走近，她身边有人认为巴菲特在企图操控她，然而凯瑟琳对巴菲特越来越信任。过了一段时间，巴菲特提出建议，《华盛顿邮报》应当回购一部分股票，凯瑟琳对此表示无法理解。巴菲特告诉她，公司整体的业务增长率不是第一位的，第一位的是每股的收益增长率，假设公司的股票能够低价收回，就会让每一股获得相应的增值。

经过巴菲特的耐心讲解，凯瑟琳同意了他的提议。此后，凯瑟琳多次在公共场合引用巴菲特的原话，还频繁使用专业的金融术语，如果有人提出建议她会说："有意思，那我们去问问巴菲特吧！"

巴菲特进入《华盛顿邮报》董事会一年之后，凯瑟琳准备裁减印刷室的闲杂人员，还要对印刷工人工会的控制权进行削减，因为工人在发动罢工时会砸坏印刷机。在凯瑟琳的请求下，巴菲特答应处理《华盛顿邮报》的一些具体工作。经过四个多月的努力，不服管束的工会终于解散，《华盛顿邮报》确保了它在新闻界的地位。

《时代》周刊收购了《华盛顿明星报》之后，提出建议和《华盛顿邮报》一起经营，声称能够降低成本。然而巴菲特拒绝了这个提议，他认为《华盛顿邮报》已经占据华盛顿报业市场的66%的份额，凯瑟琳甚至提出了反向收购的意见，最后谈判不了了之。不久，《华盛顿明星报》关门大吉。

随着合作的深入和增多，凯瑟琳对巴菲特越来越信任，每隔几天他们就要见一面，而且巴菲特还会给她提供演讲大纲，甚至谈判时的报价凯瑟琳也会向他咨询。巴菲特劝告凯瑟琳应该更有主见和思想，由此可以看出巴菲特对《华盛顿邮报》的影响力。

凯瑟琳和巴菲特的关系很微妙。巴菲特不仅是一个商业上的顾问，也是凯瑟琳生活上的良师益友。身为一个富有的寡妇，很多人追求凯瑟琳，然而她很难对这些人产生信任，所以过着几乎隐居式的生活。她需要一个亲密无间的朋友，她和巴菲特两个人的性格中都具备诙谐搞笑的潜质。一次巴菲特邀请凯瑟琳去奥马哈做客，让她画一张美国地图并试着标注奥马哈的方位，结果凯瑟琳画了一张十分丑陋的地图，正当巴菲特想要抢过来之时，凯瑟琳急忙将其撕得粉碎。

还有一次，巴菲特和凯瑟琳乘坐飞机在纽约的拉瓜迪亚机场着陆之后，凯瑟琳想要打电话，向巴菲特要10美分的零钱。巴菲特摸出一枚25美分的硬币后就跑出去换零钱，凯瑟琳急忙大喊："巴菲特，得了，能给我25美分吗？"

每次巴菲特去华盛顿几乎都不带苏珊，反而是陪着凯瑟琳在城里闲逛，两个人的社交圈子因此扩大了，巴菲特由此结识了亨利·基辛格等社会名流。一次凯瑟琳过生日，不少社会上层人物前来庆贺，有人带来一瓶和凯瑟琳年龄相当的葡萄酒，价值不菲。然而当侍者将葡萄酒递给巴菲特时，他却说："不用了，谢谢，能把这杯酒所值的现金给我吗？"

巴菲特只要到华盛顿，凯瑟琳就会让她的厨师为他做汉堡，还给他买他最爱吃的零食——油炸花生和草莓冰激凌。凯瑟琳还劝巴菲特尝试吃扁豆，还让他多买一些衣服。礼尚往来，巴菲特也会带着凯瑟琳去伯克希尔·哈撒韦参观，巴菲特甚至成了凯瑟琳孩子的叔叔，在凯瑟琳家里永远都留着巴菲特的换洗衣服。

巴菲特有很多有声望的女性朋友，在和她们的交往中总能体现侠骨柔情，然而苏珊从未因此吃醋，她说自己对事情的表象不感兴趣，只看重事情的本质。

20世纪70年代中期，巴菲特的生活发生了变化，苏珊不想把全部精力都投入照顾巴菲特上面，她想拥有属于自己的生活，她会独自旅行，会参与公益事业。巴菲特忽然意识到他的家庭正在变得松散，连彼得吃饭都要自己动手。一次，巴菲特和苏珊谈话："苏珊，你就像一个工作了23年之后又丢掉饭碗的人，现在你打算做些什么呢？"

苏珊表示她想成为一名歌手，因为她每天在家里就是哼着歌，现在她的私人时间充裕了，会经常创作一些曲子，还和奥马哈一个叫"鲍勃·艾德森三人组”的乐队混在一起，偶尔会出现在一些私人聚会上，只是每次公演她都有些紧张。

对于妻子的歌星梦，巴菲特表示支持。1975年，苏珊出现在一家叫作“蒸汽动力”的夜总会舞台上，从此开始了她半专业的演艺生涯。她经常现身于一间法国咖啡屋，会穿着各种演出服装表演，她的歌声富有磁性，每次登台巴菲特都会前去捧场。

和苏珊不同，凯瑟琳缺乏金融知识，所以没有安全感，因此她十分依赖巴菲特。两个人曾经一起去了尼亚加拉大瀑布。在外人看来，他们的关系很难描述，从表面上看不像情人关系，但是也超出了一般的朋友关系。面对像凯瑟琳这样强势的女人，巴菲特能驾驭好这种关系确实难得。

巴菲特和凯瑟琳的联盟，给《华盛顿邮报》带来了利润，而有了巴菲特把关，凯瑟琳也不会轻易在支票簿上签名了。一次有人向凯瑟琳介绍收购电视台的生意，巴菲特直接回绝了，理由是要价太高，《华盛顿邮报》的一些高管认为巴菲特阻挡了他们获得商机。

站在巴菲特的角度看，他替凯瑟琳出主意是因为他不了解这些出售的企业，无论有多少专业人士向他担保，他都不会轻易进入一个他尚未理解透彻的行业。也正是他对凯瑟琳的影响，让《华盛顿邮报》沾染上保守主义的色彩。

凯瑟琳迫切地想让《华盛顿邮报》的股票在华尔街飙出高升的股价，巴菲特和她的想法不谋而合。1973年巴菲特先后20次购买《华盛顿邮报》的股票，总价值高达1060万美元。这是巴菲特罕见的一次大投资，让身边的人十分意外。事实证明，巴菲特没有看错这只股票。

巴菲特在1984年给凯瑟琳的信中写道：“伯克希尔·哈撒韦公司自从在1973年的春季和夏季分批购买了《华盛顿邮报》公司的股票以后，

这些股票的价格已经从当时的1060万美元上升到1.4亿美元。如果我当时没有选择购买《华盛顿邮报》而是选择购买其他传媒公司的股票，这1060万美元也许只能拥有价值6000万美元的《纽约时报》股票，或者价值4000万美元的《时代镜报》股票，或者是价值3000万美元的加奈特股票，或者价值7500万美元的骑士债券，而不会拥有1.4亿美元。”

投资《华盛顿邮报》是巴菲特最成功的投资案例之一，这笔收入成为伯克希尔公司的主要收入。当时美国投资者对媒体股并不在意，所以谁也没想到巴菲特能够拿出1000多万美元投资一家报纸。1974年之后，《华盛顿邮报》成为华盛顿特区的垄断媒体，巴菲特购买的B级股票价格从每股6.5美元的发行价奇迹般地飙升到480美元！凯瑟琳家族持有的A级股票年增长率也突破了20%。巴菲特由此成为《华盛顿邮报》的第二大股东。

1974年，凯瑟琳邀请巴菲特成为《华盛顿邮报》的董事会成员。在其他董事中，无论是凯瑟琳家族还是公司的高层，都对巴菲特保持着戒心，他们不知道他下一步要做出什么举动。巴菲特清楚自己的位置，他不断地向大家说明自己为何投资《华盛顿邮报》，努力消除他和原班人马的隔阂。不过此时凯瑟琳对巴菲特已经非常信任，在她的支持下，巴菲特对公司的贡献越来越大。

巴菲特投资《华盛顿邮报》时，《华尔街纪事报》曾经报道，有媒体分析师认为，根据公司的账面情况看，《华盛顿邮报》为投资者提供了建仓的良机，不过他们不敢购买。也有人表示《华盛顿邮报》是具有成长性的主流报纸。

当时媒体板块的股票价格低廉，通过简单的数字计算就能得出结论，分析它们的投资价值也不难，却少有人出手。1974年8月，《波士顿环球报》的母公司联合出版公司上市，很多人认为他们只有一张报纸，所以风险很高，却没有人看到这张报纸已经占据波士顿三分之二的市场份额，身为承销商的波士顿银行只好将价格调低，听说巴菲特对媒体板块感兴趣之后还联系了他，不过没有得到巴菲特明确的答复。

巴菲特没有当一个旁观者，经过调查，他发现，联合出版公司被两个老牌的波士顿家族把控，从1872年开始出版《波士顿环球报》起，发行量和收入都持续上涨且没有停止的迹象，而《波士顿环球报》的竞争对手《旅行者先驱报》早就关门倒闭，这正是巴菲特向往的“合法垄断经营”模式。

在联合出版公司股票上市之后，巴菲特大量购买，充分显示了他把钱花在刀刃上的投资原则。此时伯克希尔·哈撒韦由于出售了优先债券有了充足的资金，开始了对很多报业股票的“收割行动”，巴菲特从当年的送报童一跃成为报刊出版业的投资大亨。

3. 与《信使快报》的残酷竞争

1976年圣诞节前夕，巴菲特在《新闻周刊》报社与凯瑟琳以及她的儿子唐纳德等人见面，董事们带来一个名叫文森特·麦努的客人，他是一位报业经纪人，此次前来想要看看是否有人愿意收购《布法罗晚报》。

《布法罗晚报》成立于1880年，由巴特勒家族经营，政治上倾向共和党，几十年来巴特勒家族的业主是凯特·巴特勒，一个有钱的、喜欢带着狗兜风的贵妇人。巴特勒家族有先进的印刷厂和电视台以及美洲航空公司的一部分股票，因为他们对工人比较慷慨，所以很少发生罢工事件。

按照报业的规律，下午发行的报纸销量通常不好，但《布法罗晚报》却是一个例外，它在当地的读者数量众多，不过也存在一个致命的缺点：没有周末版，而通常周末是投放广告的最佳时间，很多读者也有闲暇看报。尽管如此，《布法罗晚报》仍然是大城市的主流报纸，在当地各个家庭中占有率很高，陪伴了每一个布法罗人的成长，而且这座城市人口流动性小，订户稳定。

凯特·巴特勒去世之后，巴特勒家族想要出售这家报纸。巴菲特想让凯瑟琳收购这家报社，让其成为《华盛顿邮报》的子公司。然而当时公司被“水门事件”影响，加上工人大罢工，保守的凯瑟琳不敢冒这个风险，而且也无法接受4000万美元的收购价格。巴菲特不愿意错失良机，经过几次接触后，以3250万美元的价格收购了《布法罗晚报》。

签署合同之后，巴菲特做的第一件事就是建立周末版，为此还成立了一个攻坚小组，巴菲特每天都会亲自检查筹备进度，员工们会整理出一些数据交给巴菲特，巴菲特则参与设计报纸版面、广告报价以及推销策略等具体事项。

当时和《布法罗晚报》竞争最激烈的是《信使快报》，它由康纳家族经营，这家报纸历史悠久，曾经被知名作家马克·吐温拥有，崇尚言论自由，但是经营状况同样糟糕。和《布法罗晚报》相比，《信使快报》最大的优势就是建立了周末版，因此在巴菲特打算让《布法罗晚报》增加周末版之后，当地人认为必定有一家报纸会被挤垮，出于商业利益考虑，布法罗的商家还是会在两份报纸的周末版同时打广告。

在《布法罗晚报》增加周末版之前，《信使快报》一纸诉状将巴菲特告上了法庭，理由是以不正当竞争手段企图垄断报业。经过漫长的问询和调查之后，审理结果是《布法罗晚报》周末版可以正常发行，但是它的营销策略和受众人群须被限制，增加了提供每个订阅者的名单等苛刻条件。

《布法罗晚报》与《信使快报》成为一对冤家，巴菲特认为只有一家能最终存活下来，所以他加快了自动排字技术的装备，还扩大了报纸的版面并增加了25%的员工。经过改革之后的新版报纸和旧版有很大不同，一些资深记者认为巴菲特确实投入了精力。不过，在周末版的利益争夺战中，《布法罗晚报》还是承受着经济损失，因为《信使快报》每个周末版的发行量都比《布法罗晚报》高出10万份。

有意思的是，购买《信使快报》的人很多是出于同情，他们担心这家报纸因为经济萧条倒闭从而带来大量工人的失业。1978年，《布法罗晚报》的税前损失高达290万美元，到1979年，情况略有好转，纽约联邦上诉法庭推翻了对《布法罗晚报》的禁令，然而给巴菲特带来的损失却永远无法挽回。

在这次审判结束两个月以后，《信使快报》出售给了考尔斯家族，这意味着它有了雄厚的资金继续同巴菲特竞争。1979年，《布法罗晚报》亏损金额高达460万美元，这是巴菲特投资生涯中第一次遭受如此大的损失。与此同时，报社还面临着工人罢工的危机：印刷工人拒绝干活，运报纸的卡车被抢走……报社的一切工作都陷于停顿。更不幸的是，《信使快报》趁机抢到了很多订单。

此时的巴菲特心急如焚，他知道如果报纸长期停印会丢掉市场占有率，现在能做的只有尽快复工或者直接关门。最后巴菲特宣布：如果报纸不能正常出版就不发工资，解雇所有员工。最终，罢工活动停止。

在接下来的几个月里，《布法罗晚报》周末版发行量突破20万份，虽然还是少于《信使快报》，但总算是一种进步，也粉碎了《布法罗晚报》即将关门的谣言。9月，《信使快报》在这场残酷的对决中支撑不住，倒闭关门。

事实上，《信使快报》每年在早报上的业务亏损300万美元，是《布法罗晚报》的两倍，而且母公司的经营状况也不好。在它倒闭当天，《布法罗晚报》立即改名为《布法罗新闻报》，同时开始发行《晨报》，不到半年就达到了36万份，超过了《信使快报》创造的纪录，广告收入也增加不少。

竞争对手垮台后，《布法罗新闻报》税前利润高达1900万美元，在20世纪80年代后期，年均盈利达到4000万美元，超过了巴菲特投资在伯克希尔·哈撒韦和蓝带公司的总收入，巴菲特的投资组合进入良性循环的状态，投资链条变得富有弹性和更加强劲。

《信使快报》倒闭不久，巴菲特参加了在布法罗斯塔特勒饭店召开的报社中层领导会议，有人问他报纸的盈利能分给编辑和记者多少钱，巴菲特回答说："于日常工作的人，都无法为公司增加利润做什么大贡献。"这句话让在场的人都大吃一惊，然而这正是巴菲特残酷但公平的经营信条。其实，报社的员工们待遇都有所提高，只是没有达到他们预期的水平。他们的收入在美国报业员工同盟的排名中从第七位滑落到第十三位。

尽管拥有了布法罗市唯一的报纸，巴菲特并没有感到轻松，反而表示具有垄断地位的报纸就会失去保证质量的经济动力。事实也的确如此，巴菲特不再像过去那样频繁出现在报社，一些素质优秀的记者和编辑纷纷离开，然而《布法罗新闻报》还是成为当地人不可或缺的文化生活的组成部分，全市75%的家庭订购了它，只是读者群在进一步缩小。

多年以后，一些人还是不能忘记《布法罗新闻报》与《信使快报》当时惨烈血腥的竞争大战，一些《信使快报》的老员工还对《信使快报》的倒闭唏嘘不已，甚至他们的后代也对《布法罗新闻报》充满仇视，然而他们还是订购了它。有人点评说："巴菲特终于笑到了最后，垄断了市场。"

4．洗脱“商业诈骗”嫌疑

1973年的一天，一个股票经纪人向巴菲特推荐了一家名叫韦斯科金融公司的股票，该公司主营储蓄和贷款，巴菲特对它并不陌生，因为从60年代中期开始他每年都会翻阅上百家同类公司的年报。当时韦斯科金融的股价是每股十几美元，低于账面价值的50%还多，巴菲特认为可以出手，就让蓝带公司购买了8%的股份。

1972年，韦斯科金融公司只有200万美元的规模，第二年它宣布和加州一家同类公司——圣芭芭拉财务公司合并。巴菲特认为韦斯科想要抛弃原有的业务，而圣芭芭拉财务公司的股票明显被市场高估。

芒格认为韦斯科有投资价值，应该多买进一些，并阻止它和圣芭芭拉财务公司的合并，不过这需要股东大会投票。巴菲特不在意这点，芒格却依旧坚持己见。随后，只要股市上有韦斯科金融公司的股票，蓝带公司就会立即买入，最终拥有了韦斯科20%的股份。2月，芒格致电韦斯科金融公司的总裁文森蒂，他说明蓝带公司长期购买他们的股票是想创造一种氛围，让公司的董事放弃与圣芭芭拉的合并计划。然而韦斯科公司仍然一意孤行。

芒格认为，文森蒂的做法让人无法接受，虽然他和巴菲特可以代表蓝带公司投反对票并授意其他股东，但他们不会以这种方式解决矛盾，于是芒格直言自己欣赏韦斯科的管理方式，甚至还说文森蒂符合巴菲特期待的总裁人选。然而越是解释，文森蒂越是摸不着头脑，他不认为在商业活动中应该加入道义层面的元素，而这也正是芒格绅士作风的体现，他曾经说过富兰克林的名言比商学院传授的任何知识都有用。

由于劝说失败，巴菲特只好动员那些有能力阻止两家公司合并的董事，他找到了伊丽莎白·彼得斯。她是旧金山的名门之后，也是韦斯科金融公司的头号股东。虽然她也很清楚圣芭芭拉的收购条件不尽如人意，然而她还是对合并之后的发展前景抱有幻想。几天过后，巴菲特终于见到了伊丽莎白，他开门见山，称再过一段时间韦斯科的股价会高出圣芭芭拉给出的价格，伊丽莎白表示合并是激发韦斯科活力的手段，巴菲特说他愿意扮演这样的角色，还谈到了他和其他公司的合作关系。

巴菲特诚恳的态度和从容的举止让伊丽莎白心生好感，她问了最后一个问题："巴菲特先生，如果我相信你，那万一你在路口被卡车撞了我该怎么办？那时又有谁来挽救韦斯科呢？"巴菲特说他身边有能力相当的合伙人，即便他遭遇不测也会有人来接管伯克希尔并打理巴菲特家族的其他事务，同样也可以处理韦斯科的事情。

伊丽莎白终于放下心，在她的舆论引导下，合并计划告吹。不过巴菲特也充满责任感，他和芒格认为应当对伊丽莎白承担起维护韦斯科利益的义务，于是增加了持有韦斯科股票的比例，而且在购买股票的时候没有等到低价位入手而是以每股17美元的较高价格收购了股票。芒格也赞同巴菲特的做法，他说："我们在容易陷入狂乱的时刻做出了正确的决定，我们认为这是一条正确的道路。"

不久，蓝带公司持有韦斯科的股票比重达到24.9%，然而韦斯科跟着大盘的跌势一同下跌。1974年蓝带公司成为韦斯科金融的控股股东，伊丽莎白同样持有份额不小的股票。就在这时，美国证券交易委员会盯上了巴菲特和芒格。

1974年，巴菲特和芒格在蓝带公司和多元零售公司都持有股份，然而芒格和伯克希尔·哈撒韦并无瓜葛，只是当巴菲特动用蓝带公司的资金时二人才发生联系。这种微妙的关系让外人不明就里，于是巴菲特和芒格宣布将多元零售公司与伯克希尔·哈撒韦合并。正是这个举动让美国证券交易委员会提高了警惕，他们提出很多问题质问巴菲特和芒格。

起初，巴菲特和芒格以为是他俩名气太大才引发的关注，然而几个月过后，芒格意识到情况不妙，他在写给朋友的一封信中显出了不安的情绪："但愿我放弃这件事能让美国证券交易委员会感到满意，否则，你们就尽快让我收到答复，最好是打电话直接告诉我，这样我们就可以解决所有悬而未决的问题，以使我们的计划顺利完成。"

芒格担心的事情终于发生了，当年12月，美国证券交易委员会对巴菲特提出控告：关于调查蓝带公司以及伯克希尔·哈撒韦和巴菲特的HO-784号案件。官方给出的说法是：蓝带公司、伯克希尔·哈撒韦公司以及巴菲特有可能单独或一同参与过一些商业活动……这些商业活动直接或间接地涉及商业诈骗的做法、方案或是预谋，也可能是其提供的陈述材料不真实或遗漏了……

这一次，证券交易委员会的调查指出蓝带公司是否控制韦斯科股价按照法理难以评判，不过证券交易委员会还是将此事当作大案处理，对巴菲特的调查详细到了他购买过的每一只股票。巴菲特按照委员会的要求将整整三大箱的档案送到华盛顿，其中包括他的全部股票交易记录、他和蓝带公司的通信、他与纺织厂和喜诗糖果的备忘录等。这次，巴菲特多少有些担心，不过他没有将这种焦虑表现出来。

1975年3月，美国证券交易委员会要求芒格当了两天的证人，他发誓出了什么问题都和巴菲特共同承担，在芒格看来这是对他们品质的怀疑。然而委员会的年轻律师们并不在意什么品质，他们先入为主地想要找出猛料，声称芒格故意让圣芭芭拉财务公司买不到韦斯科的股票，破坏合并计划。芒格认为这不是他和巴菲特的作风，可惜这套言辞在委员会面前显得不合时宜。委员会问芒格和巴菲特多久之前考虑过控制韦斯科的事情，芒格说他们将98%的精力放在了手头的工作上，并坚信做好眼前事而不为未发生的事苦恼。

委员会丝毫不理会芒格神父式的辩词，他们追问蓝带公司为何在买入韦斯科股票的时候支付溢价，芒格解释说希望在文森蒂和伊丽莎白之间确保公平，委员会认为这是置股东的利益于不顾，芒格说那些要求他们矫枉过正的股东也没有权力获得这种公平，委员会觉得商人总是会让自己的公司和股东利益最大化，芒格反驳道："也许我们致力于实现的是长期的利润最大化。如果我们希望与路易斯·文森蒂建立起一种和谐的长期工作关系，或许这才是公正的。"

美国证券交易委员会对芒格的解释并不接受，他们认为蓝带公司就是在有意提高韦斯科的股价，又可能是通过某种控制手段让股价达到目标之后立即抛售。不过蓝带公司并没有出售股票的迹象，这让委员会的律师们无法解释。为了进一步弄清事实，他们又召来了巴菲特。

委员会问巴菲特，从商业角度看，等到价格下跌再购买股票不是更合适吗。巴菲特说，倘若只看一笔交易，这种想法是正确的，不过具体到蓝带公司的整体情况，韦斯科的股东们认为自己得到了公正的待遇是事实。委员会问及巴菲特对蓝带公司的股东负何种责任，巴菲特说他也有为数不少的股票，所以对他自己也有影响，利益和其他股东是绑定在一起的。最后委员会提出韦斯科和圣芭芭拉合并之后巴菲特再出售股票会让股价变低，这是在影响他的形象。巴菲特说他认为只有一部分人对此愤怒。

巴菲特和证券委员会的沟通很像是一场跨世纪的对话，当时委员会将类似案件粗暴地界定为一种交易，除了账面的利益之外再无其他因素影响。而巴菲特从来不这么做，他希望凭借良好的社会关系和声望维持他的生意，而其他一些有诚信的商人也会这么做。然而正是这种掺杂了人情的商业行为，让证券委员会觉得疑点重，律师们认为找到了本案的共犯，唯一缺少的就是“罪证”了。于是，他们开始在芒格和巴菲特的关系中间寻找突破口。

委员会问芒格，在蓝带公司谁负责决策投资，芒格说是巴菲特，不过两个人总会商量。委员会追问巴菲特购买韦斯科股票时是否告诉他还会继续购买，芒格说他们之间不会每件事都告诉对方，他也没有主动去问。最后，委员会问芒格：“你是否觉得巴菲特先生是你‘自己的化身’？”

这句话显然缺乏诚意和起码的理解，根据委员会的律师说明，他们是从伊丽莎白口中得知这个说法的，而且他们又以同样的问法质问了巴菲特。巴菲特的回答是：“这取决于你到底指的是什么。你知道，我们在一些投资项目上也曾意见相左，而在制定大多数投资决策时，我们的意见基本能够保持一致。”

在这次和委员会的对话中，巴菲特没有乱了方寸，他按照自己既定的思路与对方交涉，甚至多次非正式拜访证券交易委员会的成员，好像在帮助他们戳穿自己的“罪行”，还向他们描述了蓝带公司的经营现状和组织架构，接受质询的间隙还对一位律师聊起了他在华盛顿经历的童年往事，结果那位律师被巴菲特的人格魅力深深感染。

如果时间推移到当代，像巴菲特这样级别的高层主管竟然在没有律师陪同的情况下进入证券交易委员会，还向一位律师提供更详细的调查信息，这简直不可思议甚至很荒唐。因为如果有律师在场，一定会阻止巴菲特和委员会的人谈论这些话题。然而巴菲特却那么做了，并不是他头脑简单，而是他根本没有将这件事放在心上。他是一位内心强大的先贤式的人物。最终，美国证券交易委员会被巴菲特的坦荡所打动，不愿再怀疑他会搞暗箱操作。

1975年，证券交易委员会开始调查原始资本基金，这是巴菲特和芒格合伙控制的另一个基金。巴菲特觉得这简直是无理取闹，就告知委员会："我们希望现在的业务还可以保留，但是不要这么多头绪。我真的很不喜欢这种错综复杂的局面。我们当时的操作看起来很容易，而现在却并非如此了。"

这一次巴菲特联系了律师恳请结束调查，律师称巴菲特三年以来的个人税务申报表记录堪比林肯总统的正直人格。到了第二年，美国证券交易委员会最终没有对巴菲特进行惩罚。几个星期以后，委员会竟然邀请巴菲特参加一个专家研讨会，内容是讨论上市公司信息安全的问题，这似乎是委员会变相还给了巴菲特清白。

这件事对巴菲特也产生了影响，他开始反思自己之前的交叉投资模式，也觉得应该简化，于是卖出了原始资本基金持有的蓝带公司的股份，辞掉了FMC公司资金经理的职务，同时还重新整合了蓝带公司，将多元零售公司并入伯克希尔·哈撒韦。

通过这一系列合并，巴菲特与芒格的合伙人关系更加合乎规范。芒格得到了伯克希尔·哈撒韦2%的股份，作为巴菲特换回多元零售公司股份的对等回馈，另外巴菲特任命芒格为伯克希尔的副董事长，只是他人还留在洛杉矶继续自己的投资事业。

此时，巴菲特主要的收入来源就是伯克希尔·哈撒韦，再没有和它能产生矛盾的投资组合了。20世纪70年代中期，巴菲特拥有伯克希尔43%

的股份，苏珊持有3%。在巴菲特刚刚接管伯克希尔的10年中，每股净值从20美元狂升到95美元，如果换作别人也许会将公司改名换姓，比如叫伯哈公司，但是巴菲特从不在意这种表面文章，他喜欢这个充满回忆性和历史性的名字。

巴菲特表示自己永远不会将伯克希尔·哈撒韦卖出，因为“它现在就像我家里的生意一样”。从某种角度看，他的一部分生命早已融入伯克希尔·哈撒韦当中，不再需要更大的调整和改革，更不可能让别人来接手。

5. 结识美国梦的样板——“B夫人”

1983年夏天，巴菲特走进罗斯牛排屋对面的一座家具商城，他来到一个铺着地毯的房间里，见到了这座商城的主人：一个身高不足1.5米的女人。虽然这位女老板身材娇小，但是在巴菲特眼中她是一位女巨人。

这个女人名叫罗斯·布朗金，有人称她为“B夫人”，当时90岁高龄，她面色红润，只有鬓角出现了白头发，丝毫看不出是一位年近百岁的老者。巴菲特问她是否愿意将商场卖给伯克希尔·哈撒韦，对方爽快地答应了，最后他们以5500万美元的价格成交，成为巴菲特收购史中最大的一笔交易。由于罗斯不能写字，所以就在合同底部画了个押。不久，巴菲特给了她一张价值总收购金额90%的支票，罗斯连看都没看就收起来，对巴菲特说：“巴菲特先生，我们要把所有竞争者都碾得粉碎。”

一切都如巴菲特预想的那样，B夫人是理想的合作伙伴，仿佛是上帝派遣给他的一样，B夫人身上具有的坚毅、果敢以及聪明的特质，很像巴菲特的祖父欧内斯特，而B夫人本身也是美国梦的象征。

罗斯·布朗金于1893年生于俄国莫斯科的一个村庄，从小家庭贫寒，兄弟姐妹七个，一家九口人挤在一个房间里，睡在稻草上。罗斯的父亲是犹太牧师，然而她却不怎么虔诚，因为她看到父亲的祈祷并不能给他们弄来一个床垫。罗斯经常在夜里惊醒，看到母亲在火炉边烤面包。为了减轻母亲的负担，她6岁的时候就在家里的食品店帮忙。

罗斯没有钱念书，她甚至连教室都没见过。虽然她的童年很凄苦，却从没有放弃对梦想的追逐。她始终保持着自尊自信，尽管生活贫困，却没向人乞讨过。一个偶然的机会，罗斯有幸结识了一个知识分子并在他家中学习了俄文和数学，这帮助她打下了一定的文化基础。13岁时，罗斯去一家商店当了临时工，一边打工一边读书。通过刻苦努力，她在三年后成为这家商店的店长，负责日常管理工作。这一年，罗斯只有16岁。

罗斯进入社会较早，所以身上没有保留同龄人的稚嫩和天真，显得很成熟老练。她利用自己的聪明才智将商店管理得井井有条，而且在实践过程中不断学习各种经营管理知识，还认识了很多商人，其中就包括她的丈夫伊萨多·布朗金。

1914年，罗斯和布朗金结婚。后来布朗金去了美国，但因为第一次世界大战爆发，罗斯无法跟着丈夫同去，直到1917年她才登上穿越西伯利亚的火车。当罗斯来到中俄边界的时候，由于没有护照被一名俄国士兵扣留，罗斯说她为军队采购贸易，并保证回来时给他一瓶伏特加，士兵这才放了她。罗斯穿过满洲里进入日本，在一艘运花生的船上找到了铺位。一个半月之后，她风尘仆仆地到达西雅图。

1919年罗斯和丈夫在奥马哈定居，不久以后将父母和兄弟姐妹都接了过来。当时伊萨多经营一家当铺和旧服装店，为了多赚钱养家，罗斯将地下室的家具卖掉了。由于她不会说英语，只好让她还在上学的孩子教她。由于罗斯没有什么特长，收入有限，一家人生活困难。

1937年，44岁的罗斯投资500美元在法纳姆大街开了一家杂货店，就是内布拉斯加家具商城的前身，开始了创业生涯。她一年到头都在工作，从不休息。后来，罗斯给杂货铺起名叫内布拉斯加家具商城，希望能越做越大。

罗斯的经营理念是保持良好的信誉，将“价格低廉，诚实公道”当成她的经营信条，让那些经济拮据的人能够按照成本价购买，所以没用多长时间就在奥马哈吸引了大批顾客。不过，罗斯很难与大品牌的企业进行合作，因为她的售价太低限制了利润。于是罗斯就坐火车前往芝加哥或者堪萨斯等地，找到零售商以略高于成本价的价位买下他们多余的商品。如果实在缺货，有时罗斯会卖掉自己的家具。

由于罗斯的店铺“档次”太低，银行也不给她贷款，还多次羞辱她，从此她痛恨金融大亨，唯一能让她坚持下去的就是钢铁般的意志。经过一段时间的经营，罗斯发现她的店铺对工薪阶层和中产者很有吸引力，每当她有货时，这些忠实的客户就会拿着现金来购买。

1949年，莫哈威克地毯厂将罗斯告上了法庭，声称她违反了《公平贸易法》，当时莫哈威克销售的地毯每码售价是7.25美元，而罗斯只卖4.95美元，罗斯反问对方“那又怎么了？”后来法院经过调查裁定罗斯没有违法，而且第二天法官还去她的商场购买了1400美元的地毯。第二年，一位友善的银行家借给罗斯5万美元的贷款，她用这笔钱租了一个大厅，在3天内购买了25万美元的家具并发誓永不借债。这一年，罗斯57岁，她的美国梦终于实现了。

罗斯对家庭成员和公司雇员都十分严厉，她经常挂在嘴边的话是：“你这个没用的废物！”“你这个浑蛋！”罗斯的脾气随着年龄的增长越来越差，她和两个孙子的关系尤其糟糕，他们都是商场的经理，其中一个孙子因为长期被罗斯痛骂已经不愿讲话。只有罗斯的儿子路易让母亲有了些许改变。路易是一个头脑精明、性情温和的人，每次推销员来他们商场，罗斯只会狠狠地杀价，而路易却在旁边提价。罗斯解雇员工之后，路易会将他们重新聘回来。伊萨多死后，路易总会对罗斯说：“妈妈，你懂得最多。”

罗斯的经营策略是大批量地进货，减少开支，有盈余就储蓄起来，而她的售价只比成本高10%。一次，一对年轻夫妇到她店里买一张折叠沙发，然而钱却不够，罗斯最后按照成本价卖给他们，结果这对夫妻成为她店里的常客。

罗斯90多岁的时候每天仍然坚持工作12个小时。她对银行毫不信任，因此没有用她的商场做过任何抵押，她凭借500美元起家将全部竞争对手打败了。《奥马哈世界先驱报》曾经采访过罗斯，问她喜欢看哪部电影，她说太忙了根本没时间看。当问起她喜欢喝什么鸡尾酒时，她说喝酒的人容易破产，所以她不喜欢喝。记者最后问罗斯的爱好是什么，她回答：“开车去四处窥探竞争对手的经营情况。”

罗斯的起居室跟商场别无二致：情侣卡座、玻璃咖啡桌、各种黄铜雕像和水晶饰品，就连灯罩上的标签都没有拆下来。因为罗斯很少在家，所以她也从不请朋友做客。她对富人有一种偏见，因为他们在她最困难的时候羞辱她。在罗斯和巴菲特接触之后，她认为巴菲特写的东西无聊又无用，她几乎不懂任何商业用语，不过她能准确地告诉巴菲特现金金额，一美分都不会差。巴菲特在哥伦比亚大学商学院讲课时，曾经说罗斯对货币贬值和利率增长的认识超过在场的所有人，而罗斯却是一个没受过多少教育的俄国移民。

内布拉斯加家具商城成为奥马哈所有大事的见证人，只要奥马哈人举办婚礼、孩子庆生或者其他庆祝活动，都会去罗斯的店里挑选家具，而且再次搬家时还会过来选购。一次，龙卷风把商场的屋顶吹掉了，罗斯仍然坚持开业。还有一次商场着火，罗斯赠送消防队员几台电视机。

罗斯从不骗人，她相信这会给她带来好运。

良好的信用和薄利多销的策略让内布拉斯加商场生意兴隆，加上严格的管理让它成为有影响力的综合性的家族企业。值得一提的是，苏珊和罗斯一家关系很好，巴菲特从妻子那里得知内布拉斯加商场包办了半个奥马哈的家具，他在创业初期曾想把它买下来，但是出价太少被罗斯拒绝了。不过，巴菲特还是密切关注着内布拉斯加家具商城的一举一动，观察罗斯是如何将竞争对手打败的。

20世纪70年代的一天，巴菲特和一位作家朋友在城里开车兜风时，他突然伸手指着罗斯的商场向朋友介绍了它的营业面积、销量和营业额等数字，朋友问他为何不买下来，巴菲特说它还不是一家上市公司，但他表示总有一天会买下来。也就是从这个时刻开始，巴菲特打定了主意要和内布拉斯加家具商城产生某种关联，他渴望着与B夫人的合作。

6. 收购内布拉斯加家具城

在经历了暂时的经济衰退之后，美国民众终于在20世纪80年代进入一个新的阶段，巴菲特也将他的商业视线投放到新的地方——老牌的家族企业。巴菲特认为经历过经济萧条时代的企业必定有更旺盛的生命力。的确，美国有很多家族企业，不过他们在企业管理方面存在很多弊端，另外创新能力也有所欠缺，所以在市场上存续的时间不长，不过也有一些实力较强的老牌家族企业，内布拉斯加家具商城符合巴菲特的要求。

1983年，巴菲特一面继续研究内布拉斯加，一面找机会频繁接触罗斯。一次巴菲特在内布拉斯加商城闲逛时，发现它竟然横跨三条马路，占地面积为40英亩。巧的是，当时罗斯正乘坐高尔夫球车来回巡视，巴菲特看到她以后不想打扰她工作，只是很随意地打了声招呼，然而罗斯发现是大名鼎鼎的巴菲特之后，马上停下手头的工作，两个人交谈起来。

巴菲特开门见山地问罗斯是否愿意将她的商场出售给伯克希尔公司，结果罗斯未加思索就说十分愿意，巴菲特急忙问罗斯能接受什么样的价格，罗斯给出的数字是6000万美元。随后，巴菲特和罗斯告别并表示会进行下一轮的谈判。不久，巴菲特和罗斯就收购的事项进行了深度接触，经过一番讨价还价之后，最终巴菲特用5500万美元的价格收购了商店80%的股份，剩余的20%留给商店的管理部门。事实上，巴菲特想收购内布拉斯加90%的股份，不过商店的经营权和拥有权在罗斯家族手里，总资产达到了8900万美元，他们表示20%的持有已经是最低限度了。

在购买内布拉斯加之前，巴菲特认真查看了它的纳税记录，得知它每年的税前利润是1500万美元。巴菲特没有像一般人那样做账目审计，更没有去查财产名录、应收货款等数据，如果是别人肯定要看很多这类报告。巴菲特的做法就是与整个时代格格不入，因为他看重的是合作对象的人品和信誉，巴菲特也表示如果不信任对方，那为什么还要收购。

1982年，巴菲特在年报中写了一份收购声明，写出了他的收购标准，他承诺将会尽快对开价做出回应。当时内布拉斯加是美国最大的家具商场，年营业额达到1亿美元，在奥马哈占据了三分之二的营业额，是其他大型商场无法相比的。所以像年营业额达到40亿美元的迪拉德百货公司就不愿意在奥马哈开设分店，以免被内布拉斯加挤垮。罗斯的生意如此火爆，引起不少人的仇视，他们运送沙发的卡车去别的州都不敢挂上标志，以免激怒同行。

收购内布拉斯加家具商场当天，巴菲特和唐纳德·丹利在一起吃完饭，随后领着他逛了家具商场，讲述了他收购的经历，并表现出他对B夫人的敬仰之心。在他看来，罗斯就是女版的巴菲特，尽管两个人不完全相同，但从本质上看很像。

罗斯身上有一种天然的本能：善于抓住自己了解的事物然后深入下去，这和巴菲特十分相像。在巴菲特的影响下，罗斯被纽约大学授予“荣誉商学博士”称号，和她享有同一称号的是美联储主席和花旗银行的首席执行官。

1983年巴菲特拜访B夫人时，她已经90岁高龄，然而精神气质俱佳，她很清楚自己不可能一直管理内布拉斯加，总要有人来顶替她，而当时最合适的人选就是巴菲特，罗斯知道他的伯克希尔公司收购了不少家族企业。事实上，巴菲特也曾经考虑过一旦自己生病或者死亡，他只能放弃工作。他不想接受这个现实，甚至开玩笑说会以幽灵的身份来到公司。换位思考，巴菲特知道罗斯剩下的时间也不多了，他为此说服董事会制定了100岁强制退休的规定。

在收购内布拉斯加不久之后，巴菲特又购买了一个家族商店：波深珠宝店。

波深珠宝店是罗斯的姐姐丽贝卡和姐夫路易经营的店铺，在1948年被他们购买，如今已经成为销量排名美国第二的大型珠宝店，屈居蒂芙尼之下。这家店和罗斯的经营理念十分接近：薄利多销。只不过珠宝的利润本身就高于家具和地毯。巴菲特认为这两家商店都有惊人的活力，它们使竞争对手难以超越和效仿，无论是谁想要与它们争夺行业内的头把交椅都要有足够的资金和耐性，否则必败无疑。

在巴菲特眼里，布朗金家族的每一个人都是出色的领导者，所以在收购之后还是由布朗金经营，只是从名义上来讲是巴菲特麾下的一个子公司，巴菲特给罗斯的年薪是30万美元。这次收购之所以如此顺利，一个是因为巴菲特早有计划，另一个是因为罗斯也在寻找一个出资者且对巴菲特的能力十分看好，认为他无论是投资能力还是管理水平都非常出色。在合作开始后，罗斯对巴菲特的了解进一步加深，巴菲特没有查商场的账务和库存，也没有安插他的亲信。

罗斯的商场虽然营业额很高，却很少将宝贵的资金放在存货上，然而当时伯克希尔的纺织厂却需要巨额的投资，每当别的工厂设备更新换代时，纺织厂也只能跟进，而且这种额外开销的成本无法直接带来经济效益，导致大家都拼得伤痕累累。

巴菲特明白纺织厂的处境，然而他也会忍不住去想：假设再追加一点投资的话也许能改变这种情况。20世纪70年代中期，巴菲特在新罕布什尔州购买了一家纺织厂，收购价格十分便宜，然而对巴菲特来说却是新的灾难的开始。他曾经表示："如果单看每家纺织企业的情况，似乎每家企业的投资决策都是有效的、明智的；但如果考虑到整个行业的发展前景，这些所谓的效益就被抵消了，投资是不明智的。"

很多股东不理解巴菲特持续投资的意义，巴菲特只好解释说，纺织厂是当地的一个大雇主，如果工会配合的话还是能赚到一些钱，而且他认为兢兢业业的察思也能给工厂带来好运，也能为伯克希尔的多元化发展提供动力，然而他背地里警告察思："看起来工厂要开始赔钱了，我可不想出现这种局面。"

此时察思的确在努力工作，辛劳程度不亚于B夫人，他更换了生产线和纺织面料并改进了设备，同时与工会的关系缓和了。然而这些措施都不能使纺织厂胜过竞争对手，因为每发展一步都要投入更多的资金。巴菲特由此悟出一个道理：一个好的经理人在一个糟糕的行业中也是无能为力的。

1980年，巴菲特暂停了曼彻斯特的纺织厂，将新贝德福德的纺织机数量保留了2/3。即使采取了这种应急措施，纺织厂在1981年还是亏损了270万美元，十分不景气。巴菲特告诉察思："如果你不减少开支，我就让你停工。"然而察思竟然绝处逢生，这让巴菲特十分意外。

事实证明，收购内布拉斯加家具商场是相当明智的投资，在一年零三个月之后，内布拉斯加的营业额突破了伯克希尔·哈撒韦纺织厂19年来营业额的总和。10年以后，总收入更是达到2.09亿美元，纯利润高达7800万美元。

巴菲特收购内布拉斯加，一定程度上缓解了伯克希尔内部的资金流转问题。因为在80年代纺织厂已经长期亏损，巴菲特不断追加投资并不能改变其市场萧条的根本局面，伯克希尔遭遇了最艰难的发展阶段。

1984年，察思退休，回到了缅因海岸。他为巴菲特经营纺织厂长达10年，这在行业内不算短了。他很珍惜与巴菲特共事的日子，那是一种能给他带来兴奋的感觉，同时他也希望巴菲特能够给他相应的奖励，然而巴菲特却无动于衷。察思表示不解：巴菲特到底为什么当初选择了他？在察思离开纺织厂时，巴菲特只对他说了一句话："我记得自从我走进这家工厂的第一天起，你对我就一直很坦诚。"

察思离开后，接替他的是一个纺织学工商管理学位的经理人，名叫加利·莫里森，他向巴菲特申请资金时，巴菲特果断拒绝，因为他不想再投入资金填补这个无底洞。

1985年，巴菲特决定彻底关闭纺织厂，将所有业务都停掉，使之成为一家专门从事资本运作的现代金融企业。当时纺织厂有400多名员工，很多都是技术娴熟的葡萄牙后裔，他们在几个月前就得到了辞退他们的通知，因此提早学习了其他行业的相关技能，所以在离开纺织厂后很快就能找到工作，当然收入会减少。相比之下，纺织厂的机械设备可没有这么幸运，它们以163122美元的低价拍卖给了一帮投机商人，而这些设备在1981年购入时，价格为每台5000美元，用了4年就变成了26美元一台。

设备被贱卖，巴菲特后来将厂房租给了生产丝网、乐器和数字处理软件的小公司，虽然他们并不知道这里曾经是巴菲特的纺织厂，但是他们不会忘记这里是伯克希尔·哈撒韦的办公总部。

正如察思所言，巴菲特应该更早卖掉纺织厂才对，否则不会遭受这么大的损失，不过退出总比愚蠢地坚持要好，卖掉纺织厂这个烫手的山芋，让巴菲特有了更多的闲置资金，将它们投入内布拉斯加商场，去创造更大的财富。

Buffett

第九章 投资帝国的继续扩张

1. 入主美国广播公司

巴菲特投资内布拉斯加的成功让他开足马力继续寻找目标。20世纪80年代中期，巴菲特接连收购了几家有发展潜力的公司。

1984年，巴菲特拜访了纽约洛克菲勒中心的时代公司首席执行官门罗，此时伯克希尔拥有该公司4%的股份，巴菲特和门罗也经常共同讨论媒体经营的问题，最近他们听说有人要收购时代公司。巴菲特觉得这是一个投资的好项目，起初门罗表示公司的情况还能维持，不过很快华纳通信公司想要恶意收购时代公司，虽然这能改善时代公司的资产负债情况，但也会成为反面教材。

长期以来，华尔街充当着为各大公司融资的中介人，美国很多大公司都唯其马首是瞻。随着恶意收购行为的增多，发行垃圾债券侵入其他公司成为常用手段。最早使用这个办法的是德崇证券公司，只要它想收购某一家企业，对方只能接受它开出的价格。这种兼并狂潮在华尔街越来越常见，就连《财富》500强公司也被养老基金和共同基金这些名声欠佳的机构把持，因为它们能够影响市场。

在这样的时代背景下，巴菲特的观念也随之改变，过去他是以股东的身份去审视华尔街，现在他和大多数企业的首席执行官观点相似，他也担心遇到股市的操纵者，所以对收购带来的股价猛涨也倍加小心。他对华尔街的现状十分不满，不过他还是想进行几次大单交易。

1985年2月的一天，巴菲特接到了大都市公司董事长汤姆·墨菲的电话，墨菲说他买下了美国广播公司，让巴菲特教他如何付账。巴菲特从60年代开始就对美国广播公司产生了兴趣，在60年代后期，美国广播公司已经答应出让美国电话电报公司，然而被美国司法部阻止。到了1979年，巴菲特终于买下了美国广播公司的一部分股票，1984年追加了一些，在墨菲收购美国广播公司的时候他已经拥有该公司2.5%的股份了。

美国广播公司简称ABC，是一家在全世界都有影响力的公司，它是从全国广播公司旗下的一个广播网发展起来的。全国广播公司是全美最大的广播公司，拥有两个广播网，一个是蓝色广播网，另一个是红色广播网。1940年，美国联邦通信委员会颁布规定，一家广播公司只允许有一个广播网，所以全国广播公司被迫对两个广播网进行资产分离，在1943年将实力差一些的蓝色广播网卖给了爱德华·诺布尔公司。1945年6月15日，爱德华·诺布尔公司正式改名为美国广播公司，不过很多美国人还是习惯称其为ABC。

诞生伊始的ABC竞争力很弱，因为市场上已经有美国全国广播公司和哥伦比亚广播公司，它们都是实力雄厚的老牌公司，ABC一度没有竞争力，盈利艰难。20世纪50年代，美国司法部颁布了大剧院必须和电影制作公司分离的规定，于是ABC在1953年被联合派拉蒙剧院公司收购，这恰恰为ABC带来了转机。联合派拉蒙剧院公司董事长伦纳德·戈登森领导手下推出了一系列高质量的节目，让ABC在美国民众心中留下了良好的印象，盈利能力得到飞速提升。

ABC与联合派拉蒙剧院合并之后，一直重视节目质量。1954年，ABC拿到了《米老鼠俱乐部》和《迪士尼乐园》两部动画片的放映权，瞬间征服了全国的儿童和青少年，打开了市场。紧接着，ABC又争取到西部电影的放映权和一些热门体育赛事的转播权，影响力进一步提升。到1959年，全美足球大赛、棒球大赛等众多体育赛事都由ABC独家转播。1961年，ABC推出了《体育的疯狂世界》和《美国体育》两档节目，带动了全美民众的体育狂潮，也让ABC有了和两个老牌电视网对抗的资格。1977年，ABC播出了电视剧《根》以后，再度引爆市场，创造了1.3亿观众收看的纪录，成为美国电视播出史上的奇迹。

ABC的市场策略十分清晰，他们瞄准城市中的年轻群体，不断寻找适合他们的高档电视节目，特别是体育节目的独家首家播放权，竞争力得到再度加强，经常登临电视节目排行榜前列。

ABC最大的收入来源是广告。在它的市场影响力扩大之后，不少广告商纷纷登门，ABC用廉价的广告费用牢牢吸引了他们，当然在重大体育赛事播出的黄金时段，广告费依然昂贵，最高的时候达到了5秒钟几百万美元。到了20世纪80年代，ABC发展成为主打体育栏目的广播网，1984年花费近3亿美元购买了1984年洛杉矶奥运会的转播权，不仅获得了丰厚的回报，还吸引了海量的观众，从此在美国民众心目中占有重要位置。

60年代，在美国传媒界中ABC已经处于龙头之位，巴菲特认真分析了它在股市上的表现，对其有了深入了解，然而当时他缺乏足够的资金，故无法实现这个愿望。他对门罗说："要知道，ABC的命运完全掌握在股票交易者手中，每个人都有控制它的机会，如果我有钱就好了。"巴菲特就此下定了购买ABC股票的决心。从60年代到80年代，巴菲特逐渐购买到ABC2.5%的股票。1985年，巴菲特终于有了进一步接触ABC的机会。

在墨菲和巴菲特眼中，美国广播公司的地方电视台简直就是摇钱树，而它们分布在全美国的电视网络更是价值大到难以估量。在接到墨菲的电话之后，巴菲特马上和他在纽约见面。巴菲特提醒墨菲考虑一下美国广播公司会给他的生活带来何种变化，墨菲明白巴菲特所说的是他需要放弃隐士的生活，与很多电视网络的大咖共事。当然，巴菲特还担心一个问题，就是大都市公司买下美国广播公司之后会被华尔街的并购浪潮卷进去，最好的防御措施就是巴菲特购买它的股票，这样就能给大都市公司撑腰，降低被恶意收购的危险，不过需要解决两个棘手的难题。

第一个难题是，当时大都市公司在布法罗有地方电视台，一旦伯克希尔成为它的股东，电视台和《布法罗新闻报》按照美国联邦通信委员会的规定就无法并存，所以墨菲必须先卖掉这家电视台。

第二个难题是，美国联邦通信委员会规定巴菲特无法同时兼任大都市公司董事和《华盛顿邮报》的董事，巴菲特虽然不想放弃后者，但迫于无奈，只能辞去董事的身份，毕竟他还拥有《华盛顿邮报》的股票。

两个难题解决之后，巴菲特给墨菲打电话，提出伯克希尔以每股172.5美元的价格购买大都市公司300万股股票。墨菲表示同意。大都市有了这笔资金之后，开始琢磨购买美国广播公司的事情，然而在与对方谈判时，遇到了一些问题。

当时负责电视网并购事务的是副总裁布鲁斯，此人十分精明，对大都市开出的每股110美元的收购价格不满，最后巴菲特他们只能将股价提到每股118美元，相当于美国广播公司近期股价的2倍。1985年3月12日，墨菲表示放弃收购，因为对方提出了更苛刻的要求。

双方展开了漫长而激烈的谈判，交涉的双方是巴菲特和布鲁斯。布鲁斯的态度很强硬，他要求巴菲特保证美国广播公司的股东有权购买大都市公司的股票，理由是："巴菲特要买的东西，我们为什么就要卖呢？"对此，巴菲特断然拒绝，他说自己讨厌卖股票，这是伯克希尔的禁忌。布鲁斯马上反驳，他认为美国广播公司的股东依然有权得到更多的利益。此次谈判不欢而散。后来，巴菲特妥协让步。

媒体对巴菲特和墨菲同时让步的评价是：美国史上最大的媒体合并行动。由此，巴菲特也吹响了他向传媒领域进军的号角。

20世纪80年代中期的ABC被投资界认为是最有投资价值的媒体，从1975年到1984年期间，大都市通信公司平均股东权益报酬率高达19%，ABC股东权益报酬率高达17%。巴菲特十分重视跟他们的合作，他也相信墨菲的人品和才能。另外，在80年代后期，美国经济出现了下滑的情况，1987年爆发的股灾减少了公司的经济收益，让ABC的广告费用大幅度削减，而且公司内部的管理和审核也出现了问题，提高了节目的制作成本，这是巴菲特无法容忍的。

巴菲特向来对公司每一项开销都一清二楚，所以当他看到ABC装修奢华的办公大楼和办公室以后，认为这是不必要的支出，他提倡为员工谋取福利，但前提是要和公司的发展状况挂钩。当时ABC付给一个花匠的年薪是6万美元，墙上还挂着价值不菲的名画，由此可见高层管理者的收入会有多高。

在购买美国广播公司之后，巴菲特发现经济效益没那么理想。由于当时美国广播公司的生意急转直下，无论是黄金时段的节目，还是新闻节目，都只能在美国三大电视网中垫底，就连曾经的强项——体育类节目，也同样亏损。在巴菲特接手ABC之后的第一年，公司亏损高达8000万美元。如果墨菲没有减少开支，情况会更加严重。他第一次去洛杉矶时，公司的娱乐节目部派了一辆高级加长轿车去接他，墨菲心疼这些开销，后来改坐出租车。

鉴于庞大的开支可能会拖垮公司，墨菲提出了节约成本的口号，动员大家减少不必要的开支。他将豪华的办公楼出售给一个日本投机商，还解雇了1500名不合格的员工，将ABC纽约总部的高档餐厅关闭，他本人也和员工一起在员工餐厅吃饭。这一系列的改革措施得到了巴菲特的支持。

巴菲特密切关注美国广播公司的发展，不过当时他没有插手。一天，美国广播公司为星期一播放的橄榄球赛事转播权展开谈判时，巴菲特前往纽约，他在旁边不动声色地观察，结果公司未能拿到转播权，损失很大。

墨菲进行大刀阔斧的改革，然而传媒业竞争日趋激烈，电视节目和报纸多得让人看不过来。一天，巴菲特和墨菲观看橄榄球比赛时，巴菲特说画质很出色，墨菲却表示他更喜欢8英寸黑白电视机的时代——那时候只有三大电视网。

虽然在竞争中未能占据上风，然而巴菲特不会就此放弃，甚至有人要收购美国广播公司时，巴菲特仍然不想退出。有人认为巴菲特付出了很大的代价，甚至某种程度上可以说是失败了。

巴菲特对美国广播公司的改革策略是稳定人心，让人们不要急于逃走，电视业务很快稳定下来，白天播放肥皂剧，晚上播放新闻栏目，相比哥伦比亚广播公司和全国广播公司的状况要好很多，毕竟传媒行业整体处于衰退时期，巴菲特能够避免杠杆收购已经确保了公司的安全。

巴菲特提倡节俭，但不是盲目吝啬，他一面节约成本，一面追加对ABC的投资。从1985年到1991年，巴菲特投资总计15亿美元，大都市-美国广播公司的市值从29亿美元增长到83亿美元，巴菲特获利27亿美元。也就是说，巴菲特每投入1美元，就能得到2~3美元的回报。

巴菲特给大都市公司开出的股价相当于16倍的市盈率，如果是格雷厄姆，绝对不会答应，但是巴菲特看到的是美国广播公司未来带给他的利润。然而事与愿违，股价不断上涨，当时除了美国石油类股票之外，美国广播公司高达35亿美元的收购案成为当时最昂贵的纪录。

与此同时，华尔街狼烟四起，发生了多起恶意收购案件，一些经营得法的小企业竟然吞并了行业巨头，套利者蜂拥而至，就连迪士尼这样的大公司也被威胁，最后付出巨款以求自保。这种被称为“企业狙击游戏”的现象持续泛滥，巴菲特却认为其中暗藏良机，他想让伯克希尔临时充当救火队员，去拯救那些走投无路的首席执行官。1985年，这个机会终于降临。

2．与恶意收购风潮的对抗

俄亥俄州有一家并不出名的公司，叫斯科特·菲兹，它的业务范围很广，从吸尘器到《世界百科全书》，应有尽有，然而它在华尔街默默无闻。就是这家颇具规模的公司，在20世纪80年代中期股市一片大好的形势下，依然不被看好，股价始终维持在45美元上下。

1984年，斯科特·菲兹的董事长拉尔夫打算以每股50美元的价格购买股票，以获得控股权，虽然只比市场价高出5美元，然而投机商们却愿意出到53美元购买。两个星期后，一个投机商甚至出价到60美元。拉尔夫想要进行杠杆收购，出价提高到62美元，然而未能成功，公司的大部分股份被投机者控制——他们为了获得暴利，故意哄抬股价，目的就是想将公司转手卖掉。拉尔夫唯一能做的就是找一个靠谱的买家。

巴菲特一直关注斯科特·菲兹公司，而且持有该公司不少的股票。当时斯科特·菲兹公司的资金利润很高，而《世界百科全书》恰恰是巴菲特想要进入的领域，他在小时候就读过这套书。另外，巴菲特也想得到它旗下的世界图书出版机构，因为这对他经营的报业十分有用。而且斯科特·菲兹负债较少，说明现金流充足，能够充分适应市场的风浪变化，未来投资升值的空间会很大，一旦持有这家公司的股票，必定能得到回报。

当巴菲特在报纸上看到拉尔夫发布的出售广告之后，认为时机成熟了，他给拉尔夫写了一封信，信中写道：“我们现在拥有贵公司25万股股票。我们对贵公司印象一直很好，不会做不友好的交易。如果您有意寻求买主，请给我打电话。”

拉尔夫收到巴菲特的信后十分兴奋，两个人约好在芝加哥见面。第二天，巴菲特开出了每股60美元的价格，并承诺现金支付。拉尔夫提出了两个要求：第一，这是实盘，不能中途放弃；第二，没有“放弃费”。

一般来说，像巴菲特这样的收购行为会邀请一家投资银行参与，然而他没有这么做，因此也不介意拉尔夫提出的要求。一个星期以后，巴菲特以3.15亿美元的价格收购了斯科特·菲兹公司。

巴菲特此次收购之所以有充足的资金，是来源于另一宗成功的交易。当时菲利普公司高价收购了通用食品公司，而伯克希尔·哈撒韦是通用食品公司最大的股东，因此净赚了3.32亿美元，伯克希尔的股价也由此上涨到每股2600美元。当年《福布斯》杂志评出的资产超过10亿美元的富豪中就有巴菲特，在他前面的是沃尔玛的创始人山姆·沃尔顿、IT巨人罗斯·佩罗以及房地产大亨哈利·赫尔姆斯利。正是有了这笔流动资金，才让巴菲特将斯科特·菲兹收入囊中。

收购斯科特·菲兹是巴菲特收购生涯中最大的一次商业行为，给伯克希尔带来了海量的资金，让公司的负债情况消除。另外，投资该公司之前，斯科特·菲兹早就付给伯克希尔8470万美元当作股息，却没有将这笔钱计算到收购价格中，所以巴菲特的实际收购价格是2.3亿美元。这是一次投入较少、收益很大的收购，巴菲特由此得到了真空吸尘器公司、道格拉斯公司等20家生产和销售公司，它们制造并销售空气压缩机、发电机、喷气设备等产品，当时在美国市场上销量和口碑都不错，这等于充实了伯克希尔·哈撒韦的综合实力。

虽然巴菲特是一个收购专家，但是与他同时代另一个更疯狂的人相比，完全是不同的风格。此人名叫罗纳德·佩雷尔曼，他和巴菲特都有强烈的购买欲望，对收购对象的判断也十分准确，而且都目光长远，不过和巴菲特相比，佩雷尔曼是一个金融家而不是经理人，而且他总是会做恶意收购，并只对控股权有兴趣。

在巴菲特买下斯科特·菲兹公司之后，佩雷尔曼购买了露华浓。他采用的是一种能够置人于死地的方式。当时露华浓的董事长博格里斯拒绝佩雷尔曼的收购要求，佩雷尔曼声称董事长是居住在城堡里的古董企业家，虽然佩雷尔曼只有1.45亿美元的资金，但是他通过垃圾债券融资，最终买下了露华浓。

所谓垃圾证券，是某些金融机构发行的高收益和高风险的债券，利率高，所以常被卖给一些迫切想要获得资金的公司，而且当时的情况是很多上市公司通过发行股票来获得资金，成为比较流行的手段，但也让股市上的资金成为虚假的数字，与股票市场的运转法则相背离，时间一长，就会埋下巨大的危机。然而很多投资者没有看到这一系列现象背后隐藏的真相，只是被市场上的红利所吸引，失去了判断力。

在露华浓被恶意收购后，巴菲特在哥伦比亚大学法学院的研讨会上发表了有关恶意收购的演讲。当时很多公司的首席执行官、银行家、并购律师和众多学者都在场，他们都对露华浓收购案心有余悸，不过巴菲特并没有谈起这件事，他谈的是喜诗糖果公司和他本人以及他在11岁购买了3股城市设施优先股的故事。他表示，倘若有人向喜诗糖果的管理层透露了收购意向而管理层没有告知他，他会觉得自己被无视了。假设有人决定是否要卖出只能由股东来做主，像博格里斯这种人，巴菲特绝对不会聘用。

虽然谈到了股东的地位和作用，然而巴菲特没有否认股东能够从收购中获得好处的事实，不过随着投机分子越来越多，这种收购事件带来的害处还是很大的。巴菲特说："我想在经济学领域内，达尔文的进化论正在起作用。只要有人出价进行收购，看不见的手就会挥动起来，最终的结果可能会提高管理人员的素质。几年来，有两件事一直困扰着我，其实我也不知道缘由何在：第一，我知道一些经营完善的公司常常会以低于实际价值许多的价格被出售……"

收购对一家企业来说并非就是坏事，它能够解决一些实际问题。在理想的经济模式中，资产最终会流向出价最高的人，因为他们在理论上可以高效地使用这些资产。不过实际的收购情况不会被"理论"所左右，哪怕是优秀公司的股票，股价通常也不会太高，投机者都会抓住机会出手。这种行为在巴菲特看来并不是经济学的达尔文主义，而是经济学的俄罗斯轮盘赌。他以为，一位兢兢业业的公司老板被别人的钱搅局破产，谈不上对市场有益处，而且恶意收购行为会扰乱市场平均价格。

1985年，美国的经济界确实被收购乱象困扰，巴菲特的演讲也极具现实意义。特别是像毒瘤一样的垃圾债券，会让整个华尔街如同瘾君子在精神亢奋中死去。

1986年，大都市公司的管理层去亚利桑那州凤凰城度假时，巴菲特忽然出现，他说，目前有很多投资者是按照每小时的股价变化决定他们的忠诚度，他表示自己不会朝三暮四，直到进入坟墓。他说这些话的目的是防范一些投机者入侵公司股份，也是在提醒墨菲不必担心被恶意收购。

尽管巴菲特新收购的这些公司规模中等偏下，然而都是零负债，这在管理得当的前提下，能保持企业的顺畅运行，获利的速度也会很快。从此，巴菲特每年的收入增长幅度达到5%。

1986年，巴菲特斥资4600万美元购买了费切海默兄弟公司84%的股份。这家公司也是一家老字号家族企业，不过他们希望由家族内部的人继续经营，于是巴菲特允许他们保留16%的股权。在正式收购以后，巴菲特再也没有去过这家公司的总部，将所有事务全权委托给海德曼兄弟。对方也没有让巴菲特失望，他们用了6年的时间，将公司的营业收入从7400万美元提升到1.22亿美元，伯克希尔·哈撒韦得到了4800万美元的税后利润。

在20世纪80年代，像巴菲特这样的收购狂人比比皆是，不过很多人会通过钻法律空子的手段低价收购或者强行收购，而巴菲特采用的都是正当手段，而且每一家被收购的公司都最终扭亏为盈。巴菲特虽然喜欢参与“企业狙击游戏”，但他的目的不是狙杀企业，而是清除阻碍企业发展的病灶，或许这才是他投资的最大乐趣。

3．80年代股灾的应对策略

当1929年的金融危机还在很多人脑海中挥之不去时，新的金融危机又出现了。

1982年到1987年的美国进入高速发展时期，美国乃至西方社会的股票市场一片繁荣，出现了从未有过的持续牛市，很多民众认为美国股市的繁盛代表着美国经济的复苏，与此同时，不少企业凭借对手接收和杠杆收购等方式抬高了股票的价格。到20世纪80年代，随处可见的收购、合并成为市场上常见的商业行为，本质上是为了A公司收购B公司进行的集资行为，然而其中隐藏着巨大的风险，同时也是一种违反法律的交易行为，其运作模式是投机者通过杠杆效应交易，然后在收购中将垃圾证券兜售给民众，从而筹集巨额资金。

就在这个时期，伯克希尔·哈撒韦的股票最高价格涨到每股3450美元，涨幅惊人，然而巴菲特并没有为此兴奋，他知道这种反常规的牛市潜伏着巨大的危机和灾难，其后果是相当可怕的。

1982年，道琼斯指数的平均指数仅为884.4点，到了第二年，竟然上升到1190.3点，在1985年继续保持直线上升的趋势，到1987年8月飙升到2722.42点，涨幅超过2倍。这种股价上涨速度超过经济发展速度的现象极不正常，从1982年到1987年，美国的工业生产指数仅仅上涨了30.5%，根本无法匹配2倍涨幅的股价。

进入80年代以后，伯克希尔·哈撒韦保险业发展迅速，特别是国民赔偿公司为巴菲特赚取了高额的利润，保险公司的浮存金成为给投保人的预付款，以至于巴菲特关注保险业超过了其他业务，而保险行业的发展变化也经常超过他的预期。不过他也经历了曲折发展阶段，比如在70年代佛罗里达州的汽车保险骗局和加利福尼亚州的罢工事件曾让他损失惨重，被迫关掉了三个州的保险机构。1982年，巴菲特承认他在保险业务领域的失败，雇用了麦肯锡公司的前顾问迈克尔·戈德伯格帮助他打理保险业务。戈德伯格就在巴菲特办公室隔壁办公，可见巴菲特对他的重视程度。

巴菲特曾说，戈德伯格的价值是他对风险预期认知超越了自己，当时巴菲特最喜欢的业务就是再保险，这是一种批发型的保险销售业务，它不是向个人或者家庭出售小额保单，而是让保险公司将投保分销给同行，共担风险，共享利益。尽管如此，保险业内部的竞争依然激烈，有些公司为了占据市场份额，不断降低保费，巴菲特和戈德伯格反对这种做法，在他们看来，这和撞大运无异，他们宁愿让公司的总保费收入从1.85亿美元下降到1.34亿美元。如果实在没有盈利，巴菲特就停止这项业务。

1985年，美国的保险业再次遇到寒冬，不少公司赤字累累，只能通过缩小承保范围避险，然而这样一来，巴菲特的保险收入增加了，因为一些大客户认为一个不敢承保的中小型公司毫无可信度，反而像伯克希尔·哈撒韦这样资金规模为同行6倍的公司更可靠。很快，巴菲特做了一个广告：愿意为100万美元以上的保险金难于找到承保人的大客户承担风险。这一下子就给他带来了1亿美元的保费收入。

在保险行业出现的马太效应，让很多传统保险公司每况愈下，甚至不敢接保，而巴菲特却来者不拒，这当然不是巴菲特盲目自信，而是他深谙一个道理：只要保费和风险比率相当，就值得投入。

1986年，伯克希尔·哈撒韦的保费收入达到10亿美元，为巴菲特提供了8亿美元的浮存金，而在1987年，浮存金增加到10亿美元。1987年，收入继续增加，而当时股票正逢牛市，道琼斯指数升到2258点，伯克希尔股票每股3450美元，然而巴菲特却并不乐观，他认为股市平均市盈率为20倍，超过了很多公司每年12%~13%的实际收入水平，这是危险信号。

有人问巴菲特，这与1969年的股市低潮是否相似。巴菲特表示，他不会轻易退出，因为他现在手头拥有大笔资金，不能白白闲置。当年7月，道琼斯指数升到2500点，8月升到2700点，不少人大赚特赚，然而巴菲特却再度错过了股票疯涨的行情，尽管伯克希尔的股票上扬到每股4270美元，然而巴菲特更加谨慎，将资金投入抵偿政府债券上，因为他不认为哪一只股票还有投资价值。

在巴菲特看来，当时很多美国人都将炒股视作发家致富的最快渠道，然而极少有人发现这种现象预示的危机，这也从侧面表明了投机分子从中操控的事实。巴菲特认为，从1982年开始，国际金融市场的游资长期盘踞在股票和货币市场，由于市场进入白热化竞争阶段，所以推动了各种投机行为的产生，导致股价和经济发展过分脱节，很多股票的价值被高估，只要出现一个环节的变动，就足以引发整个股票市场的崩盘。

巴菲特的预言在1987年得到证实，当年10月2日，长期债券的收益涨幅达到10%，到10月6日，道琼斯指数下降了91.55点，而在10月19日，股票指数从当天开盘的2247.06点直降到收盘时的1738.74点，跌幅高达22.6%，致使整个美国股市的损失达到5000亿美元，约合美国这一年的

GNP的八分之一。

这种戏剧性的变化意味着新的灾难，华尔街的不少投资者倾家荡产，尤其是那些中小投资者和散户，他们苦心积攒的资金一夜之间化为乌有。他们不甘心这种惨败，向他们的股票经纪人询问原因，然而任何一家投资机构都无法解释这种现象，并且无力抗拒。不过灾难似乎没有停止，那些躲在暗处操控的投机者仍然在继续破坏股票市场的正常秩序，导致很多交易难以完成，一些股票和期货交易所被迫关门，情绪失控的投资者持枪冲入交易所，打死了他们的股票经纪人。尽管如此，股市逐步瓦解的状况还是没有得到好转。

幸运的是，巴菲特早就在灾难爆发之前的几天抛售了全部股票，他觉得股价的涨幅超过了上市公司发行债券利率的12%~13%，因此股价下跌到一半的比率再正常不过了。从1985年开始，巴菲特就不断减仓，到1987年，他卖掉了持有的股票。在10月盛传股票下滑的消息时，巴菲特早就卖掉公司持有的能够分红的股票，这种魄力和远见并非寻常人能做到，而且为了规避风险，巴菲特坚定了退市的信心。

果然，10月19日，美国众多媒体开始报道股市崩盘的消息，国内外以及社会各界反响强烈，甚至连白宫也发表声明，要控制局势。很快，总统里根和财政部长、美联储主席研究应对方案。美国的政界和金融界都在积极研究对策，不过巴菲特却表现得很冷静，因为他早就预见到这个后果并做好了准备。

在股灾发生之前，巴菲特手中只有《华盛顿邮报》、美国广播公司以及美国政府雇员保险公司这三只股票，其他的一并抛售，虽然让他损失了3.42亿美元，但是毕竟可以接受。在全国上下感到恐慌时，巴菲特似乎远离了股票市场，他告诫手下员工，要正常工作，因为股市的波动不会对公司造成任何伤害。

虽然巴菲特带着他的合伙人和员工们躲过了这场劫难，但是其他的投资者就要吞咽苦果了。很快，华尔街上发生了一幕幕惨剧，有的投资者在办公室举枪自杀，有的投资者爬上高楼准备跳楼，他们都是因为这场灾难蒸发了几百万美元的财产，而唯一能面对的只有死亡。这场股灾不仅使这些投资人成为受害者，更极大地破坏了美国金融市场的稳定和经济发展。

由于积累了应对1929年金融危机的经验，美国政府和美联储立即拨专款向银行系统注入资金，还向损失严重的上市公司、金融机构提供短期贷款。很多银行降低利率，并向客户保证，会满足他们的资金需求。政府的强力扶持让不少上市公司减少了损失，那些获得贷款的金融机构也想方设法进行自救，其中有超过100家公司收回了发行的股票，道琼斯指数很快回升。

股灾爆发后的第三天，巴菲特和凯瑟琳等几位好友在弗吉尼亚的威廉斯堡举办一次聚会，此时他们已经从股灾中走出来，所以聚会的气氛是很轻松的。相比之下，巴菲特的情绪比其他人更好，有人问他，怎样评价这次股灾。巴菲特说，股价上涨得太高了。

股价的大幅度下跌，不可避免地波及伯克希尔·哈撒韦，从股灾爆发前一周的每股4230美元跌到3170美元，市值缩水达到四分之一，然而巴菲特并未因此难过，因为他知道这场灾难的影响力不仅于此，它甚至引发了整个世界股票市场的崩溃。

随着美国股票市场接连两天的暴跌之后，外汇市场最先受到波及，不少投资者担心财产蒸发，大量地抛售美元，同时抢购硬通货，致使美元贬值，紧接着又影响了欧洲和日本的股价下跌。

10月26日，日本日经指数下跌4.75%，法国股市下跌7%，瑞士股市下跌10%，英国和德国股市下跌突破10%，中国香港地区恒生指数暴跌1120.7点，被迫停市。整个10月，全球股票市值损失达到了17920亿美元，其中美国损失将近2000亿美元，日本损失6000亿美元，英国损失1400亿美元，相当于第一次世界大战全部损失的5倍。

在这场灾难中幸免于难且能盈利的，似乎只有巴菲特一个人，他在1987年竟然收获了20%的盈利，伯克希尔在市值已经损失四分之一的逆势下还能反弹复原，最后盈利5%。难怪全世界称巴菲特为股神，他在股票领域的运作能力已经神乎其技。

巴菲特在回忆这次股灾的投资经验时说："一、永远不要损失；二、永远不要忘记第一条。"

4. 可口可乐的长期投资计划

1989年3月15日，一条发布在道琼斯新闻联线上的消息震动了全国：伯克希尔·哈撒韦公司购买了可口可乐公司6.3%的股份！人们怎么也想不到，巴菲特竟然与世界知名企业可口可乐产生了商业联系。

其实在这之前，巴菲特已经持有可口可乐公司7%的股份，相当于2.9亿多股的股票，总价值高达10亿美元，比共同基金业拥有的可口可乐股票总数的2倍还多。显然，这是巴菲特作为投资大鳄的又一次大规模收购，这在股票市场上十分罕见。

巴菲特之所以购买可口可乐公司的股票，是因为他此时业已形成的投资观念和经营风格。从1987年开始，巴菲特通过对股灾的经验总结，确定了“做自己能力范围之内的事”的原则。从1987年到1990年期间，可口可乐公司业绩不断下滑，股票年均增长率下跌，为巴菲特大量购买股票创造了条件。对于可口可乐公司来说，此举也是帮助它重新开始复苏。

巴菲特的投资理念是以永恒的价值作为是否投资的决策点，他深知可口可乐股票的实际价值和发展潜力，所以才不惜大手笔投资。当然，为了佐证这个投资的正确性，他花费了几个月的时间进行考察，从1988年到1989年，巴菲特悄悄下达购买命令，直到他最终达到对可口可乐公司10多亿美元的投资。

巴菲特成为可口可乐最大的股东，从此和美国参议院议员山姆·南恩、娱乐业投资巨头赫伯特·阿伦以及棒球俱乐部前部长比特·尤伯罗斯等人一起进入董事会。巴菲特得到可口可乐总裁基奥的极高赞誉："他是一位既了解情况又在发挥积极作用的董事，同时他对全球注册商标的内在价值有着清晰而深刻的认识。"

1958年，基奥出生在艾奥瓦州的苏城，他大学毕业后去了奥马哈的法纳姆大街，和巴菲特家恰好是对门，两个人平时也有来往。后来，基奥进入奥马哈刚成立的电视台，当足球比赛节目的解说员。没过多久，他就辞去了这份工作，进入黄油-坚果咖啡制造商——帕克斯顿·加拉夫公司，负责广告业务。然而该公司很快被斯旺森家族收购，而斯旺森最后又被卖给了可口可乐公司名下的邓肯咖啡公司，于是基奥成为可口可乐公司的一员。

基奥对巴菲特的能力十分赏识，巴菲特也邀请他加入巴菲特合伙人公司当中。虽然两个人合作的时间不长，不过他们通过别的方式联系到一起：基奥和夫人在奥马哈结婚时，曾经购买了B夫人经营的内布拉斯加家具公司的家具，而当时它已经被巴菲特收购了。

在巴菲特成为可口可乐最大的股东之后，基奥表示后悔当初没有投资入股。原来在30年之前，巴菲特曾经邀请基奥加入合伙人公司时被他拒绝了，假设那时基奥投资5000美元，今天可能会升值到6000万美元。然而无论怎样，两个人最终成为合作伙伴，他们之间也建立了稳固的友情。

1993年，基奥退休，不再担任可口可乐公司总裁，不过巴菲特做什么决策还都找他商量。在1991年伯克希尔公司的股东年会上，当大家讨论有关如何选择终生事业的问题时，巴菲特这样评价基奥："他还是原来的他，现在的他就是你所看到的样子，他的价值没有变，他的故事并不是金钱，而是价值。"

巴菲特对可口可乐的第一次投资就高达10多亿美元，然而他没有就此停手，在1994年继续追加投资，让伯克希尔·哈撒韦拥有可口可乐的股份超过了1亿股，如果按照分股比例，能够达到2亿股。这对巴菲特来说，是一笔巨大的财富，也为他后来再度崛起奠定了坚实的基础。

20世纪80年代中后期，由于可口可乐公司受到1987年股灾的影响，股价持续下滑，到1990年，净资产收益率只有39%，这时候巴菲特的注资无疑拯救了可口可乐。不过还是有很多人不理解巴菲特为何要填补这个"大坑"，对此，巴菲特的解释是："给你一条鱼，你只要能够吃到鱼身就行了，难道你还想把鱼头和鱼尾一起吃下啊！投资股票就像吃鱼，投资者只需赚取空间最大的那部分利润。当看到股价涨起来了，不要追风跟进。有些人在投资股票的时候常常把事情弄得很复杂，导致他们得到了相反的结果。"

在巴菲特看来，只要一家企业足够有实力，无论经历何种灾难，只要不垮掉，就有东山再起的可能。换个角度看，只有经受岁月考验，不断利用巨额资金获得高回报的企业，才是成功的企业，而可口可乐公司正是有着强大的品牌优势，也是最适合投资的目标。

有人问可口可乐究竟有多大价值，巴菲特说："如果给我1000亿美元，同时让我放弃可口可乐在市场上的领先地位，我会把钱还给你，说不可能！”

1987年10月19日，当美国股市上的很多股票都发生大范围的波动时，可口可乐也未能幸免，然而巴菲特却认为这正是他投资的机会。正当他准备购买价值10亿美元的可口可乐股票时，基奥忽然给他打来了电话，问他有没有购买可口可乐股票，巴菲特表示，已经购买了。基奥说：“在我们通话后不久，就有报道宣称沃伦购买了股票，通过分析，我们也断定有人在买我们的股票。”

巴菲特和基奥的这次对话，显示出可口可乐公司收购者和管理者对这个品牌的信心，巴菲特认为可口可乐股票的上涨空间巨大，仍然处于价值低估区域。1997年，可口可乐产品日销售量超过10亿罐，足见巴菲特的预见性是多么正确。

可口可乐的前主席道格拉斯曾经说：“可口可乐公司的创业者们绝对不会想到它会有今天的成绩，当你读到这份报告的时候，你的可口可乐公司已经取得了一个里程碑式的发展成果。”

2008年，可口可乐公司的股票走出低谷，股价上升45%，达到每股58美元，不过巴菲特已经在2006年2月退出了可口可乐的董事会，让2007年的股东大会气氛沉默无聊。相比之下，通用再保险公司更让巴菲特头疼，在“9・11”事件之后，因为保险业的火爆，创下利润新纪录，税前营业利润高达22亿美元，并挽回了损失，却遗留下一个重大问题。

2001年，可口可乐公司管理改革之前，违背了巴菲特不损害公司声誉的原则，推行的所谓“有限”再保险业务让其卷入法律和监管问题。

虽然从概念上讲，有限再保险是合法且合理的，但是存在着难以核算和控制的弊端，这直接导致了伯克希尔·哈撒韦因为此事接受特别调查，而澳大利亚的一家保险公司因为有限再保险倒闭，巴菲特因为有限再保险问题被牵涉进来，不过最终没有被判定任何罪名。

5. 果断出手，收购脚步不停

巴菲特一直信奉找准投资时机的理念，特别是在经济下滑的阶段，他总是会选择那些信誉高且具备长期投资价值的公司，就像他大手笔投资可口可乐一样。20世纪80年代中后期，巴菲特看中了一家名叫吉列的公司。

吉列公司以生产刮胡刀为主营业务，当时在全美市场中占据重要份额，然而进入80年代以后，新型产品的出现冲击了吉列刮胡刀的市场占有率，市场额度逐渐减少，经济效益每况愈下。

吉列公司的逆境让巴菲特眼前一亮，他认为经济效益很差的时候恰好是收购一家企业的时机，如果企业生命力顽强，那么抗风险的能力就很强，能够适应恶劣的市场环境，随时会咸鱼翻生，转危为安，这样就无法对其进行收购，当然，其他投机者也深谙这个道理，所以一旦选定目标，就必须马上出手。

1988年，吉列公司的股权中，55%被投资商控制，后来为了避免企业自主权被剥夺，吉列公司拿出1900万美元买回了19%，将外面的股份控制在36%，确保吉列公司拥有绝对的控制权。后来经济状况恶化，不少投机商想要趁机并购吉列公司。1986年，露华浓总裁佩雷尔曼三次试探吉列公司，1988年，康妮斯顿合伙人公司也多次表明收购意向，不过吉列公司的高层保持着清醒的头脑，不是出售股权，而是对内进行机构重组，解聘无能力的员工和一些冗余部门，不断降低生产成本，同时回购股票，让公司的生存环境得到一定的改善。

从1980年开始，吉列公司在市场上失去了往日的竞争力，巴菲特在伯克希尔·哈撒韦的一次董事会上强调，吉列公司的生意正对他的口味，他已经非常了解对方的经营状况，并有信心对未来的发展做出判断和预测。

巴菲特曾经分析了吉列公司1988年的年报，发现它正斥巨资回购股票，巴菲特揣摩出吉列公司十分缺钱，于是打电话给一个吉列公司的股东求证，结果证明了他的推测，于是他通过这位股东向吉列公司的董事会传达他想注资的意向。还在墨西哥出差的吉列董事长得知此事后，马上赶往奥马哈与巴菲特见面，双方仅用了几个小时就确定了合作计划。

从这一天开始，巴菲特养成了一个习惯，在每天临睡前都会想着明天会有25亿男士不得不刮胡子，每年全世界要消耗200亿个刀片，如此庞大的刚需市场，带来的注定是可观的回报。

巴菲特并非痴人说梦，从吉列公司100多年的发展史中可以看出，它的产品在用户心目中占有很高的地位，构建了十分稳固的消费基础，全球有30%的刀片都来自吉列，甚至在一些国家达到90%的市场占有率。经过市场调研之后，巴菲特认为吉列股票的长期价格低迷，代表的正是一只低价格高价值的股票，必须先投资吉列的优先股。

巴菲特拿出6亿美元购买了9900万股吉列优先股，他的收购阻挡了其他投机者的恶意收购。不久，巴菲特购买了能够将优先股转化为11%的普通股，每股价格是50美元，当时在市场上交易价格是每股41美元，而且在10年之内，吉列公司会逐步赎回这些优先股。

根据业内人士估算，巴菲特的投资价值要高于实际成本，然而他否定了这种计算，他认为其中有很多潜在的收益能弥补损失。在巴菲特进入吉列公司的董事会之后，吉列餐厅的百事可乐理所当然地替换成可口可乐。巴菲特说，吉列就是成功和国际行销的代名词，是他最喜爱的值得长期投资的跨国公司。

1989年，吉列公司推出了一款能够紧贴面部使用的、舒适的刮胡刀，很快占领了市场，随后吉列公司进入高速发展的阶段。2005年，吉列和宝洁公司合作，一跃成为全球最大的日用消费品企业，交易金额达到570亿美元，吉列的股票也以每年33%的速度疯涨，股价最终上升15倍，巴菲特获利巨大。

投资吉列是巴菲特投资生涯中最满意的投资项目之一，从这个商业行动可以看出，巴菲特无论是投资理念还是操作手段，都在日臻完善。

1995年，华尔街流传着巴菲特购买麦当劳股票的传闻，听起来很像巴菲特的风格，不过巴菲特予以否认。尽管如此，他还是承认麦当劳背后隐藏的巨大收益——它已经成为美国年轻人最爱的快餐，每年有96%的年轻人在麦当劳用餐，每3分钟的车程就能看到1家麦当劳餐厅。麦当劳出售的汉堡包数量占全部餐厅出售汉堡包总和的34%，薯条则达到了26%。每15个美国人中间就有1个人的第一份工作在麦当劳或者间接为它工作。

不仅全美流行麦当劳，在全世界范围内，麦当劳也很受欢迎，它至少有60%的利润来自国外市场，其中80%主要集中在7个国家。尽管麦当劳经营状况良好，却并不意味着它全部的商业价值都已被开发出来，特别是像俄罗斯和中国这样相对市场更大的国家，一旦麦当劳进入这些地区，就会捕捉到更为巨大的新商机。

1994年，巴菲特拥有了麦当劳的股票，数量不多，只有490万股；在1995年下半年，增加到934万股。巴菲特认为麦当劳的增长速度还会提高，所以股价还会上涨，在1996年到1997年两年中，巴菲特不断购入麦当劳的股票，在1997年，他手中握有的股票价值飙升到7.5亿美元。股东们再次领教了巴菲特出众的投资眼光。1994年，巴菲特决定投资麦当劳，股东们在股东大会上提出："以麦当劳上市价22.5美元算起，假如我们投资100股，那么在经过11次股票分割和1次配发股息之后，原来的100股就会变成27180股，股票投资的收益将要超过100万美元。"

巴菲特的计算证明了麦当劳的股票是值得入手并长期持有的，他经过对麦当劳未来发展状况的分析之后，认为它注定会成为全世界快餐行业的领头羊，所以才购买它的股票。然而在那则传闻之后，不少人真的追随巴菲特的脚步购买麦当劳的股票，使得其股价不断上涨，反而让巴菲特成为最大的受益者。

20世纪90年代中期，美国经济稳步发展，不少大型的跨国公司呈现飞速发展的态势，巴菲特审时度势，调整了他的投资理念，形成了品牌和价值共存的概念，他对麦当劳投资的成功，是品牌和价值在投资学中的体现。巴菲特始终将知名企业当作投资目标，他认为只有具备了自主研发能力的企业才具有长期生存的原动力。

Buffett

第十章

书写全球股神的奇迹

1. 带动合伙人共同致富

在20世纪80年代，奥马哈有50人在巴菲特的带领下成为百万富翁，而在整个美国则有几百人，巴菲特已经成为“富豪制造机”。

巴菲特在哥伦比亚商学院做投资学的演讲时，大厅内座无虚席，有几百人因为没座位不能入场。《福布斯》将巴菲特称为平民英雄，在纽约和堪萨斯等地，还有人将爱犬起名为巴菲特或者巴菲。一位基金经理将儿子取名为亚历山大·巴菲特，一个股票经纪人的妻子生产时，他在旁边大声宣读巴菲特的文章，想要借此提高孩子的智商。华尔街对巴菲特也是敬畏有加，巴菲特购买了哪家公司的股票，哪家公司的老板就会喜上眉梢。

更有趣的是，一些不认识巴菲特的人也想把自己的产业推销给他：一个巴基斯坦移民想把报摊卖给他，一个密西西比州的女人想要把南北战争前建造的大楼出售给他，还有人拿着手枪来到凯威特广场，逼迫巴菲特给他1亿美元的贷款，最后被联邦调查局带走。巴菲特俨然成为公众人物，不过他的私生活还是波澜不惊。他从来不会提前预约时间，而是想在什么时间做什么就做什么，如果有人问起他何时有空，他会说：“什么时候都行，我没有固定的日程安排。”

在20世纪80年代中期，巴菲特的平易近人，让他更加受到美国民众的欢迎，而巴菲特似乎也享受着这种关注，而且在接受采访时总能表现出轻松随意的样子。在公众场合，巴菲特很乐意谈及他的工作和业绩，有时候还会添油加醋。比如说起他第一次创业购买的弹子球游戏机时，巴菲特说，是他和唐纳德·丹利合伙买的，事实上是丹利自己掏的钱；在说到和拉塞尔弄出的“必胜马仔系统”时，巴菲特又说，那是正式印刷的……这些夸大都是些无关紧要的内容，巴菲特没有为自己编造成功的案例，反而省略了他在创业道路上的远见卓识，比如提到成立合伙人公司时，巴菲特说，是听了亲友们的劝告，而不是他自己的主意。总之，人们对他的评价是诚恳认真。

每次伯克希尔·哈撒韦举行年会时，巴菲特都会异常兴奋，因为过去在奥马哈，除了本地几个股东组织过股东大会之外，再没有其他类似的大型会议，而巴菲特改写了历史。1986年年会期间，大量的股东从外地涌入奥马哈，巴菲特租下了乔斯林艺术博物馆，股东当中有基金经理，有巴菲特的粉丝，有退休的富豪，也有年轻的投资者，总计有450人，规模超过了任何一家公司的股东大会。

会议当天，现场的桌上摆着咖啡壶和装有可乐的大桶，95%的股东都持有伯克希尔的股票五年以上，这在华尔街也是非常罕见的，特别是很多人将一生的积蓄都投给了巴菲特，因为他在投资者心中就是神。当巴菲特走到台上演讲时，嘈杂的人群立即安静下来，他首先讲了公司的年度财务状况，随后进入问答环节。巴菲特会有意板着脸说，只能在芒格发言的时候离开。在几个小时里，巴菲特回答了有关伯克希尔的各种提问。他不断开着玩笑，现场气氛热烈。会议结束后，巴菲特带着股东们参观B夫人的内布拉斯加家具商场。

一次，巴菲特在大都市公司做即兴演讲时，有人问他是否有管理企业的秘诀，巴菲特讲了一个故事：一个人在路上看到一个牵着德国牧羊犬的老头儿，就问老头儿他的狗咬不咬人。老头儿说不咬人，于是那人摸了牧羊犬，结果狗立即扑过去咬了他，这个人质问老头儿："你不是说你的狗不咬人吗？"老头儿说，那不是他的狗。巴菲特讲这个故事的目的是告诉大家，问对问题是最重要的。

巴菲特的工作和私生活几乎掺杂在一起，他的很多朋友也成为他事业的合伙人甚至是粉丝，遇到商业问题会请教他，遇到情感问题也会找他出主意。每年巴菲特都会和格雷厄姆的学生们进行一次碰头会，不过会议非常简朴，以至于一个服务生将他们给的小费扔在地上。然而在巴菲特成为焦点人物之后，情况发生了变化，这些昔日的同窗会在豪华的景区开会，还会乘坐高级游艇出行。巴菲特认为和朋友相聚让他心情愉悦，而他的朋友们虽然都是各行业的精英，却乐于听从巴菲特的安排，每次聚会的名单都是由巴菲特决定。当然，每个人都希望聚会时和他坐在一起。

巴菲特在家中扮演的角色越来越模糊，比如他和妹妹罗贝塔的关系就很微妙。虽然早年他经常将妹妹当成写信的假想对象，不过现实生活中，他对妹妹却敬而远之。罗贝塔对巴菲特的评价很高，她认为哥哥很随和。但是这也反映出一个问题，巴菲特在工作和生活两个层面呈现出截然相反的性格：对公，他很外向健谈；对私，他很内向收敛。

此时苏珊住在旧金山的一个简陋公寓里，虽然和家人相隔甚远，但是只要他们有需要，苏珊就会立即跑过去陪伴他们。她在这段时间游览了很多地方，去了土耳其、印度和非洲的一些国家，用她自己的话说，就是"空中飞人"。这种流浪者的生活满足了苏珊的需求。相比之下，陪在巴菲特身边的艾丝翠就规矩很多，她每天早上去植物园观赏植物，生活作息与巴菲特极度吻合，早年漂泊的她渴望过安定的生活。一次家庭聚会，多丽丝问艾丝翠和巴菲特过得怎么样，艾丝翠说巴菲特是适合过日子的男人。

凯威特广场的伯克希尔全球总部规模没有扩大，在20世纪80年代中后期也只有11名员工，包括两个秘书，一个股票经纪人，一个财务主管，一位保险经理，一个接待员，三个会计师，一个助理，另外一个就是巴菲特自己。公司里没有律师，更没有战略规划师，后勤部门不存在，组织架构十分简单。

在巴菲特看来，这10个人只是他的陪衬，不会妨碍他的思维，因为他们很少发挥主观能动性，当然也不会犯任何错误。小苏珊说："办公室里的那些人其实都没什么区别，他们都不怎么说话，只是埋头干自己的事。"在这10个人当中，最重要的是巴菲特的助手格拉蒂丝·凯瑟，她负责将那些不受欢迎的人挡在公司门口。

巴菲特和这些员工相处得很和谐，不过不像与朋友在一起时那样情绪高昂，也很少同他们讲话，而且巴菲特向来是单独进餐。巴菲特曾经想让小霍华德和彼得来公司上班，不过实在没有空缺的职位。

巴菲特曾经收过一个名叫丹尼尔·格罗斯曼的徒弟，他是一个网球明星，在斯坦福大学拿到了工商管理硕士学位，然而在他来到巴菲特身边之后，不能适应那里的工作氛围。不过对巴菲特来说，这是一次勇敢的尝试，他第一次试图将自己毕生积累的经验传授给别人，却没有成功。不过丹尼尔后来也自学成才，变成一位优秀的投资者。

1986年，一向吝啬的巴菲特竟然买了一架二手猎鹰飞机，与其他富豪购买的高档飞机相比，实在便宜，只花了8.5万美元，可是巴菲特在公司年度报告中提到这架飞机时，却说它太奢华、太贵了。巴菲特本来不想给公司购买飞机，不过权衡之后，认为很划算。当然，这种高额消费仅限一次，而购买飞机的原因是越来越多的人认识巴菲特，每次他坐飞机时都会有乘客向他打听股票和投资的事，为了获得片刻的安宁，他情愿坐在私人飞机里。

巴菲特是一个投资天才，但他并不是一个管理天才，因为他喜欢研究的是抽象问题而不是琐碎的事务，他更不喜欢跟下属发生纠纷和矛盾。巴菲特现在拥有的是一个集团性质的超级企业，然而他亲自负责的只有出版《世界百科全书》的斯科特·菲兹和喜诗糖果公司的一些重要决策，其他投资企业的事情都交给职业经理人。

巴菲特说过，一个人不需要面面俱到，但必须有自知之明。他深知自己在管理方面的短板，所以不会对他控股的企业指手画脚。这种开明不是每一位企业家都具备的，很多人正是因为到处插手，结果惹了麻烦。

巴菲特不但在管理上放手，而且他也不要求旗下公司的负责人去预估盈利情况，因为任何一种模拟都不准确。巴菲特也不会安排会议，更不会推行什么企业文化，每一家企业都按照原有的策略继续经营。从这个角度看，伯克希尔·哈撒韦是一个奇葩的企业组织，它基本没有现代企业的特征，倒像是亚瑟王的圆桌会议，这个庞大的集团的权力链条只有两级：一级是巴菲特，下一级是高层管理。巴菲特身为首席执行官，能够聘用或者开除高层管理并监控他们的资金流向，不过他很少这么做。

即便是巴菲特重点关注的斯科特·菲兹公司，他也是抓大放小。拉尔夫每个月交给巴菲特一份财务报告，有时也会给他手写一份简明扼要的经营报告，一个月他们只通话一次，不过必须是拉尔夫主动打给巴菲特，否则巴菲特不会主动过问。其他方面，拉尔夫享有充分的自主权，巴菲特绝不干涉。

一次，拉尔夫打算对《世界百科全书》的销售经理进行调整，巴菲特对此有些想法，然而还是尊重了拉尔夫的选择，可是人员调动之后，销量下降了20%。拉尔夫只好向巴菲特保证，这种事绝不会再发生了，巴菲特没有怪罪他。

巴菲特的管理模式让拉尔夫有了更强的工作干劲，他除了每年6月30日和12月31日把利润上交之外，其他的盈利都在自己的掌控中，找到了为自己打工的感觉，自然更加用心。在巴菲特面前，拉尔夫觉得自己像是给家长汇报成绩的小孩子，不想送去任何坏消息。拉尔夫说："巴菲特在我们心中注入了一种独一无二的责任感，我们不能像巴菲特管理我们一样管理斯科特·菲兹公司。我们企业的办公室有40人。我们有预算，有年度计划和长期计划，还得制定公司规则。我们和伯克希尔·哈撒韦公司可不一样。"

大家唯一对巴菲特不满的，大概就是他有时会显得很孤僻，他不会主动表明态度，即使别人提问，他也只是简练地回答，很多经理人总想从他身上讨教些经验，然而巴菲特却总是欲言又止或者泛泛而谈。

虽然经理人没有从巴菲特身上学到太多东西，但是巴菲特对他们的宽容是其他企业少见的，几十年来，他没解雇过任何经理人，只有一次对某个经理人不满意，不过没有开除他，而是直接把他管理的公司卖掉了。此外，巴菲特还经常用温和的方式激励属下，而不会用威胁、命令、强硬的方式去逼着大家做什么，因为他不想站在任何人的对立面，所以人际关系十分和谐。

巴菲特的谨慎和保守，让他的企业发展速度不是很快。也许是伯克希尔纺织厂曾经给他带来的教训深埋于心，导致他在很多重大决策上犹豫再三，比如《世界百科全书》研究了好久才发行电子版，而波深珠宝公司也因为他的小心翼翼，错过了扩大规模的良机。

事实上，巴菲特并不抵触企业拓展业务，他只是希望合伙人能在维系企业运营安全的基础上增加利润。如果没有十分的把握和绝对满意的投资项目，巴菲特情愿让伯克希尔·哈撒韦暂停发展，将红利发给股东。巴菲特不会冒进蛮干，他和老师格雷厄姆都是防御型的投资大师。

2. 接管所罗门公司

华尔街有个不成文的规矩，就是但凡投资都进行短线操作，极少有长期操作的行为，这正是格雷厄姆认为的投机和投资的区别。同样，巴菲特也不赞成这种套路，他喜欢长期持有一只股票，这样做有两个好处：一来可以节约成本，二来能够获得价值最大化。正是凭借最小的成本获得最大回报的投资原则，巴菲特才能在股市所向披靡。

1987年的一天，所罗门兄弟公司老板约翰·古特弗罗因德给巴菲特打来了电话。之前两个人也经常联系，巴菲特曾表示，如果所罗门的股票再便宜一些，他会大批量买进，虽然当时的股价已经低于最高位的三分之一。

此时所罗门遭遇了变故，它最大的股东矿藏和资源公司表示要出售资产，虽然所罗门14%的股票被别人掌控，然而古特弗罗因德竟然未加警惕，当他得知罗纳德·佩雷尔曼要购买时惊讶万分。佩雷尔曼恶意收购露华浓的事情历历在目，然而古特弗罗因德对此事也无能为力。在他面见了对方之后，佩雷尔曼声称此次收购的动机是友善的，还希望古特弗罗因德留在公司。为了避免遭到露华浓的厄运，古特弗罗因德请巴菲特帮忙。

几天过后，巴菲特在纽约与所罗门的首席财务官吉拉德见面，他表示，可以出价每股65美元，但需要得到9%的利息和两个董事席位——他和芒格各占一个。双方进行了激烈的交涉，他们认为巴菲特开价太高，但是大家也都明白，如果不与巴菲特合作，就会被佩雷尔曼玩弄。最后古特弗罗因德给董事们两个选择：让巴菲特成为最大股东或换一个首席执行官。最终董事会通过了决定。

1987年，巴菲特投入7亿美元购买所罗门的优先股，成为所罗门最大的股东。华尔街为之震动，不过也有人认为巴菲特此举和佩雷尔曼没有本质区别——他已经变成了一个投机者。两个星期之后，所罗门解聘了800名员工，并取消两个部门，减少了6700万美元的开支，这些似乎超出了巴菲特的预想。

所罗门是华尔街上名气响亮的投资银行，始建于1910年，所罗门银行与其他银行不同，它凭借债券崛起。在20世纪初的美国，债券业务比股票更能吸引投资者，也是金融市场的新品种，不过参与者并不是很多，所以美国政府没有发行债券。当时，所罗门银行主营的业务就是债券，因为是新生事物，所以竞争者较少，历经十几年的发展，所罗门最终成为国内获利最多的证券经纪公司之一。

在金融市场中，利率和债券密不可分，从20世纪70年代到80年代，由于美国经济从繁荣一度走向衰落，导致金融市场一波三折，国家只好采取调整利率的办法进行调节。可见利率的升降让债券成为获得稳定收入的投资工具，而价格波动幅度的扩大也让投资债券充满暴利，然而紧随暴利的就是巨大的风险。很多投资者认为，股票市场的高利润和高风险已经向债券市场转移，也让更多的人认识到债券买卖所隐藏的利润。

所罗门银行正是抓住了这个机会，通过经营债券业务成为华尔街的龙头企业之一。然而1987年的股市灾难让所罗门遭受重创，公司的普通股票价格从原来每股32美元下跌到16美元，跌幅高达50%。露华浓董事长佩雷尔曼想要趁机购买所罗门14%的股份，因此不断给对方施压。与此同时，由南非欧本海默家族控制的矿业资源公司，也决定将手中持有的所罗门股票出售……这些事件让所罗门的董事长古特弗罗因德忙得不可开交。

就在这时，巴菲特看中了所罗门的优先股，巴菲特先发制人，与古特弗罗因德谈判，而对方为了抵制佩雷尔曼的阴谋，同意了巴菲特“购买所罗门刚刚发行的优先股”的要求，另外，所罗门公司每年须向伯克希尔公司支付9%的股息。这样一来，佩雷尔曼只好终止了收购所罗门的计划，而矿业资源公司持有的所罗门股票也被回购。

事实上，所罗门银行在20世纪80年代后期，由于盲目的连续扩张为1987年的股灾埋下了伏笔，因此在巴菲特购买了所罗门的股票之后，普通股始终没有恢复元气，不过优先股却损失很小。1991年，所罗门公司由于违规投标国债事件，引发了美国国债市场的动乱，让所罗门在华尔街积累多年的口碑毁于一旦。至此，所罗门失去了市场竞争力，经营状况日趋恶劣，最终被兼并。从此，所罗门改名为花旗集团，成为全世界规模最大、利润最多、连锁范围最广、业务项目最全的金融服务机构。花旗银行通过增发新股、集资，用于股市收购等手段不断融资，将旗下收购的企业通过自身特有的管理模式进行重组，提升了企业实力，仅用五年的时间就将全部资产扩充了71%，收入增加了72%，利润扩大了2.6倍，股东权益增长92%，展现出了强大的竞争力和盈利潜力。

倘若巴菲特当初没有投资所罗门，恐怕就没有机会投资花旗集团，这对他来说，将会损失巨额收入，因为花旗集团是全球范围内最出色的金融服务公司，为全世界100多个国家的个人、机构企业和政府机关提供金融产品服务和银行信贷任务，其中养老保险和旅行者人寿为世界2亿多客户提供资产保险和资产管理服务。能够跟这样的跨国企业产生经济上的联系，势必能带动伯克希尔·哈撒韦的效益增长。

巴菲特的长线投资让他赚取了高额的利润，在购买所罗门股票的同时，巴菲特又宣布伯克希尔公司与国际乳品皇后合并。

国际乳品皇后是美国以经营冰激凌和汉堡包为主营业务的连锁公司，成立时间较长，消费者反映良好。1938年，一个名叫麦克库隆的冰激凌生产商人用他饲养的母牛的名字创办了乳品皇后。1939年，麦克库隆和发明了冰箱的欧兹共同经营，因为有了冰箱的常温保存，让冰激凌存放时间延长，为乳品皇后盈利创造了条件。此后在发展的60年间，乳品皇后推出的冰激凌和汉堡包成为不少美国民众饮食生活中不可或缺的组成部分。

就像当初收购可口可乐一样，巴菲特在两家合并之前对国际乳品皇后进行了认真考察和谨慎分析，认定乳品皇后的产品质量当属上乘，最后毫不犹豫地斥资5.85亿美元收购。1998年1月1日，伯克希尔与国际乳品皇后正式合并，巴菲特的收购清单上又增加了一个成功案例。

3. 对子女的独特教育

1980年，巴菲特在《奥马哈世界先驱报》上发表了一篇措辞强硬的文章，抨击对象直指富豪，他认为他们过着穷奢极侈的生活，尤其批评了富豪赫斯特斥巨资修建了一座城堡。巴菲特一向看不起将财产留给后代的富豪，他认为这是在浪费社会资源。正是有着这样的财富观，在孩子们独立之后，他就停止了对他们的经济资助，因为他担心财富会毁掉他们的前程。

巴菲特的财富观让很多同样富有的朋友难以理解，除了芒格。凯瑟琳曾经和巴菲特讨论给孩子遗留多少遗产合适时，巴菲特说几十万美元足够了，凯瑟琳表示不敢苟同。伯克希尔·哈撒韦的很多股东都将股票当成礼物送给孩子，然而巴菲特只在圣诞节给每个孩子发1万美元，因为这是刚好免税的额度。

其实，巴菲特是一位宽容且开明的父亲，也关心孩子，不管是谁在工作或者婚恋方面遇到问题，他都会竭尽所能帮助他们。然而，只要牵涉到钱，他的态度就会发生逆转，仿佛孩子们和他是刚认识的商业伙伴。小苏珊需要20美元的停车费时，必须给巴菲特发票，证明花了这笔钱；其他人需要借钱时，必须签署贷款协议。

巴菲特的三个孩子也渴望像父亲那样获得成功，不过他们都是大器晚成的类型，三个人都是在大学中途辍学，全都早婚，且婚姻不顺。他们只在祖父欧内斯特那里继承了遗产，这笔钱交给巴菲特进行投资，他们即使不工作，也会过上富豪的生活。

小苏珊卖掉了持有的部分股票，购买了一辆保时捷汽车，在婚姻破裂后搬到华盛顿，与凯瑟琳经常联系，在她的推荐下，进入新共和报社工作。1983年，小苏珊和一位律师结婚，巴菲特对这个新女婿比较满意，因为他性格温和。

在小苏珊夫妇搬到新房子之后，她手里的股票也卖完了，她怀孕后，想要个大厨房，需要3万美元，她知道巴菲特不会给她，就向父亲申请贷款，然而巴菲特给女儿的贷款利息很高，最后还问小苏珊为什么不去银行贷款。巴菲特解释说，如果他是一个橄榄球队的四分卫，那么他不能只把球传给他的孩子，在钱的问题上也是如此。这番话对小苏珊打击很大。

小苏珊生第二个孩子时常卧床不起，凯瑟琳经常带着美食过来和她一起吃饭，这才发现她只有一台小尺寸的黑白电视机，凯瑟琳问她为什么不换一台，小苏珊说她买不起彩色电视机。凯瑟琳听了以后，不敢相信自己的耳朵，她马上给巴菲特打电话，让他给小苏珊买了一台电视。尽管如此，凯瑟琳还是觉得巴菲特很丢人。

小霍华德也没有受到特殊待遇，他知道想要靠父亲养活是天方夜谭，他在卖掉伯克希尔的股票之后创办了一家挖掘公司，还购买了一套房子，可是不久之后，公司倒闭，小霍华德只能去喜诗糖果公司打工，在20世纪80年代回到奥马哈，再婚后组建了一个小家庭，涉足房地产业，还租了一块土地种庄稼。

巴菲特知道小霍华德想要一个农场，经过一段时间的心理斗争，他才提议要买一个农场，然后用正常的交易形式租给小霍华德，同时收取农场的部分收入和税款。小霍华德对父亲的“慷慨”备感意外，这对巴菲特来说，已经是极大的让步，他甚至不敢相信地问母亲到底是怎么回事，苏珊说：“别的先别管，先拿到农场再说。”

可惜事情并不顺利，由于巴菲特根据农场的收入潜力给了封顶价，所以小霍华德找了很多卖家都因为出价太低没买到，然而巴菲特却毫不妥协。直到1985年，他们才在内布拉斯加州的特凯马哈以30万美元的价格买下一个农场，延续了巴菲特式的低价收购原则。

虽然农场里没有电话，不过小霍华德对这个世外桃源很满意，每年春秋，他都会开着拖拉机和家人收获土豆和玉米。巴菲特只来过这里两次，他和儿子说得最多的话就是“把租金交来，一分钱都不能少”。他关心的只是农场的账目，而不是那些饱满的庄稼，他甚至嘲讽小霍华德的玉米卖不出去。不过，巴菲特通过这个农场教给了小霍华德一些东西，比如儿子的体重只要不超过某个限度，就能减免租金——小霍华德比巴菲特胖很多，而巴菲特认为匀称的体形能够长寿。这个办法，巴菲特也用在妻子和女儿身上。不过对小霍华德来说，体重似乎比租金更重要。

小霍华德经常向巴菲特讨教一些商业经验，后来他还加入了共和党，巴菲特竟然给了他资助，小霍华德最终当选为地方县务委员会委员。父子关系也得到改善。在小霍华德有了孩子以后，事业上不断取得成功，成为ADM公司的高管，巴菲特引以为傲，经常对外人说儿子挣得比他都多。

1995年，美国司法部针对ADM公司操纵玉米、糖精和赖氨酸市场并欺骗消费者的案件进行调查，ADM公司的小霍华德成为被怀疑的对象。为了躲避麻烦，小霍华德和妻子离开了这个是非之地，在星期日悄悄离开了居住地阿肯色州迪凯特市，乘坐租用的飞机与一个朋友会面，然后让朋友用私人飞机把他们送到太阳谷。

到达太阳谷之后，小霍华德整日神经紧绷。一天，ADM公司一个叫马克的经理告诉他，他是联邦调查局派来的卧底，负责调查ADM公司的价格垄断案件，而且还直言他身上藏着窃听器，小霍华德这才明白为什么马克整天穿着绿色的西服——衣服里藏有窃听器。小霍华德开始考虑如何对付联邦调查局的探员，他给巴菲特打了电话，说他现在不知道该做什么。巴菲特听了以后，竭力克制情绪，因为小霍华德是三个孩子中唯一与FBI扯上关系的人，最后巴菲特告诉儿子："必须在24小时之内做出决定，否则会被真的当成罪犯。"小霍华德茅塞顿开，他马上向ADM公司递交了辞呈。

小霍华德辞职的消息一出，舆论一片哗然，记者们将这件事和巴菲特扯到了一起。一位ADM的董事遇见小霍华德之后，说他做了一个错误的决定。然而事实证明这是他最明智的选择，ADM垄断案成为美国历史上最骇人听闻的案件。公司有三个高管锒铛入狱，公司也被判罚1亿美元，声誉遭到重创。

和哥哥相比，彼得几乎没有给巴菲特带来什么麻烦。他是一个为人坦诚的人，他对父亲矛盾的性格十分好奇，当然也敬重父亲的人品。巴菲特曾经对彼得说："总有一天，你会忍不住对你老爸说，见鬼去吧！"彼得也像哥哥、姐姐那样卖掉了伯克希尔的股票，因为他想去新的城市立足。后来，他成为优秀的音乐家，在他与另外15个人组成的乐队为700名观众演奏时，巴菲特也亲临现场并欢欣鼓舞，他说，他和彼得都干得很棒。

彼得婚姻破裂时，巴菲特拿出十二分的父爱去关心他。一次，两个人在法纳姆大街上散步时，彼得提到了苏珊在家时阖家团圆的情景，巴菲特也希望他们的母亲多在家里住几天，最后彼得说妈妈总算有时间做自己喜欢的事了，巴菲特没有反驳儿子，陷入了沉思。当晚，巴菲特和彼得长谈到凌晨两点，彼得这才发现原来父亲也是一个情感丰富的人，他为此十分感动。

随着巴菲特和孩子们年龄的增长，他们之间的不和谐关系出现了变化，而苏珊和巴菲特的关系也比她刚离家出走时改善许多，巴菲特更理解苏珊的选择，他们之间经常保持沟通，彼此坦诚。一次，夫妇二人去韦斯特切斯特县城，在朋友墨菲家中住了一晚，第二天坐车去曼哈顿，两个人紧挨着坐在后排座位上，手牵着手，情谊笃深。虽然苏珊从家中搬走很多年，但她依然是巴菲特最信任的人。

1987年，巴菲特让女婿阿兰·格林伯格管理巴菲特基金会，这也意味着小苏珊一家要搬到奥马哈居住，他们在距离巴菲特几个街区的地方买了房子，小苏珊变成了巴菲特的帮手，每当他需要车时，她会亲自去汽车经销商那里精挑细选一番。在伯克希尔开年会时，巴菲特的日程安排都由她来策划。不过，当时格林伯格的年薪只有不到5万美元，小苏珊一家和奥马哈其他家庭没什么区别，在她孩子出水痘时，小苏珊也雇不起保姆或者护士，只能亲自照顾孩子。一些不明真相的人常来找小苏珊，向她讨教致富秘诀。

一次，巴菲特陪同比尔·盖茨去波深珠宝店参观，在角落里发现了一个写着“巴菲特家预订”的盒子。巴菲特问店员是谁订的，这才得知是小苏珊分期付款购买的一串珍珠项链，巴菲特将余款立即付清，将项链当作生日礼物送给小苏珊。有趣的是，他忽然发现在波深珠宝店消费是让人开心的，他终于意识到女人都是喜欢珠宝的。

小苏珊回到巴菲特身边之后，冷清的家中多了几分热闹，小苏珊经常把孩子放在家里让艾丝翠照顾，这份工作让她和巴菲特一家变得更融洽。小苏珊让艾丝翠把家里重新装修一下，因为这里遗留着苏珊的风格，可见小苏珊对艾丝翠是接纳的。两个人一起收拾了房间，厨房里摆着艾丝翠收藏的古董烤面包机。小苏珊的孩子们总是围着巴菲特，巴菲特会穿着旧运动服到小苏珊家中，伏在地上，和一对外孙女玩耍。他表示，小苏珊的回归改变了他的生活。为此，他大方地送给女儿一只红宝石手镯。

正是因为觉得儿女们都长大了，所以巴菲特才放心地将基金会交给女婿管理，还让小苏珊出任基金会的董事，并对他的继承政策进行了修改：每个孩子可以得到300万美元的财产。这笔钱对普通人来说是天文数字，但是对美国富豪阶层来说不值一提，无法让三个人过上更富足的生活。巴菲特这么做，归根结底是在担心孩子们拥有过多的财富会影响他们的人生，他认为自己的钱应当回报社会。

在慈善事业方面，巴菲特十分矛盾：一方面，他想捐款做事；另一方面，他又担心捐款之后失去了投资的基础。所以巴菲特基金会曾经被人当成笑话：1979年，巴菲特拥有1.5亿美元，基金会的捐款总额只有70多万美元，而当年巴菲特只捐了不到4万美元，后来他才慢慢增加了捐款的额度。巴菲特虽然热心公益，不过他对慈善事业的态度远不如苏珊那样积极，这跟他20世纪70年代在格林内尔学院的经历有关。

当时，巴菲特的朋友拉着他加入了学院的董事会，给这所学校带来了意外的财富，最后该学院挪用1360万美元的捐款购买了一家电视台，四年之后，以4800万美元卖出，巴菲特这才发现学院擅自挪用捐款并不触犯法律，他对高校捐资从此再无任何热情，不过他还是会给一些学生提供私人奖学金。

巴菲特的慈善理念和投资理念十分接近，他不喜欢多元化的慈善，试图将基金会的钱投放到更加崇高的事业上，从而获得最高的社会效益。不过这种想法并不现实，一部分需要资金支持的公益项目，比如医学研究，他们的研究成果往往不能立即呈现，甚至会受到一定损失，而在艺术领域更是如此。受制于这种思想，巴菲特很难找到符合他要求的公益事业，他也认为传统的慈善事业会白白耗费他的钱财。

1990年，在所有人讨论巴菲特是一个冷血富豪的时候，巴菲特出资筹建了伍德基金会。该基金会的目的是为了奥马哈当地的慈善事业，虽然规模小于巴菲特基金会，然而这足以说明巴菲特对家乡开始重视起来。虽然他在奥马哈人看来是个吝啬鬼，不过他的团队意识很强，他对募捐的不屑态度并没有影响他的政治观念，他一直都在呼吁政府代表的是社会而不是某个利益集团，他曾经一针见血地批评："社会上许多既得利益集团有这样一种恶习，它们靠选举来转移经济问题，而不是解决经济问题。"

4. “9·11”后的投资策略

保险业是巴菲特投资项目中最常见的目标，在他进入投资界20多年以来，先后收购了10多家保险公司，伯克希尔·哈撒韦麾下组建了一支规模庞大的保险公司大军。2000年，巴菲特收购了美国投资公司。这家公司拥有美国责任保险公司、美国承保人保险公司和蒙特·弗农火灾保险公司三家企业，组织机构庞大，奠定了巴菲特在美国保险行业中的地位。

巴菲特一直认为保险业是相对安全和容易带来回报的投资项目，在他全部的投资收益中，至少有30%来自保险业。然而世事难料，2001年9月11日，美国纽约世贸中心遭到恐怖袭击，世贸大楼顷刻间倒塌，变为废墟，导致整个美国陷入前所未有的恐慌之中，在某种程度上终结了从20世纪80年代开始的黄金发展时期，经济状况几近瘫痪，尽管美国政府极力进行调控，还是不能改变重创带来的负面影响。

“9·11”事件不仅是美国人的噩梦，更给美国的保险业和金融市场带来了极大的冲击。当时股市停市，四天后刚刚开盘，道琼斯指数就狂跌700点，三大股指均创出历史新低，其中以道琼斯综合指数最惨，这种情况持续了五天。

在“9·11”事件发生后的第10天，美元贬值，9月24日，美元汇率跌破多个支撑位，兑换欧元的比率下降到0.9080，兑换日元下降到117.6，尤其是美元兑换瑞士法郎，从1.687下降到1.6041。迫于形势，美联储只能宣布降息，并将联邦基金利率下降50个基本点。

巴菲特自从进入投资界以来，首次遇到这种可怕的情况，他不知道自己和伯克希尔公司将承受多大的损失。当时伯克希尔名下的美国运通公司遭到重创，因为他们在世贸大厦工作的很多员工受伤，另有11名员工死亡，对公司的日常运营造成了影响。为此，巴菲特只能将公司的3500名员工分派到美国三个州七个不同地区，直到第二年才重新召回。另外，花旗集团也在事件中遭受影响，他们有六名高级管理人员罹难。

尽管伯克希尔·哈撒韦没有受到直接损失，然而间接损失无法计算，比如乳品皇后产品部分原料需要从加拿大进口，但因为政府加强了边境治安工作，导致原料运送缓慢。而且在“9·11”事件之后，美国的旅游业陷于停顿状态，而巴菲特的《布法罗新闻报》的广告收入主要来自旅游业的广告。至于巴菲特的保险公司，更是损失巨大，大约损失了22亿美元，需要支付大部分赔付。

面对百年未有的灾难，巴菲特需要冷静下来，在“9·11”事件发生当天，他镇定自若地邀请一些知名人士打高尔夫球。9月16日，美国股市重新开盘，巴菲特当天应邀参加哥伦比亚广播公司《60分钟》栏目，目的是给美国的投资者们分析“9·11”事件后股市的变化和对未来的影响。在这期节目中，巴菲特表示不要过分担忧，投资者因此失去信心是不必要的。他说：“我不会卖掉任何股票。如果股价跌到足够低的水平，我很有可能再买进一些股票。”

由于巴菲特在美国股市的声望很高，所以他的话起到了稳定民心的作用，不过他还是明白“9·11”事件带来的损失非同小可，他的上述讲话只是为了减少投资者的恐惧而已。后来，《华尔街日报》采访了巴菲特，向他提问伯克希尔公司在“9·11”事件中遭受的影响，巴菲特未加掩饰地说：“虽然我们在竞争上还处于优势，但这并不能弥补我们遭受的巨大损失，这是一笔巨大的损失。”

“9·11”事件后，美国经济进入寒冬。从2001年下半年开始，很多高科技公司盈利减少，为了保持利润，不少企业大幅度裁员，导致失业率上升，社会秩序处于不稳定的状态。此外，国际贸易逆差加大，而美国又是一个依靠国内市场拉动经济的国家，所以经济发展速度逐步放缓，到了第二季度，增长率仅为0.2%。美国民众的消费信心也因为恐怖袭击备受打击，2002年8月，美国国民消费指数竟然跌到1994年以来的最低水平，由此带来的是股市暴跌，融资难度加大，公司兼并的商业行为越来越少。

“9·11”事件的影响从美国波及全世界其他金融市场，比如与美国经济联系最为密切的欧洲和日本。在“9·11”事件发生当天，东京股市下跌4.8%，巴黎股市下跌11.4%，伦敦股市下跌6.2%，法兰克福股市下跌12.3%，凡是和美国存在业务关系的航空公司，比如法国和英国航空公司，股票跌幅都超过30%。

如此严峻的经济形势，不得不被美国政府重视，如何恢复消费者和投资者的信心成为政府工作的重中之重。巴菲特接受了鼓舞投资者的任务，他不断地在各大媒体撰文称，他对美国经济和股市充满信心，他通过这场灾难展示出自己积极乐观的精神力量。

巴菲特在伯克希尔的年报中说：“我们在风险承受方面所具有的能力，使得我们在市场中具有其他很多公司无法比拟的优势。伯克希尔·哈撒韦公司拥有雄厚的流动性资源，大量的非保险业务收入，优惠的税收待遇。同时股东也有在收入浮存资金风险方面的承受能力。这种独一无二的优势组合使我们有能力承受任何一个竞争对手所无法承受的损失。随着时间的推移，这些风险将为我们带来可观的利润。”

从“9·11”事件之后，不少投资者突然意识到：虽然战争远离这个时代，然而政治形态差别之下引发的恐怖袭击并没有停止，经济环境会受到政治环境的重大影响。于是他们投资越来越小心，无论是哪种类型的项目，都要认真考察之后才肯掏钱，甚至变得瞻前顾后、畏畏缩缩。不过巴菲特没有受到“9·11”事件的影响，在这次恐怖袭击还未完全平息之际，他就投入5.79亿美元，收购了处于破产保护时期的大型成衣制造商伯灵顿。别人无法理解这次收购，巴菲特却认为虽然这家公司已经破产，然而它原有的企业基础十分稳固，特别是管理层和技术工人都非常优秀，只要提供资金支持，就能维系它的正常运转。

收购伯灵顿公司是一次划算的买卖，不过接下来的一次收购更让巴菲特获益巨大。2004年，巴菲特从苏格兰电力公司手中买下了太平洋公司，该公司是美国西北地区规模最大的电力供应商。巴菲特完成此项收购活动后，美洲中部的能源控股公司业务范围从原来的六个州扩大到了犹他州和俄勒冈州等地区，客户拥有量超过以往，年销售额度达到100多亿美元。巴菲特的投资原则就是紧跟时代发展的步伐。

进入21世纪以后，美国的高新技术和网络产业发展迅速，已经变成拉动经济增长的新制高点。与过去相比，巴菲特不再局限于传统产业的投资，他的视线开始瞄向全新的领域。

实际上，巴菲特过去坚持一个原则：不投资不熟悉的行业。在20世纪90年代中期，由于美国网络经济开始盛行，巴菲特虽然看到其背后隐藏的商机，但是由于他对网络技术陌生，因此没有投资这一类型的股票，哪怕是在网络股票被炒得最热的时候，巴菲特也没有出手。

2004年，经过10年的发展，美国的互联网产业经济已颇具规模，成为引导整个国内经济发展的撬动点，巴菲特抓住这个机会，购买了300万股美国第一资讯集团网络公司的股票，总价值达到1.3亿美元。随后，巴菲特又瞄准高科技股票，投资1亿美元，购买了国际宽频网络基础建设公司。很快，伯克希尔公司和两家基金公司联合投资了Level 3通信公司的十年期可转换债券，巴菲特投入了1亿美元。

巴菲特没有受到年龄的限制，在互联网时代依旧走在投资队伍的前列，这种能够突破自我的超前意识不是每个投资人都具备的。他所投资的美国Level 3通信公司，是全美最大的电话和数据网络运营公司，拥有庞大的光纤网络系统，在美国和欧洲都有业务。

2001年，美国网络经济发展出现了泡沫，城市宽频领域进入红海竞争阶段，不少网络通信公司遭到经济损失，而Level 3公司也未能幸免，无法维持正常运行，由于资金不足，导致其发行的股票价格不断下跌，股评等级也持续降级，所以华尔街上的不少投资者都对通信高科技公司的股票敬而远之。尽管如此，巴菲特还是联合两家基金公司购买了Level 3的可转换债券，帮助Level 3股票价格持续上涨，创造了在一天内狂升47%的纪录，成为公司创办以来最高的日涨幅率。人们对巴菲特股神的赞誉有增无减，只要他投资的股票，股价就会上涨。

巴菲特在投资领域中的洒脱自如，归功于他的小心谨慎。他之所以投资那些高科技股，是因为他发现这些行业的转化速度快并且周期短，可以在短期内盈利，但也容易在短期内亏损，相比传统行业来说，更加不稳定。

巴菲特投资Level 3时，心里并没有底，因为Level 3当时处境凶险，如果资金不能救活它，反而会推它掉进更可怕的深渊。正是出于这种不确定性，巴菲特才购买了可转换债券，这意味着如果公司的业绩好转，他就可以将其转为股票，获得更大的利益。如果公司维持现状或者更糟，他也能从债券中获得一部分利息。这是一种进可攻、退可守的投资策略，也是巴菲特多年驰骋在投资领域总结出的宝贵经验，更是他高于常人的投资智慧。

5．爱人离去的沉痛打击

1996年，巴菲特92岁的母亲利拉去世，苏珊负责她的后事安排。利拉带给巴菲特的记忆很多是负面的，直到她去世前，她暴躁的脾气都没有改掉，她曾经打电话给多丽丝，痛斥了一个小时，结果让女儿声泪俱下。为了避免与利拉正面接触，巴菲特尽可能不与她见面，而是让小苏珊去照顾她。不了解内情的人常把B夫人当成巴菲特的母亲，因为他谈论罗斯的时候要多于亲生母亲。如果和利拉在一起聊天，巴菲特形同死尸，唯一能证明他还活着的特征就是左顾右盼。

利拉去世时，巴菲特66岁，家人为她举办了一场体面的葬礼，人们的心情是复杂的：从此再没有人唠叨了，利拉生前的希望也随之破灭。巴菲特痛哭了很长时间，然而不是因为怀念母亲，而是在哀悼浪费了太多时间——利拉生前留给他的都是痛苦的记忆，他为那段母子相处的时光感到惋惜。

母亲去世后，巴菲特成为家族中男性年龄最长者，姐姐多丽丝和妹妹罗贝塔的生活也由此改变，因为她们从利拉手中继承了很多伯克希尔·哈撒韦的股票，超过了她们手中原来持有的，加上霍华德去世后的遗产，姐妹二人财富暴涨。多丽丝创办了一家叫作“阳光女人”的基金会，还为优秀的教师颁奖；罗贝塔十分节俭，将钱都投入慈善和公益事业上。此时，巴菲特和苏珊发生了矛盾。

苏珊为公益事业花费的钱，巴菲特基本不过问，但是她给孩子的礼物却需要向巴菲特报告。巴菲特不喜欢那些被苏珊赠送大礼的人，两个人为此发生了争吵，最终苏珊妥协了。不过，巴菲特和过去相比，对子女的态度好了很多，他同意每年给三个孩子一定的财产，并表示会持续到他去世。

苏珊和巴菲特继续保持着若即若离的关系，这种关系在2003年被彻底终结。

2003年，苏珊被检查出患有口腔癌，在接受手术之后，回到旧金山的公寓里休养，巴菲特每个星期都来看她。她要进行为期六周的放射治疗，苏珊起初不同意，怕损害她的嗓子，但是为了杀掉癌细胞，又别无他法。

每天陪伴苏珊的是护士和小苏珊，还有主治医师，热爱社交的苏珊不再见外人，有的朋友知道她的病情后，写下祝福的卡片放在门口。当然，最劳累的要数巴菲特，他每个星期都要往返于奥马哈和旧金山，他还要去了解放疗和许多医院的设备，虽然他心中无限悲伤，却没有表现出来，甚至还欺骗外人，苏珊的嗓子能够再唱歌——事实上，她永远不能了。

只有和家人在一起时，巴菲特才卸下伪装，露出无助的一面。当时，他每天只睡两个小时，为了劝说苏珊接受放射治疗，他磨破了嘴皮。按照常理，口腔接受放疗相比其他部位更加痛苦，因为口腔会被彻底损伤，甚至失去味觉，即便是乐观的苏珊，也无法接受残酷的现实。每天晚上，她要依靠听歌才能入睡。

经过一段时间的劝说，苏珊终于接受放射治疗，医生为她准备了一个特制的面具，放疗时罩在脸上，保证安全。医生给出的治疗方案是：一共33次放疗，一个星期五次，周末休息。巴菲特认为周末休息是医生为了自己方便，这会影响苏珊的康复。

当年圣诞节，巴菲特和苏珊在旧金山度过，那是苏珊放疗的第二个星期，也是自从她离家之后第一次与家人团聚的圣诞节。巴菲特送给每个孩子600股伯克希尔·哈撒韦的股票，资助他们的基金会：小霍华德用来资助野生动物和环保，小苏珊用来援助奥马哈的教育事业，彼得用来帮助土著人。

就在这时，苏珊突然表示不想再做放疗，巴菲特只好苦口婆心地劝她，然而苏珊还是在圣诞节和新年中断了两次。小苏珊一直劝说母亲保持乐观的状态。苏珊大部分时间在床上度过，她几乎不起来，或者睡觉，或者半梦半醒。过去，巴菲特习惯被苏珊照顾；现在，他试着学会照顾苏珊。由于饱受放疗之苦，苏珊常常几天无法吃饭，只能用鼻饲管，大家轮流照顾她，如果巴菲特在，两个人就会一起重温老片《欢乐一家亲》，此外，巴菲特也一直陪在她的身边，或者走来走去，或者看看报纸。

在巴菲特陪着苏珊看了将近100集的《欢乐一家亲》之后，苏珊开始吃新鲜的食物，有厨师朋友专门为她做菜。2004年3月，苏珊做了一次核磁共振检查，没有发现阴影，巴菲特十分高兴。不过，此时苏珊的体质差到极点，她想去海滩别墅和孩子们一起生活，也想去参加伯克希尔的股东大会，甚至还想参加在奥马哈举办的多媒体音乐公演。巴菲特最关心的是她能否出席股东大会，因为如果苏珊缺席，意味着他生命中的女主角没有到场。

巴菲特合理地安排了股东大会的周末活动，苏珊参加了公共社交活动，坐在董事区聆听巴菲特的演说。巴菲特如同十几岁的少年，精力充沛，在办公室里忙得不可开交，不少大学生前来拜见他，巴菲特由于讲话太多，嗓子都嘶哑起来。得克萨斯州要求增加1000个参会人员的名额，加利福尼亚州的要求是2000个，美国之外的国家是1.5万个。在大会正式召开之前，巴菲特还进行了彩排，第二天股东大会开场之后，现场开始录制短片，等候在门口准备入场的人排起了长龙。

大会开始之后，大屏幕上播放了以巴菲特和芒格为主角的短片，内容是将巴菲特塑造成一个超级英雄。紧接着，大厅里的灯光变暗，舞台灯亮起，身穿粉红色套衫的苏珊登场，她比大病之前瘦弱了一些，不过精神状态还不错，她走向台上坐下来。随后进入了传统的问答阶段，巴菲特面对无数的闪光灯和黑压压的人群，如同亲临演唱会现场。按照惯例，巴菲特用5分钟时间阐述董事选举和认可审计等问题，然而就在这时，一名股东提出不支持投票，还表示要让巴菲特撤换苏珊和小霍华德，从其他公司挑选更适合的人代替。

现场出现了轻微的骚动，伯克希尔·哈撒韦是全美第14大公司，有超过17.2万名员工，年收入高达640亿美元，然而从本质上看，依然脱不了家族企业的模式，巴菲特可以随心所欲地从家族成员中选择董事，现在面对这样的建议，巴菲特没有正面回答，而是将问题交给了芒格，可见他当时是缺乏准备的。不过芒格也不比巴菲特更机智，他只说了一句："我认为我们可以继续下一个问题了。"

然而接下来的问题同样让巴菲特感到不快，有人要求巴菲特公布政治性捐款的清单，还提出一些敏感的问题，最后巴菲特和芒格避开这些话题，谈论债务风险。有的人开始离场，去附近的商店消费。大会进行了几个小时，苏珊去休息，没有参加星期日的早餐会、午餐会，小苏珊一直陪在她身边照顾着。

在苏珊回到旧金山之后，她的生活主要是听音乐和休养，她的身体状况时好时坏，一次聚会时，她差一点摔倒，她躺在沙发上，胳膊都抬不起来，头也疼得厉害，意识间断性地丧失。巴菲特四处寻找药方给护理人员，后来苏珊被送进医院。彼得从外地赶往旧金山，小霍华德则从遥远的非洲赶回美国。

CAT扫描显示苏珊出现了脑溢血，巴菲特在急诊室外面走来走去。最后，医生告诉大家：苏珊不会活过今晚。巴菲特哭着走到医院大楼外，将消息告知了陪同来的亲友，然后回到病房陪着苏珊，一坐就是五个小时，他只能被迫等待那个时刻的到来，然而苏珊没有睁开眼睛，也感觉不出有呼吸，过了一会儿，护士来了之后，才确认她已死亡。

巴菲特哭成了泪人，孩子们则忙着料理后事，他们在确认死亡和捐赠器官的文件上签字，考虑回奥马哈之后的事情，还打电话通知了苏珊的生前好友。随后，巴菲特一行人带着装有苏珊尸体的袋子乘坐G-IV航班回到奥马哈。

这是巴菲特一生中最艰难的飞行，在飞机上坐了一会儿之后，巴菲特问前面是否有卫生间，小苏珊告诉他，机舱后面才有，巴菲特一步一步挪到了飞机尾部，视线避开了装有苏珊遗体的拉链袋。在飞机降落到奥马哈之后，没有在停机坪停下来，而是直接滑行到飞机棚，那里有等候多时的灵车，也避开了记者的采访。巴菲特下了飞机后直接回到家里，进入楼上的卧室，锁门关灯，躲在被窝里。艾丝翠没有打扰巴菲特，她知道安眠药就在他的旁边。

第二天，巴菲特还是躲在被窝里不出来，有朋友过来处理苏珊的遗嘱，巴菲特尽量克制住情绪，不过到了晚上9点半，他马上服用安眠药入睡。几天过后，巴菲特才给朋友打电话通知苏珊的死讯，只是每次电话接通后他都说不出话来，只能捏着话筒痛苦地喘息着，随后哽咽地说着对不起，就挂断了电话。过了一个星期，比尔·盖茨、凯瑟琳等人都赶过来，小霍华德经历了漫长的旅程后也到了家。

为了分散巴菲特的注意力，朋友们组织了桥牌比赛。巴菲特曾经想让朋友们陪他一起看苏珊生前的采访录像，结果刚播放了几分钟，巴菲特就痛哭起来。只要听到苏珊的名字，巴菲特就会涌出泪水，最后小苏珊对巴菲特说，他可以不去参加葬礼，巴菲特表示自己真的去不了。不过追悼会没有举办，葬礼上只有家人和苏珊的好友，苏珊的孙子和外孙们哭成一团。

在苏珊离开之后，巴菲特的世界变空了，事实上，他连父亲的去世都未曾正视过，更不要说给了他避风港的苏珊。随着巴菲特74岁生日的临近，他也试图振作精神，不过小苏珊还是通知大家不要来奥马哈。巴菲特无法消除悲伤，每天晚上入睡后都会做噩梦，梦见他在去医院抢救苏珊的路途中。苏珊的离去，让他在梦中被撕成了碎片。

苏珊在遗嘱中将她持有的价值30亿美元的股票捐给了巴菲特基金会，还有额外的价值5000万美元的600股股票给了三个孩子的基金会。

小苏珊承担了母亲生前的责任，尤其是慈善方面的工作，她开始招聘员工，并扩大基金会的办公室，筹划着捐赠方案。至于艾丝翠，她失去了最亲密的朋友，也终于发现自己并没有真的了解苏珊，尤其是苏珊在巴菲特心中不可或缺的位置，而自己与巴菲特的关系只是一堆华丽的肥皂泡。巴菲特意识到了对艾丝翠的不公，他开始频繁地带着她出现在公众场合。

当年圣诞节，巴菲特给孙子和外孙们每人一大笔钱，并说明年还会得到一笔钱。不过让人不解的是，他没有给彼得的两个养女一分钱。苏珊生前很喜欢这两个孩子，她们也在苏珊的葬礼上哭成泪人，还得到了苏珊留给她们的10万美元。不过巴菲特却对彼得直言，两个孩子不是他的孙女，在他死后，也不会留给她们什么。

巴菲特必须面对失去苏珊的世界，他只有坚强起来，才能继续从事他的投资事业。多少年来，苏珊一直照顾着他，照顾着这个家，然而随着她的入土为安，巴菲特不得不接受生命逝去的残酷现实。起初，他看到苏珊的照片就会号啕大哭，然而他没有长期陷入抑郁的情绪当中，他慢慢地从肝肠寸断中走出来，他没有被命运的安排击倒。

苏珊将她的力量和情感都留给了巴菲特，巴菲特在承担身为父亲、祖父、外祖父的家庭责任之外，还要兼顾母亲、祖母以及外祖母的重担，他开始更深入地了解孩子们的内心世界，去关注并关心他们的生活，因为苏珊已经在天堂唱歌。

第十一章

晚年的人生智慧

1. 抄底次贷危机

2007年，美国的次级抵押信贷引发了一场金融危机，波及范围之广、发展速度之快令不少人始料未及，最终蔓延到全球，而且次贷风暴生成的负面消息让全世界的股市都出现了巨大的波动。巴菲特说：“当前的局面比二战以来所有的金融危机都要严重。”

这个评价并非耸人听闻，在巴菲特看来，在次贷危机爆发之前，很多政策都是围绕着“市场资本主义”观念为基础展开的，这种观念从短期来看影响不大，但从长远来看，会让金融市场逐渐走向平衡，然而金融危机的爆发让这些观念的持有者发现了其中的错误，不过更可悲的是，此时政府已经无力采取任何有效的措施了。

巴菲特依旧保持着冷静之心，尽管他没有预想到这次危机比1987年的股灾更加严重，不过伯克希尔公司还是避免了几十亿美元的损失。从2007年8月1日开始，伯克希尔公司的股价高达143000美元，平均上涨30%，股价最高的时候升到每股151650美元，堪称美国股票史上的奇迹。即便在次贷危机爆发时，伯克希尔公司依然保持了2200亿美元的市值，让华尔街的很多投资者艳羡不已。于是有人揣摩，巴菲特会拿出一部分资金继续投资，以低廉的价格收购一些潜力巨大但现状欠佳的公司。

次贷危机没有让巴菲特遭受损失，不过在2008年他已经78岁了，虽然他依然能保持一定的精力，但是和年轻时比，还是相差很多，他无法拿出过多的精力去考察和分析某个有意向的收购对象，因此这几年他开始减少了收购企业的活动，只是当次贷危机爆发时，巴菲特忽然意识到不能就此退出，因为当他不在时，伯克希尔公司的股价将大幅度下降，会引发更为严重的股市灾难。

福克斯商业台曾经采访过巴菲特有关管理公司的心得，巴菲特说："公司未来发展的关键就是如何配置、募集资本。"当询问巴菲特打算什么时候购买资产时，他说："你们不懂得拒绝，但是我会抵制诱惑。"

随着年龄的增长，巴菲特进行收购活动时变得更加低调，他不再像过去那样投入大笔资金，而是坦然面对危机，在他看来，需要做的工作还有很多。因此，他对危机中显露的商机并没有过分关注，他还是一如既往地去旧金山参加为总统候选人筹集资金的活动，不过这种淡然让很多投资者惶恐不安，因为巴菲特已经成为华尔街动荡时的指针和灯塔，现在他突然安静下来，大家都隐隐觉得背后是否有更深层次的原因。

2008年9月15日，华尔街第四大投资银行雷曼兄弟公司宣布申请破产保护，这个消息传出之后，震动了美国的金融界，甚至在某种程度上影响了华尔街未来几年的变化。为了化解危机，美国财政部立即召开会议，商讨是否发放7000亿美元的资金去拯救市场。就在同一时间，巴菲特决定拿出50亿美元投资高盛，以每股115美元的价格收购4350万股优先股和认购权证。随后高盛集团董事长贝兰克梵宣布，巴菲特的50亿美元投资成为他们收到的强有力的信任票之一，可见巴菲特在金融界至高的影响力。

2008年1月14日，高盛集团称已经预感到次贷危机的爆发，所以在股市上做空，躲过一劫，然而实际状况却是在其他竞争对手遭遇亏损时，高盛凭借衍生工具在抵押贷款市场维持净空头部分，既躲过了危机，又从中牟取暴利。当然，这一切逃不过巴菲特的法眼，他对国内的很多银行都十分了解，他投资高盛，不仅因为它能安全度过次贷危机，更因为了解高盛内部的运行机制。

与摩根士丹利以及美林等同行的发展相比，高盛银行发展速度较慢，股本基础在投资银行中占比也不大，然而高盛行政总裁科赛却认为这是一件好事，因为少量的资本更能让企业做出有效率的决策，竞争对手也认为高盛并没有因为资本的限制束缚了公司的发展。对此，巴菲特表示，他希望能找到由于资本不充分造成的不利业务，不过他没有找到——高盛的资本运作状况良好。

从2008年8月开始，金融市场的危机造成了全世界股市的震荡，全球很多股民都产生了恐慌情绪，他们盲目地抛售股票，丧失了对股市的投资信心。巴菲特没有被这种负面情绪影响，他将视线投向国外市场，又一次在商场上进行抄底行为。

2008年9月28日，巴菲特投资18亿港元购买了在中国香港上市的比亚迪公司2.25亿股股票，相当于公司全部股份的10%，一时间舆论哗然。

比亚迪公司被称为中国的电池大王，也是一家汽车生产商。巴菲特巨资入股的行为让比亚迪感到十分意外，因为有股神的加入，势必会让公司的发展前景更被看好。当然，巴菲特从不做赔本的生意，他选择比亚迪是因为看到了被别人忽视的发展空间。当时比亚迪的业务已经包括汽车和IT两大领域，且具有全球最先进的新能源汽车制造技术。比亚迪董事长王传福认为，比亚迪会成为未来全球第一的汽车制造商。

目前，汽车行业的传统地位依然被通用、丰田等老牌企业占据，然而这些企业的制造技术少有创新，发动机燃料也是采用石油等传统燃料。在汽车行业未来的发展中，比亚迪很可能会将传统格局颠覆，因为比亚迪是采用新发动机技术的倡导者和实践者，这是对汽车发动机的划时代的改革。

正因为看中了比亚迪的发展潜力，巴菲特才决定投资。2008年9月份，比亚迪的股价从每股70多港元下跌到不足8港元，达到了历史最低，市值缩水大约十分之九。当然，这并非公司自身经营出了问题，而是受到股市环境的影响，毕竟两倍多的市盈率还是可以充分证明比亚迪公司的投资价值，所以巴菲特还是对比亚迪充满信心。

而早在2003年4月，当中国股市处于低潮时，巴菲特就曾出手。当时中国石油每股价格为1.6元，巴菲特果断购买了23.4亿股中石油H股。2008年10月18日，中石油H股上涨到每股10元，巴菲特认为这个价格超过了原有的价值，不具备继续上涨的空间，所以他马上抛售。这次出手，巴菲特净赚了277亿港元。由此可见，巴菲特的投资策略就是围绕价格和价值的博弈关系。

从2008年10月开始，世界著名的保险公司巨头AIG遭遇了前所未有的危机，为了获得资金弥补损失，AIG准备出售旗下的飞机租赁公司ILFC。当时ILFC的首席执行官召集世界各国的买家前来竞价，欧洲和中东的不少买家都看上了ILFC，巴菲特也打算出手，致使竞价未开始就受到华尔街的关注，不过巴菲特却保持低调，没有透露任何消息。

虽然巴菲特在最近几年没有收购任何一家公司，不过他会通过购买股票的方式进行投资。在次贷危机中，巴菲特购买了10多家公司的股票才让伯克希尔·哈撒韦安然无恙。股神虽然在一天天地衰老，但是他的精力仍然比同龄人充沛，他的眼界也领先华尔街的一众投资专家。

2. 花费巨资推动慈善事业

2006年，伯克希尔·哈撒韦的A类股股价上涨23%，标普500指数成分股股价仅仅达到9%的平均涨幅。2007年第一季度财务报告显示，伯克希尔·哈撒韦公司A类股股价上涨了410美元，收于106600美元，巴菲特的身家也由此上升到620亿美元。当年10月23日，伯克希尔·哈撒韦成为全美股市第一家股价达到10万美元的公司。

在2007年末，伯克希尔的股价以每股14万美元交易，总价值超过2000亿美元，巴菲特个人资产突破了600亿美元。短短的10年间，伯克希尔·哈撒韦股票的增长率一直高于12%，但没有达到巴菲特早年预期的投资增长率——27%，伯克希尔的资本累积速度放慢，不过投资者还是表示满意。继比尔·盖茨和夏洛特·盖曼加入董事会之后，巴菲特又增加了几个新董事会成员，其中有他多年交往的密友，这也使伯克希尔的企业文化——情感因素渗透到管理中。2007年，董事会又增添了一位女性，降低了董事会的平均年龄。

在此期间，伯克希尔·哈撒韦完成了多次新的并购，其中最大的一桩买卖是2006年并购一家以色列的金属切削刀具公司——伊斯卡公司，这是伯克希尔并购的第一家国外企业。此外，伯克希尔还并购了罗素体育用品，以70亿美元的保险浮存金收购了伦敦合社保险业务以及电子元件分销商TTI。2008年，巴菲特在高盛投资银行的推动下，通过伯克希尔借款65亿美元资助糖果生产商玛氏公司并购。同年，伯克希尔还斥资70亿美元并购了马尔蒙集团。当时卖掉该集团的是普利茨克家族，他们是为了平息创始人去世后引发的家族纷争。

马尔蒙集团事件提醒了巴菲特，他之前就目睹了不少家族企业的创始人去世后引发的危机，因此他极力避免出现这种事，但是在处理完苏珊的遗嘱之后，巴菲特还是遇到了问题。当时小霍华德和小苏珊忙着自己的事情，一个经营农场，一个负责捐赠工作，彼得也在忙着发行新专辑《幻想王国》，兄妹三人相处还算融洽，然而彼得的养女妮科尔出了问题。

2006年，妮科尔参加了一个名为《百分之一》的纪录片节目，该节目讲述了富裕家庭的孩子的故事，妮科尔在片中将自己描述为巴菲特家中没有被宠坏的孩子。在这档节目播放后，美国国家公共广播和CNN进行后续采访，妮科尔竟然参加了一个反映美国社会阶级差别的访谈节目，这下惹恼了巴菲特。

巴菲特告诉妮科尔，他不承认她是他的孙女。然而妮科尔在节目中还是这样说："我是来自美国最富有的家庭之一，在一个非常富有的家庭中生活是不可思议的。"然后她提到了没有继承到苏珊留给孙子们的那笔遗产，她表示很抱怨："我觉得如果可以用那笔钱为他人做点什么是非常有意义的，可是我完全被排除在外了。"

不久，妮科尔写信给巴菲特，问他为什么不承认她是家族中的一员。巴菲特回复她，把自己当成巴菲特家族中的一员就是一个错误。然而这封信没有让妮科尔认清现实，她继续接受采访，还表示巴菲特因为她参加纪录片节目对她报复。这对巴菲特来说，无疑是一种伤害。

随着家庭成员的增多，巴菲特或多或少遭遇了一些麻烦，他不得不处理一些错综复杂的关系。虽然他是投资天才，是股神，是万人敬仰的投资专家，不过随着年龄的增大，巴菲特深知自己迟早要退居二线，届时将由谁来代替他，谁来继承他的巨额遗产，这不但是巴菲特个人要面对的问题，而且整个美国都在关注着。为此，巴菲特曾经开玩笑说："这件事对我的负面影响比对股东大！"

早在1993年，巴菲特在年报中就提到了有关身后财产的问题。当时巴菲特说："我死后，我所有的股票都会交给我太太苏珊，如果她先我而去，我会将个人财产全部交给基金会。无论如何，我都不会因为税金或遗产而卖掉这些股票。"另外，巴菲特也向伯克希尔公司的股东们保证，不管遇到什么情况，都不会卖掉他的股份，最终会捐给巴菲特基金会。他还对公司的接班人做了安排，让他的朋友查理·芒格接替他，不过这个安排后来又发生了变化。

在2006年写给股东的信中，巴菲特说，如果自己发生意外，就会公开选出继任者，届时欢迎大家毛遂自荐。当时在全球范围内有700人应聘，不少人都在自荐信中描述与巴菲特有相似的个性；也有人表示，没有工作经验，但是愿意到伯克希尔学习。这些信件被放在会议室的一个大盒子里，由巴菲特亲自阅读甄选，最后他挑了四位事业有成且从事投资行业的管理人士。

如何管理伯克希尔公司，是一件让人头疼的事。巴菲特在十几年前就思考过这个问题，伯克希尔·哈撒韦对他来说是毕生经营的心血，当初如果没有巴菲特的加入，或许它早就灰飞烟灭。不过巴菲特对伯克希尔目前的发展状况十分满意，他总是推荐他身边的投资者购买他公司的股票，并说："可以在我死后买伯克希尔·哈撒韦的股票，那时的股票可能会下跌，但也会使投资伯克希尔·哈撒韦的人有更大的回报价值。"

伯克希尔公司的股东们对巴菲特的安排表示赞同，他们认为查理·芒格是一个合适的人选，唯一与巴菲特的差别就是不那么妙语连珠。在巴菲特退出伯克希尔公司之前，他对公司未来的发展进行了大胆的预测："公司管理上主要分为两个部分，一位高级主管负责投资事宜，另一位高级主管则负责经营。在未来的经营管理中，两者要相辅相成，共同决策。同时，这两位高级主管都必须对董事会负责；只有这样，董事会才能对握有控制权的股东负责。"然而在推荐查理·芒格为接班人之后，还有谁具有这个资格，巴菲特并没有说明。

巴菲特在哥伦比亚大学商学院的一次演讲中，指出管理和经营伯克希尔·哈撒韦没有外界想象的那么难，因为整个集团拥有良好的财务收支状况，而且高管人员都很优秀，只要做好两件事即可：一个是热爱自己的工作，另一个是保持活力。

换个角度看，巴菲特是在鼓励公司员工独立工作。他说："伯克希尔·哈撒韦在被其他人接管之后，它的所有权会变更，但变更的过程必须是一个和平转移的过程。无论如何，伯克希尔·哈撒韦其实始终需要一位具有控制权的股东，继续坚持我们一贯的理念和目标。"巴菲特还特别强调，他的家族不会干预公司的管理和经营，不过在进入过渡时期后会选择一些人进行监督。

2005年，巴菲特做了切除大肠肿瘤的手术，身体状况较差，当时引发了巨大的轰动，他的个人健康问题成为全美关注的焦点，毕竟他曾是世界首富，是美国人的骄傲，而他的巨额财产的归属也是一个问题。巴菲特对此曾经公开表示："我需要做的，就是卖掉我1%的股份作为遗产和税金使用，其余都留给妻子；如果妻子早于我逝世，我会如数捐给巴菲特基金会。"

巴菲特基金会成立于1964年，办公地点就在伯克希尔公司总部的12

楼，由巴菲特的女婿格林伯格负责，其余的管理者有巴菲特、苏珊、格蕾蒂斯·凯瑟、阿兰·格林伯格以及小苏珊等人。基金会以援助计划生育、核战争以及教育为主。

巴菲特对世界人口问题十分关注，他认为当今社会的贫富差异、人口剧增以及非洲灾民等问题是全球性问题，他希望自己的基金会能够帮助世界上更多的人。而且巴菲特表示他不会自己掌管这个基金会，因为他相信活人比死人更清楚怎样合理使用这些钱。其实，巴菲特的一生都回避关于基金会的问题，通常都是由基金会的负责人来描述，他唯一明确的就是在他死后将大部分财产捐给社会。

慈善事业是巴菲特长期坚持的社会活动，在巴菲特基金会成立之后，他经常以伯克希尔公司的名义对外捐款。从20世纪80年代开始，巴菲特基金会的资产不断增加，从1981年的140万美元增长到1986年的840万美元。21世纪之后，由于巴菲特的投资事业回报更多，所以基金会的资产更为庞大。

由于苏珊在2004年去世，她的遗产全部交给了家族基金会，这也预示着巴菲特的财产只能留给基金会。2006年6月25日，巴菲特宣布，将捐献370亿美元的私人财富用来发展慈善，这笔巨额善款将流入巴菲特家族的基金会和比尔·盖茨慈善基金会，其中巴菲特基金会得到将近100亿美元。这是到目前为止美国最大的一笔私人慈善捐赠。另外，巴菲特还做出一个决定：在他去世以后，将拥有的36%的伯克希尔公司的股票以及每年获得的巨额回报也一并捐给家族基金会。

巴菲特不会将他的财产留给子女，因为早在多年以前，他就对子女们说过这样一句话："如果能从我的遗产中得到一个美分，就算你们走运。"可以预见，在巴菲特去世后，一旦他的个人资产捐给巴菲特基金会，那么世界上最大的基金会就非它莫属。

3. 利用互联网推广个人IP

2000年2月9日，巴菲特正坐在办公室看报纸，忽然有人通知他，伯克希尔·哈撒韦的股票被大量抛售。原来头天雅虎网站的BBS写手发帖称，巴菲特住院，病情危急，在几个小时之内，这条谣言就传遍了互联网，不少人开始抛售手中的伯克希尔股票，导致股价大跌。

谣言一出，很多朋友致电巴菲特，询问他的身体状况，巴菲特解释说，他很好。然而谣言还是影响了伯克希尔的股票走势，甚至有人问自己的经纪人，巴菲特是否活着。当得到肯定的答复后，他们还会继续追问："你确定？你见到他了？你凭什么这么确定？"

很快，CNBC报道了巴菲特疑似去世的消息，巴菲特立即出面粉碎了谣言，然而怀疑论者却认为巴菲特是在欲盖弥彰，投机者们趁着伯克希尔股价下跌时大量买进，两天之内，伯克希尔的股价跌幅超过了5%，人们将责任推到巴菲特身上，甚至有人认为是巴菲特自导自演了这一幕闹剧，目的是以低价诱使股东继续购买股票。

巴菲特终于领教了新媒体时代的负面力量。不过他没有正面回应，他认为谣言最终会不攻自破。同时，他发现一个问题：在互联网时代，他的公众认知度不能被自己完全控制。迫于无奈，巴菲特发布了声明，进行辟谣，却不能改变伯克希尔股票猛跌11%的事实。

到了3月，伯克希尔的股票跌到每股41300美元，而在前一天，纳斯达克指数上扬到5000点，与1999年相比，翻了一番，这种强烈的反差引起了人们的注意，一名基金经理称巴菲特是“堕落天使”。巴菲特闻讯十分生气，但是他没有进行反抗，也没有找人替自己发声，他还是按照惯例，与芒格以及伯克希尔的股东定期交流。

没过多久，谣言似乎应验了，巴菲特在凌晨被送到医院，接受了排出肾结石的治疗，他在病痛中不断给苏珊打电话，然而苏珊却在科罗拉多州无暇照顾他，陪在他身边的只有小苏珊和艾丝翠。为了缓解病情，巴菲特一杯接着一杯地喝水，他终于意识到自己正在衰老。

一天，巴菲特在比尔·盖茨家打桥牌的时候，他的声音突然变得沙哑，脸色很差，盖茨夫妇马上叫来医生，为巴菲特做了结肠镜检查，在他的肚子里发现了一块巨大的良性息肉。为此，巴菲特进行了长达几个小时的手术，切除了15英寸的息肉，在他的肚子上留下了7英寸的伤疤。术后，巴菲特在家中休养了一个星期，并第一次留起了胡须。虽然不能去公司，但是他仍然通过电话管理伯克希尔·哈撒韦。大病之后，巴菲特瘦了几磅，艾丝翠在身边照顾他。然而消息很快传开，并再次成为谣言，称巴菲特得了癌症。

2001年，巴菲特在国会大厦讲述政治竞选经费问题，当时有38名参议员在场，巴菲特通过ABC《本周》节目和CNN的《政治内幕》表达了他的观点。他说，竞选经费体制已经孵化，现在选举参政人员的方式和19世纪别无两样，选票和权力成为可以销售的商品，而法律的发展方向是让富人变得更加富有，并且将财富大量地留给子孙后代，政府也蜕变为富人统治和富人享受的政府。

在巴菲特看来，为富人利益而推动立法的专业税务人员逐渐增多，却没有人为占美国人口98%的普通民众说话，那么对于他们而言，唯一的补救措施就是了解事情的真相并放弃投票，那些为富人发声的政策会由此失去民心。

巴菲特说："我不喜欢任何实质上体现人性丑陋的事物。我不喜欢那样的纳税体系，也不喜欢那样的教育体制。我不愿意看到20%的社会底层民众越来越穷。"

当时，以巴菲特、比尔·盖茨、保罗·纽曼等为首的意见领袖和200位富豪联名签署了一份请愿书，反对小布什政府取消财产税的计划，不过巴菲特并没有在请愿书上签字，因为他觉得还有很多工作要做。然而，有关财产税的争议在社会上愈演愈烈，人们将巴菲特看成体恤民情的贵族党员和勇于实践的美国企业家。

巴菲特个人财产的问题引发了关于财产税的争论，有人认为像他这样的富豪必定会偷税漏税，因为他们通过税收很少的投资吸取大量的资金。然而这种说法纯粹是对巴菲特的污蔑，巴菲特是第一个提出投资税额太低的人，而且他毕生都将税收平等视为自己的第二事业，还将自己的税率和秘书的收入税率做对比，指出秘书付出的收入税率高于他的水平。

巴菲特真正激怒的是富豪和想要成为富豪的人，然而他的诚信在很多人心中树立了崇高的地位，巴菲特表示，他会继续坚持反对取消财产税的斗争。2003年，伊拉克战争爆发时，巴菲特在面向民主党政策委员会成员的发言中再次表达了这个观点，他指责小布什总统计划降低利息税的做法是给富人提供更多的阶级福利。有人称："百万富翁们对沃伦·巴菲特背叛他们的做法非常恼火。"不过这只是一种观点，而不是现象，巴菲特从来都不觉得美国是一个富人不断为自己争取权力和财产的社会。

2003年9月，巴菲特被《财富》杂志评选为商界最有能力的人，他的一个旧钱包和一条股票信息被拍卖了21万美元。随后巴菲特又在易贝网站拍卖自己，准确地说是拍卖八个人和他一起吃午饭，得到的钱用来资助旧金山的格莱德纪念教堂和苏珊的事业。这是巴菲特首次通过互联网拍卖自己。

格莱德教堂在星期日进行免费的艾滋病病毒检测，还为其他教堂拒收的男同性恋者举办葬礼和悼念活动，打出的口号是“大爱无边”，无论亡者生前是流浪汉、酒鬼还是瘾君子，都一视同仁，这大概也是巴菲特决定赞助它的原因。

早在2000年，巴菲特就开始了“巴菲特慈善午餐”的拍卖活动，不过那时候没有通过互联网，当时是一位中国商人以211万美元的价格获得了与他共进午餐的机会，在互联网上掀起了讨论的风潮，人们对巴菲特的关注度也越来越高。

2009年，“与巴菲特共进午餐”被拍卖到168.03万美元，而在2010年达到262万美元，2012年则升到345.68万美元，一度刷新了纪录，引起了更多社会化媒体和社交网络平台的广泛关注，“与巴菲特共进午餐”成为人们茶余饭后的话题。

巴菲特信奉保守的投资策略，但他并不守旧，而是一个具有互联网战略视角的人。从2003年开始，他就将慈善活动通过互联网进行推广。在2015年的巴菲特股东大会上，巴菲特借助这个盛会继续“炒作”自己。股东大会原名叫作伯克希尔·哈撒韦50周年股东大会，巴菲特用自己的名字来代称，识别度和知名度顿时提高，引起了全世界的广泛关注。

2015年5月2日，四万多人参加了巴菲特股东大会，超过了2014年的参与人数，创下了参会人数纪录。这些与会者除了一少部分是巴菲特的合伙人和员工之外，其他的几乎都是他的粉丝，他们带着朝圣的心情来到奥马哈，而巴菲特回馈给他们的是一连串的惊喜。

此时巴菲特虽然已经85岁，但他深知互联网的力量，他的敏锐嗅觉让他意识到网络是一个很好的商业工具。巴菲特总是通过邀请函和演讲等形式，不断引起全世界的关注，而这恰恰是传统媒体很难做到的，现在通过网络可以在短时间内传遍全球，自然提高了巴菲特的声望，也扩大了粉丝群体和伯克希尔·哈撒韦的知名度。

巴菲特懂得利用新媒体进行信息传播，在2014年的巴菲特股东大会上，他通过全球网络直播的方式引起了全世界的关注，还用可口可乐的宣传片和《绝望主妇》的小电影，让原本枯燥的会议变得妙趣横生，而且巴菲特还亲自出场，在一群主妇中间怀抱着小提琴弹唱一曲，整个画面既温馨又幽默，中国新浪财经等多家网络媒体也参与进来。通过网络直播，巴菲特分析了世界经济形势和投资的现状，并向全球的粉丝介绍了他的投资哲学。

巴菲特和乔布斯不同，他不走技术路线，而是创立了很多无形定律、概念和信条，“巴菲特慈善午餐”的拍卖活动和股东大会就是例证，它们不受产品本身的掣肘，不像乔布斯的苹果系产品，会受到市场环境的波及而发生价值的变化。

因为巴菲特的存在，奥马哈的股东大会成为当地的节假日。巴菲特投资的很多公司都瞄准这个机会捞金，巴菲特也将自己的物品弄进会场进行慈善拍卖。巴菲特这么做并不是为了赚钱，而是创造与粉丝近距离接触的机会，让巴菲特的个人形象更加突出，免费为他名下的企业做广告。在2013年的股东大会上，巴菲特开通推特账号后仅3小时就吸纳了14万的粉丝，可见他对通过互联网吸引粉丝的重视程度。

在2014年的股东大会期间，巴菲特不甘寂寞地走向前台，通过镜头向全世界关注他的人卖萌，甚至做出了咬雪糕、喝可乐、玩棒棒糖等动作，他还大方地和粉丝们玩自拍，让很多人发现这个“老古董”竟是一个潮人。通过这些互动，巴菲特吸引了更多受众群体的关注，为他名下的公司带来了更多商机和增值的机会。

一个不属于网生代却成为互联网大咖的巴菲特，通过多年经营的口碑和信誉，不断地在世界上引爆眼球并创造奇迹。

4. 有关纤夫命运的思考

进入20世纪90年代以后，巴菲特从事的投资活动有所减少，特别是在苏联解体后，由于美国人相信和平时代到来，所以军工板块的股票很便宜，于是巴菲特以每股11美元的价格购买了国防部承包商通用动力公司14%的股份，后来南斯拉夫爆发内战，股价升到59.125美元。同时，巴菲特还增持了富国银行的股票，结果不断上涨，从购买时的62美元升到216美元。

1994年，比尔·盖茨成为新任美国首富，不过巴菲特的资产仍在上涨，在股价达到最高位时，巴菲特身家高达152亿美元，超过了比尔·盖茨。31年来，巴菲特的股票平均每年增值27.68%，而同时期道琼斯指数涵盖的股票增幅是10.31%，标准普尔500的增幅为10.7%。巴菲特合伙人公司的投资账目反映出40年来的业绩一直优良，虽然有个别投资案例失败，却没有发生巨额亏损，巴菲特敏锐的投资判断力几乎无人能及。

在90年代，巴菲特曾经经营最成功的一些行业，比如报纸、电视等都受到了严峻的考验，新消费观念和新兴品牌的出现给原有行业中的老牌企业带来冲击。1994年，巴菲特抛售了他之前一直看好的健力士公司的股票。

与此同时，传统的报纸和新兴的互联网也在互相厮杀，巴菲特曾表示不会放弃大都市公司和汤姆·墨菲，然而一系列变化告诉他，坚守阵地不是明智的选择，他以每股63美元的价格抛售了大都市的一部分股票，最后还推荐迪士尼公司以195亿美元的价格收购了大都市公司，成为历史上第二大收购案例，而伯克希尔·哈撒韦也成为迪士尼公司的大股东，巴菲特获利25亿美元。

巴菲特用这笔钱购买了政府雇员保险公司的一部分股票，总共出价23亿美元，壮大了伯克希尔·哈撒韦的实力。在1996年，伯克希尔的股票上涨到每股4万美元，巴菲特为了防止被投机者盯上，采用了股票拆分的办法，创立了一种新股票——伯克希尔·哈撒韦B类普通股票，面值为原股票的三十分之一，预售价也为三十分之一，股东们可以继续持有原来的A类股，也可以用1股A类股票换取30股B类股票。很快，一些中小投资者纷纷购买B类股票，巴菲特却警告他们，现在每股36000美元的价格他都觉得很高，所以投资一定要谨慎。不过明眼人都能看出，伯克希尔的股票一直在上涨。

拆分股票的做法让股东们不太满意，他们担心会发生严重的灾难，甚至有些人将巴菲特的身体健康当成决定公司未来发展前景的关键，于是产生了一个话题：巴菲特溢价效应。

这个效应的概念就是巴菲特的存在会提高股票的实际价格，如果他不幸去世，股价必定会下跌，不过巴菲特却予以否认，他说自己无论死或生，都不会影响伯克希尔·哈撒韦的股价。当然，有关长寿的问题，巴菲特比任何人都更关心，他多次说，他死后几十年，还会显灵来管理伯克希尔·哈撒韦。

多丽丝研究家族族谱时，巴菲特最感兴趣的内容是他们的祖先各活了多久。一次，一个朋友发表意见，说科学家目前还没有找到财富和年龄之间的关系，不过他们肯定研究过巨额财富和年龄的关系。还有一次，一个股东问巴菲特，成为美国首富之后，最想做的是什么。巴菲特说，他想当一个长寿者。

或许是对死亡的敬畏，让巴菲特反而增加了追求财富的动力。他不是自我麻痹的人，他需要通过一种方式证明自己存在的价值，他畏惧死亡，并不是舍不得离开他的钱，而是离不开他的家人、朋友、房子以及美食和股票等很多事物。巴菲特说，他并不喜欢经营公司，他喜欢拥有公司，正如他乐于买进而不愿意卖出。

一次，伯克希尔·哈撒韦召开年会，巴菲特坐在无轨电车里，穿行在奥马哈各条街道迎接客人，他坐在前排，热情洋溢。下午聚会时，巴菲特将会址选定在波深珠宝店，桌上摆满了树莓饼、猕猴桃饼、奶酪蛋糕以及牛排等食物，还陈列着珠宝和瓷器。巴菲特在房间里和老朋友们打桥牌，当宴会进入高潮时，他走出去，站在钻石耳环的柜台前，马上有股东凑近他。巴菲特有着惊人的记忆力，能辨认出7500名股东中的90%的人。

巴菲特是一个不依靠损人利己而致富的资本家，他总是将投资人和投资对象当成合作伙伴。他向来遵守诺言，崇尚契约精神，对朋友更是有着极大的忠诚感，这种人格魅力让他成为被顶礼膜拜的教主和股神。

巴菲特吸引人的地方还在于，他很重视独立性，他曾说："我嘛，不必要与自己不喜欢的人共事。"作为一个投资者，能讲出这种话，实属罕见。这种追求人生宁静和谐的状态，恰是很多人可望而不可即的。巴菲特时常躲在书房里，没有秘书和随从，坐在发黄的报纸和父亲霍华德的遗像前，享受着孤独和宁静。通常几个小时之内也很少有电话打来，巴菲特则坐在报纸和书册中寻找哪一只股票有增值潜力。

无论巴菲特去世时会留下多少财产，他创造的最大业绩不是金钱，而是他对伯克希尔·哈撒韦做出的贡献，他一直构思着一个大胆的计划，在他死后，伯克希尔·哈撒韦还会发展下去。

1995年，65岁的巴菲特依旧身体康健，早餐是花生米和可乐，星期日会去观看超级碗比赛，过着十分规律的生活。他对自己的身体也十分自信，有人拿他的健康开玩笑时，巴菲特会一本正经地说："当人们经过我的棺材时，我希望他们会说：'看看，他显老吗？'"

随着年龄的增长，巴菲特对工作的兴趣不如以前，他生活得更加惬意和轻松，不再像以往那样如钟表里的齿轮不分昼夜地工作，这要归功于艾丝翠，她帮助巴菲特提升了生活质量，而巴菲特给予了她尊重和安全感。两个人一起出去时，他们和一对普通的夫妻没什么区别，巴菲特还会将她搂在怀里。艾丝翠也说，和巴菲特在一起生活是她最好的工作。不过，艾丝翠并不能取代苏珊在巴菲特心中的位置，巴菲特和苏珊依然每个月在不同的地方约会，比如纽约或者巴黎，巴菲特接受并适应了这种关系，他还开玩笑说，不会跟苏珊离婚，因为她太有钱了。

进入老年时代，巴菲特不再像年轻时那样小气，他花费125万美元购买了奥马哈一支棒球队25%的股份，相当于资助球队。1993年，B夫人罗斯过100岁生日时，巴菲特不仅送给她鲜花和糖果，还送给她一张100万美元的支票，让B夫人将以她名字命名的表演艺术中心变成儿童剧院。

除了社交上增加了开支，巴菲特在个人生活方面也大方了许多，他愿意拿出更多的钱购买衣服和旅游，不过他居住的房子和驾驶的汽车没有太大变化。

只要巴菲特回到奥马哈，很多人就会故意开车经过法纳姆大街，想要看看他普通的住宅，巴菲特也能从厨房里看到这些人。后来，人们才知道，房子里只有巴菲特和艾丝翠两个人，没有保姆和钟点工，艾丝翠继续购买着打折货。身为亿万富豪，巴菲特就是以这种不同寻常的方式享受生活，他曾说，金钱改变不了你的健康，也无法让别人爱上你，然而它会让你身处的环境更有趣。

1994年，巴菲特和当时的美国总统比尔·克林顿在马萨葡萄园打了一场高尔夫球，随后去凯瑟琳家吃了顿便饭。此时，巴菲特的人际圈子更加广泛，他和比尔·盖茨是好朋友，虽然一个是投资专家，一个是技术专家，年龄相差26岁，但是两人在一起不会缺少话题。1995年，他们带着妻子来到中国旅行。

当时巴菲特做了一个环游世界的计划以及“17天穿越中国”的决定，这次行动的起因是比尔·盖茨，盖茨帮助巴菲特处理了很多旅行中的大小事宜，巴菲特表示不吃中国的食物，还需要《华尔街日报》。到达中国之后，巴菲特住进了北京的王府井大饭店，和当时的亚洲协会会长见了面，就中国的发展问题交换了意见，随后宴会开始，负责巴菲特中国行的肯特公司派专人教王府井大饭店的厨师如何制作汉堡包和薯条。

第二天，巴菲特有幸参观了北京大学和故宫博物院等地方，下午去钓鱼台国宾馆。其间他们见到了中国前国务院总理李鹏，巴菲特在盖茨的安排下，和一个12岁的中国乒乓球比赛冠军进行了比赛。第三天，巴菲特游览长城，了解了相关历史和民俗，在登上顶峰之后，巴菲特开玩笑说：“朋友们，我真希望是我的公司拿下了为修建长城提供砖瓦的协议。”随后，巴菲特又去可口可乐工厂参观，紧接着乘坐军用运输机去了乌鲁木齐，了解了闻名世界的丝绸之路。巴菲特还乘坐毛泽东主席的私人专列，这是该专列首次租给西方人使用。巴菲特在中国还看到了大熊猫和秦始皇兵马俑。他和盖茨两个人不断交流，谈论为何一些银行会比另外一些银行更好以及微软的股票价值等问题。

在到达中国的第十天，巴菲特和盖茨参观了三峡大坝工程现场，登上了“东方皇后”号，它是一艘有五层甲板的游轮，内设理发店、按摩院和舞厅等。巴菲特一行人在三峡的神农溪和当地人愉快地互动，他们很多人都穿上了救生衣，坐上了竹筏，竹筏顺着河水不断晃动着，岸上有很多青壮年男子，他们十个人组成一组，用绳子拽着竹筏缓缓前进。从神农溪走出来，他们来到一个古色古香的小村落，当地的小学生向他们鞠躬致意。巴菲特旅行的最后一站是香港，在从香港回到旧金山的路途中，巴菲特几乎一直在看报纸。

此次中国行虽然经历了很多，然而留在巴菲特心里的却是三峡大坝工程和神农溪上的竹筏，当他回忆起那些在岸边拖曳竹筏的纤夫时，忍不住会思考有关人生命运的主题，他不知道那些拖曳着竹筏的小伙子，会不会一辈子都在河边以这种方式维持生计，他们是否考虑过未来的人生，还是仅仅客串了一回纤夫？

无论是在奥马哈，还是在华尔街，无论是在美利坚，还是在世界的其他任何一个地方，巴菲特只要出现在哪里，哪里就会涌现出一大批忠实的信徒聆听他讲话。他教会了很多人如何进行投资，他证明了投资并非只靠运气，而是可以分析和预测的理工课题，他揭开了华尔街的面纱，这虽然代表着神秘，可他一生却在不断地解谜。他代表了美国人的一个典型形象：一位伟大的资本家，更是一位了不起的美国式资本主义的代言人。